KB123473

SAJU CASE STUDY

새로운 사주명리학 교과서

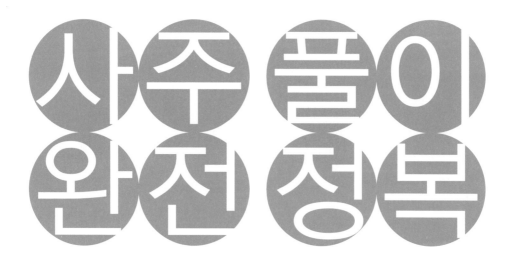

사주 풀이 완전 정복

2

석오 전광

동방명리학연구원 대표

보고사

새로운 사주명리학 교과서

사주 풀이 완전 정복 2

2014년 1월 10일 초판 1쇄 펴냄

지은이 전 광
펴낸이 김흥국
펴낸곳 도서출판 보고사

책임편집 황효은
표지디자인 오동준

등록 1990년 12월 13일 제6-0429호
주소 서울특별시 성북구 보문동7가 11번지 2층
전화 922-5120~1(편집), 922-2246(영업)
팩스 922-6990
메일 kanapub3@naver.com
http://www.bogosabooks.co.kr

ISBN 979-11-5516-172-2 94180
    979-11-5516-170-8 세트
ⓒ전광, 2014

이 도서의 국립중앙도서관 출판시도서목록(CIP)은 서지정보유통지원시스템 홈
페이지(http://seoji.nl.go.kr)와 국가자료공동목록시스템(http://www.nl.go.kr/
kolisnet)에서 이용하실 수 있습니다.(CIP제어번호: CIP2013027831)

사주학은 실제 생활에서 우러나온 산 철학이다. 그래서 예지와 체험을 중요시한다. 동서양의 사상을 넘나들면서 고금의 모델케이스(model case)를 엄선한 책이 필요하다.

이 책은 『우리 사주학』의 속편이다. 인생과 사주를 논하면서 다양한 사주 풀이를 담고 있다. 자기 자신을 가다듬으면서 사주 풀이의 요체를 익히자.

삼계공화(三界空花)란 중생들이 사는 모든 세계는 허공의 꽃처럼 실제로는 존재하지 않는 것이라는 말이다. 그러나 중생들이 끊임없이 태어나니 허상과 실상이 둘이 아니다. 모든 것은 상통한다. 사주학은 하늘[天]과 땅[地]과 사람[人]의 상통을 연구하는 학문이다.

이 책은 짜임새 있는 스타일(style)로 갖가지 구상을 펼치며 이것과 저것이 조화를 이루는 합리적이면서 실증적인 경지를 추구한다.

독자는 옛것을 익히고 그것을 미루어서 새것을 알아 혼자만의 특유한 경지를 누리기 바란다.

2014년 1월 석오(石梧)

일러두기

1 중국의 『적천수』·『자평진전』·『난강망(궁통보감)』은 사주명리학의 3대 보서(寶書)로 꼽힌다. 그리고 『사주첩경』은 우리나라 사주명리학의 보서이다. 필자는 위의 보서들을 종합 정리한 새로운 사주명리학 교과서를 펴내고 싶었다. 이 책은 그 결실로서 사주명리학도의 필독서이다.

2 『적천수』·『사주첩경』의 사례를 엄선해서 이를 『난강망(궁통보감)』으로 조명하면서 『자평진전』으로 가다듬은 사주 풀이를 잘 활용하기 바란다. 다만 이 경우의 『적천수』는 『적천수』를 구체화한 『적천수징의』와 『적천수천미』임을 밝혀 둔다. 사주 풀이가 체계적이고 다양해서 이를 딛고 새로운 경지를 열 수 있을 것이다.

3 이 책은 사주명리학의 차원을 넘어 개운(開運)으로 나아가는 정신세계를 추구한다. 그래서 여러 가지의 자유분방한 글을 실었다. 생각하건대 사주학은 철학이면서 과학이다. 그리고 문학이면서 논리학이다. 나아가 시대적인 사상의 표현이다. 필자는 사주명리학을 '수신학(修身學)'으로 이해한다.

차례

사주 풀이 완전 정복 1　차례

사람의 한 평생

윤회

사주학

사주 풀이

일간이 甲인 경우

일간이 乙인 경우

일간이 丙인 경우

일간이 丁인 경우

일간이 戊인 경우

조후

조후(調候)

모든 생명체는 사계절의 기후변화에 따라 성장 발육에 큰 영향을 받는다. 인간 역시 마찬가지여서 기후에 따라 정신적·육체적인 차이가 생기고 운명 또한 달라지게 된다. 그러므로 자신에게 필요한 좋은 기후를 만나야 하는데, 사주학에서는 자신의 성장 발육에 바람직한 기후와의 조화를 조후(調候)라고 하여 매우 중시한다.

우선 사주가 조화를 이루기 위해서는 추우면 따듯함이 필요하고, 더우면 서늘함이 필요하다. 건조하면 윤택함이 필요하고 습하면 밝음이 필요하다. 사람의 체온은 36.5도이니 水와 火의 균형이 중요하다. 이것을 좁은 의미의 조후라고 할 수 있다.

여기서 나아가 오행이 고루 분포하고 서로 잘 어우러져 조화를 이룰 필요가 있다. 그러기 위해서는 사주의 각 별들이 서로 귀성(貴星)으로 이루어지면 좋다. 예를 들어 음력 3월(辰月)의 甲목은 木의 기가 극에 달했으니 일단 庚금이란 금도끼로 다듬어줄 필요가 있어 庚금이 귀성이 된다. 그러나 같은 달의 乙목은 유목(柔木)이기 때문에 庚금으로 다스리면 안 되고 오히려 봄비인 癸수가 내려야 생기가 돋아나므로 癸수가 귀성이 된다. 이것이 넓은 의미의 조후이다. 이렇게 넓은 의미의 조후 이론은 그 속에 억부(抑扶) 이론을 담고 있다.

사주를 연구하다 보면 조후가 곧 억부이고 억부가 곧 조후라는 것을 깨닫게 된다. 그리고 나중에 설명하겠지만 병약용신·통관용신·종용신이 모두 이와 다르지 않다는 것을 깨닫게 된다. 어쨌든 사주는 하늘에 丙丁巳午의 태양이 떠 있고, 땅에 壬癸亥子의 물이 있으며, 오행이 주류(周流)하고 각 별들이 서로 귀성으로 이루어져야 멋진 한 폭의 산수화가 된다. 이것이 조후의 정신이다.

사주명식에 조후용신이 있으면 봄철에 나무를 심은 것 같아 성장이 빠르고, 용신보좌만 있으면 여름이나 가을에 나무를 심은 것처럼 성장이 보통이고, 둘 다 없으면 겨울에 나무를 심은 것과 같아 성장이 부진하다. 사주명식에 조후용신이나 용신보좌가 없으면 그만큼 많은 어려움을 겪게 된다. 하지만 대운이나 연운에서 이것들이 갖추어지면 꽃이 피고 새가 노래하는 형상이 된다.

조후는 사주명식에서 일간과 출생월의 관계로 파악한다. 그러므로 귀성에 대한 판단은 일간과 출생월의 관계에 따라 달라진다.

1) 일간과 귀성의 관계

① 甲목 일간에게는 庚금과 丁화가 귀성이다. 甲목은 큰 수목이므로 庚금이란 금도끼로 다듬어야 한다. 그러나 庚금이 너무 거칠면 안 되니 丁화란 불로써 적당히 제련될 필요가 있다.

② 乙목 일간에게는 癸수와 丙화가 귀성이다. 乙목은 작은 수목이어서 성장이 필요하니 촉촉한 癸수의 비와 따스한 丙화의 태양이 필요하다.

③ 丙화 일간에게는 壬수가 귀성이다. 丙화 태양은 壬수 호수와 어우러질 때 그 빛이 반사되어 더욱 아름답고 찬란하다.

④ 丁화 일간에게는 甲목과 庚금이 귀성이다. 丁화는 유화(柔火)이므로 甲목으로 그 불길을 살려주어야 하는데, 甲목은 큰 수목이므로 庚금의 금도끼로 쪼개야 한다.

⑤ 戊토 일간에게는 癸수와 丙화와 甲목이 귀성이다. 戊토는 큰 산이므로 촉촉한 癸수의 비와 따스한 丙화의 태양, 그리고 甲목의 큰 수목이 필요하다.

⑥ 己토 일간에게도 癸수·丙화·甲목이 귀성이다. 己토는 평원옥토이므로 역시 촉촉한 癸수의 비와 따스한 丙화의 태양, 그리고 甲목의 큰 수목이 필요하다.

⑦ 庚금 일간에게는 丁화와 甲목이 귀성이다. 庚금은 원광석이므로 丁화

를 만나야 진짜 보석이 될 수 있는데, 丁화는 甲목의 도움을 받아야 그 불길이 생기를 얻는다.

⑧ 辛금 일간에게는 壬수가 귀성이지만 때로는 丙화도 귀성이 된다. 辛금은 보석이므로 壬수로 씻어주면 빛이 난다. 다만 추위가 극심할 때는 따스한 丙화로 빛내주어야 한다.

⑨ 壬수 일간에게는 戊토와 丙화가 귀성이다. 壬수는 큰물이므로 戊토의 큰 산과 丙화의 태양이 어우러지면 좋은 산수화가 된다.

⑩ 癸수 일간에게는 庚금이 귀성이지만 때로는 辛금도 귀성이 된다. 癸수는 작은 개울물이므로 庚금 또는 辛금의 수원(水源)이 필요하다.

2) 출생월과 귀성의 관계

① 寅월과 卯월은 초목이 생기를 얻는 때이므로 이를 뒷받침할 丙화의 태양과 癸수의 비가 필요하다.

② 辰월은 습토가 되어 나무가 뿌리를 잘 내리는 때이므로 甲목이 있어야 어울린다.

③ 巳午未월은 더운 여름철이므로 壬癸수가 필요하고, 丑의 동습토(凍濕土)와 辰의 습토를 만나도 좋다.

④ 申월과 酉월은 金의 기운이 강하여 한기(寒氣)가 있으므로 丁화와 丙화가 필요하다.

⑤ 戌월은 조열토(燥熱土)로서 土의 기운이 강하므로 甲목으로 다스려 적당히 부드럽게 해줄 필요가 있다.

⑥ 亥子丑월은 추운 겨울철이고 水의 기운이 강한 때이므로 따스한 丙화의 태양과 戊토의 제방이 필요하다. 그리고 未의 건조토와 戌의 조열토가 어울려도 좋다. 다만 丑월은 비록 동습토이지만 甲목이 있어야 土의 구실을 제대로 다 할 수 있다.

일반적으로 출생월과 귀성은 이상과 같이 인연을 맺는 경우가 많다. 그러나 辰戌丑未월에 대해서는 주의할 점이 있다. 辰戌丑未월은 土이므로 모두 甲목이 필요하다. 그러나 未월의 경우는 달리 보아야 한다. 왜냐하면 未월은 화기(火氣)가 왕성해서 甲목이 오면 목생화를 하여 좋지 않으므로 甲목이 필요 없기 때문이다. 이것이 未월이 다른 土월과 다른 점이다.

일간·출생월(월지)에 따른 귀성을 표로 정리하면 다음과 같다.

일간	귀성
甲	庚·丁
乙	癸·丙
丙	壬
丁	甲·庚
戊	癸·丙·甲
己	癸·丙·甲
庚	丁·甲
辛	壬·(丙)
壬	戊·丙
癸	庚·(辛)

출생월	귀성	
寅	丙·癸	
卯	丙·癸	
辰	甲	
巳	壬·癸	丑·辰
午	壬·癸	丑·辰
未	壬·癸	丑·辰
申	丁·丙	
酉	丁·丙	
戌	甲	
亥	丙·戊	未·戌
子	丙·戊	未·戌
丑	丙·戊·甲	未·戌

지금까지 전해 내려오는 조후 이론은 『궁통보감』 등에서 살펴볼 수 있듯이 일간과 출생월의 관계에서 획일적으로 조후용신과 용신보좌를 파악한다. 예를 들어 甲목 일간이 寅월에 태어나면 丙이 조후용신이고 癸가 용신보좌라는 것이다.

그러나 이에 너무 얽매일 필요는 없다. 왜냐하면 이는 사주가 균형을 이룬 경우를 상정한 하나의 이상적인 이론에 불과할 뿐, 그 구체적인 적용은 현실적인 억부에 달려 있다고 봐야 하기 때문이다. 예를 들어 사주에 이미 조후용신을 충분히 갖추고 있다면 또다시 조후용신을 고집할 게 아니라 전체 상황을 종합적으로 고려하여 판단해야 한다. 또한 북극곰이 추울 거라고 생각하여 무조건 불을 찾는다면 이 역시 위험한 발상이므로 이때는 그냥 추위에 따르도록 해야 한다. 조후는 이상이요 억부는 현실이다. 이상과 현실이 조화를 이루도록 해야 한다.

사주 풀이

사주 풀이

일간이 己인 경우 01

시	일	월	연
辛	己	丙	甲
未	亥	寅	子

甲	癸	壬	辛	庚	己	戊	丁
戌	酉	申	未	午	巳	辰	卯

억부와 조후　억부는 현실이고 조후는 이상이다.

◆ **억부**　다음의 세 가지를 가지고 일간의 강약을 추리한다.

　득령 : 일간이 월지의 도움을 받고 있는가? 아니다.

　득지 : 일간이 일지의 도움을 받고 있는가? 아니다.

　득세 : 간지가 2목·1화·2토·1금·2수의 분포이다.

◆ **조후**　다음의 내용을 가지고 일간과 기후의 조화를 살핀다.

　寅월은 아직 논밭이 풀리지 않은 때이므로 우선 丙화로 해동시키고, 그 다음으로는 甲목으로 丙화를 돕는다. 癸수는 丙丁화가 많을 때에나 쓴다. 壬수는 해가 되므로 壬수가 있으면 戊토로 다스려야 한다. 甲목이 많으면 庚금으로 다스리는데 庚금이 없으면 丁화로 설한다. 土가 많으면 甲목으로 다스리는데 乙목만 많이 있으면 소인(小人)이다.

배합과 흐름

여기서 사주의 참모습을 파악한다.

일간인 己토가 시지의 未토와 투출한 丙화의 도움을 받고 있다. 하지만 월지가 寅목이고 甲목이 투출하였으며 지지의 寅亥와 亥未 그리고 子수가 木을 돕고 시간이 辛금이다. 때문에 신약하다. 월간의 丙화가 木을 설하며 土를 생하는 좋은 역할을 한다.

『적천수』

청나라 임철초는 이 사주를 다음과 같이 풀이했다.

용신 : 월간의 丙화이다.

이론 전개 : 봄의 土가 亥수 위에 앉아 있고 재관이 태왕하다. 그러나 기쁘게도 홀로 있는 인성이 생을 만나서 그 기운이 시에까지 통한다. 재성이 인성을 극하지 않는다. 나아가 묘하게도 사주가 구슬을 이은 것처럼 생화(生化)하고 더구나 부럽게도 행운이 일그러지지 않았다.

길흉 판단 : 하늘의 은총을 누리고 고귀한 신분을 자랑하며 깨끗하게 살았다.

석오 평주

필자인 석오가 자신의 의견을 덧붙였다.

이 사주의 용신인 월간의 丙화는 월지의 寅목 위에 앉아서 연간의 甲목의 도움을 받고 있다. 그러니까 용신인 월간의 丙화가 힘이 있고 그 위치가 좋다. 재성이 인성을 극하지 않아서 다행이다. 행운이 이 사주의 용신을 잘 도와준다. 巳午未의 남방 火운은 물론 좋다. 木운은 천간으로 오든 지지로 오든 목생화하므로 좋다. 水운과 金운은 나쁘다. 土운은 木火를 돕느냐 金水를 돕느냐에 따라 다르다.

초나라 때 어느 주인이 하인들에게 술 한 병을 주었다. 그 술은 여러 사람이 나눠 마시기에는 적은 양이었다. 하인들이 술병을 들고 고민에 빠져 있을 때 한 사람이 나서서 말했다.

"땅바닥에 뱀을 한 마리씩 그리기로 하고, 제일 먼저 그림을 완성한 사람이 이 술을 혼자 마시기로 하세."

"그거 좋은 생각이네."

모두들 찬성하고 땅바닥에 뱀을 그리기 시작했다.

잠시 후 가장 먼저 그린 사람이 술병을 차지했다. 그는 술병을 왼손에 들고 한 모금 마신 뒤에 흥에 겨워 말했다.

"다들 내 손이 얼마나 빠른지 잘 봤지? 나는 뱀의 발까지 그리라고 해도 자네들보다 빨리 그릴 수 있다네."

그는 거들먹거리면서 뱀에 발을 그려 넣었다. 그러자 한 사람이 얼른 그의 손에서 술병을 낚아채며,

"뱀이 무슨 발이 있는가?"

하고는 술을 다 마셔 버렸다.

뱀의 꼬리를 그린 사람은 할 말을 잃은 채 멍하니 서 있었다.

사주 풀이

일간이 己인 경우 02

시	일	월	연
甲	己	丙	甲
子	丑	寅	子

甲	癸	壬	辛	庚	己	戊	丁
戌	酉	申	未	午	巳	辰	卯

토 己丑

화 丙 **금**

목 甲甲寅 **子子** **수**

억부와 조후　억부는 현실이고 조후는 이상이다.

◈ **억부**　다음의 세 가지를 가지고 일간의 강약을 추리한다.

득령 : 일간이 월지의 도움을 받고 있는가? 아니다.

득지 : 일간이 일지의 도움을 받고 있는가? 그렇다.

득세 : 간지가 3목·1화·2토·0금·2수의 분포이다.

◈ **조후**　다음의 내용을 가지고 일간과 기후의 조화를 살핀다.

　寅월은 아직 논밭이 풀리지 않은 때이므로 우선 丙화로 해동시키고, 그 다음으로는 甲목으로 丙화를 돕는다. 癸수는 丙丁화가 많을 때에나 쓴다. 壬수는 해가 되므로 壬수가 있으면 戊토로 다스려야 한다. 甲목이 많으면 庚금으로 다스리는데 庚금이 없으면 丁화로 설한다. 土가 많으면 甲목으로 다스리는데 乙목만 많이 있으면 소인(小人)이다.

배합과 흐름　여기서 사주의 참모습을 파악한다.

일간인 己토가 일지의 丑토와 일심동체를 이루고 투출한 丙화의 도움을 받고 있다. 하지만 월지가 寅목이고 두 甲목이 투출하였으며 지지의 子丑과 子수가 木을 돕는다. 때문에 신약하다. 월간의 丙화가 木을 설하며 土를 생하는 좋은 역할을 한다.

『적천수』　청나라 임철초는 이 사주를 다음과 같이 풀이했다.

용신 : 월간의 丙화이다.

이론 전개 : 己토가 寅월에 한습한 몸으로 태어나서 그 기(氣)가 허약하다. 그러나 인성인 丙화와 관성인 甲목이 함께 투출하여 인성은 바르고 관성은 청하다. 水는 화(化)함을 얻고 金은 나타나 있지 않다.

길흉 판단 : 운이 동남으로 흘러서 인성이 왕한 운에는 벼슬이 상서(尙書)에 이르렀다.

석오 평주　필자인 석오가 자신의 의견을 덧붙였다.

① 이 사주의 용신인 월간의 丙화는 월지의 寅목 위에 앉아서 연간의 甲목의 도움을 받고 있다. 그러니까 용신인 월간의 丙화가 힘이 있고 그 위치가 좋다. 재성이 인성을 극하지 않아서 다행이다. 행운이 이 사주의 용신을 잘 도와준다. 巳午未의 남방 火운은 물론 좋다. 木운은 천간으로 오든 지지로 오든

목생화하므로 좋다. 水운과 金운은 나쁘다. 土운은 木火를 돕느냐 金水를 돕느냐에 따라 다르다.

② 천지덕합(天地德合)이란 일간을 포함하여 좌우의 두 간지가 모두 합이 되는 경우이다. 이 사주는 일주가 己丑이고 시주가 甲子이므로 여기에 해당한다. 천지덕합이면 성격이 명랑쾌활하고 사교적이어서 부귀를 누릴 수 있는 가능성이 크다. 왜냐하면 합이란 서로 잘 어울림이기 때문이다. 천지덕합의 경우 일간이 용신과 합을 이루면 금상첨화이다. 이 사주는 일간이 용신과 합을 이루지 않고 관성인 시간의 甲목과 합을 이루고 있다. 때문에 이 사주의 주인공은 명예를 탐하여 엉뚱한 길을 걸을 수 있다.

FREE NOTE   자유로운 이야기를 펼치다.

『참전계경』에 의하면 효도의 요체는 '지극함'이고 그 구체적 방법은 자기를 잊고 ㉮ 부모님의 마음을 먼저 알아 편안하고 기쁘게 그리고 안정되게 하고 ㉯ 부모님께서 근심하실 말은 삼가고 근심하시면 화평하게 해 드리며 ㉰ 부모님의 뜻을 알아 순종하되 신속히 행하고 ㉱ 부모님의 식성에 맞도록 정성껏 봉양하되 혹여 병이 있으면 완치시켜 드리는 것이다.

사주 풀이

시	일	월	연
甲	己	庚	丙
戌	亥	子	寅

戊	丁	丙	乙	甲	癸	壬	辛
申	未	午	巳	辰	卯	寅	丑

억부와 조후   억부는 현실이고 조후는 이상이다.

◆**억부** 다음의 세 가지를 가지고 일간의 강약을 추리한다.

득령 : 일간이 월지의 도움을 받고 있는가? 아니다.

득지 : 일간이 일지의 도움을 받고 있는가? 아니다.

득세 : 간지가 2목·1화·2토·1금·2수의 분포이다.

◆**조후** 다음의 내용을 가지고 일간과 기후의 조화를 살핀다.

子월은 겨울이므로 우선 丙火로 추위를 다스리고, 다음에 甲목으로 丙화를 돕는다. 수왕절(水旺節)이므로 재다신약(財多身弱)한 명국이 되니, 戊토가 있어서 왕한 재(財)를 다스릴 수 있다면 금상첨화이다.

배합과 흐름　여기서 사주의 참모습을 파악한다.

일간인 己토가 시지의 戌土와 투출한 丙화의 도움을 받고 있다. 하지만 월지가 子수이고 亥子가 水를 돋우며 월간의 庚금이 水를 돕고 甲목이 투출하였다. 연지의 寅목은 水를 설하며 火를 생한다. 사주가 신약하면서 차갑다. 연간의 丙화가 억부와 조후를 아울러 충족시킬 수 있다.

『적천수』　청나라 임철초는 이 사주를 다음과 같이 풀이했다.

용신 : 연간의 丙화이다.

이론 전개 : 일간인 己토가 한겨울인 子월에 태어났으니 한습한 몸이다. 水는 차갑고 木은 시들었으며 金은 木을 극하고 水를 생하니 혼탁한 것처럼 보인다. 그러나 묘하게도 연간으로 투출한 丙화가 있어 이 丙화가 일양(一陽)으로 추위를 녹인다. 겨울날의 丙화는 참으로 사랑스러운 존재이다. 연간의 丙화 때문에 다른 오행이 생기를 얻는다. 다시 묘하게도 시지의 戌土가 水를 극하고 木을 배양하며 일간을 돕는다.

길흉 판단 : 甲己는 중화(中和)의 합이다. 세상을 살아가는 모습이 단아하고 반듯했으며, 늘 옛 법도를 준수하고, 겸손하면서 화평하고 온후하였으며, 옛 군자의 풍모가 있었다. 약간 싫은 것은 水의 세력이 태왕(太旺)한 것이다. 그래서 벼슬은 늠공(廩貢)에 머무르고 말았다.

석오 평주 필자인 석오가 자신의 의견을 덧붙였다.

이 사주의 용신은 인성인 연간의 丙화이다. 일간이 용신과 합을 이루면 좋다. 이 사주는 일간이 용신과 합을 이루지 않고 관성인 시간의 甲목과 합을 이루고 있다. 때문에 이 사주의 주인공은 명예를 탐하여 엉뚱한 길을 걸을 수 있다. 이를 달리 표현하면 이 사주의 주인공은 火 즉 남쪽으로 가야 하는데 그만 木 즉 동쪽으로 갔다고 할 수 있다.

FREE NOTE 자유로운 이야기를 펼치다.

송나라 육유(陸游)가 노래했다.

겨울밤 책을 읽다가 아들에게

옛사람들 학문함에 있는 힘 다하였으니
젊어서 공부한 것 나이 들어 비로소 완성된단다
서책에서 얻은 지식 천박함을 면키 어려우니
배운 바를 몸으로 행해야 한다는 것 명심하거라

古人學問無遺力　少壯工夫老始成
紙上得來終覺淺　絕知此事要躬行

사주 풀이

일간이 己인 경우 04

<table>
<tr><td>시</td><td>일</td><td>월</td><td>연</td></tr>
<tr><td>丁</td><td>己</td><td>乙</td><td>甲</td></tr>
<tr><td>卯</td><td>巳</td><td>亥</td><td>子</td></tr>
</table>

<table>
<tr><td>癸</td><td>壬</td><td>辛</td><td>庚</td><td>己</td><td>戊</td><td>丁</td><td>丙</td></tr>
<tr><td>未</td><td>午</td><td>巳</td><td>辰</td><td>卯</td><td>寅</td><td>丑</td><td>子</td></tr>
</table>

억부와 조후   억부는 현실이고 조후는 이상이다.

◆ **억부** 다음의 세 가지를 가지고 일간의 강약을 추리한다.

득령 : 일간이 월지의 도움을 받고 있는가? 아니다.

득지 : 일간이 일지의 도움을 받고 있는가? 그렇다.

득세 : 간지가 3목·2화·1토·0금·2수의 분포이다.

◆ **조후** 다음의 내용을 가지고 일간과 기후의 조화를 살핀다.

亥월은 겨울이고 水가 왕한 때이므로 우선 丙화로 따스하게 하고, 다음에 甲목으로 설수생화(洩水生火)하며 戊토로 제수(制水)한다. 寅 중 丙화를 쓰면 寅申충이 두렵고, 巳 중 丙화를 쓰면 巳亥충이 두렵다.

배합과 흐름 　여기서 사주의 참모습을 파악한다.

일간인 己토가 일지의 巳화와 일심동체를 이루고 투출한 丁화의 도움을 받고 있으며 시지의 卯목은 火를 돕는다. 하지만 월지와 연지가 水이고 亥子가 水를 돋우며 甲목과 乙목이 투출하였다. 월지의 亥수와 일지의 巳화가 巳亥충을 이룬다.

『적천수』　청나라 임철초는 이 사주를 다음과 같이 풀이했다.

용신 : 시간의 丁화이다.

이론 전개 : 정관은 장생을 만나고 살은 녹왕(祿旺)을 만났다. 巳亥충이 되어서 비록 인성이 깨지기는 했지만 기쁘게도 卯목이 오히려 火를 생한다.

길흉 판단 : −寅운에는 寅이 亥와 寅亥합을 이루는 바람에 木을 화(化)해서 인성을 생하여 연이어 장원 급제를 하였다.

−庚辰대운과 辛巳대운에는 정관을 제(制)하고 살을 화(化)하여 붉은 깃발을 휘날리며 대방(大邦)에 수비하러 나가 명예와 이익을 아울러 누렸다.

석오 평주　필자인 석오가 자신의 의견을 덧붙였다.

이 사주는 신약하다. 왜냐하면 월주와 연주가 모두 水木이기 때문이다. 그래서 천간의 木과 지지의 水는 나쁜 역할을 한다. 지지의 卯목은 일간인 己토를 극하지 않고 천간의 丁화와 지지의 巳화를 생하는 좋은 역할을 한다. 이상을 염두에 두지 않으면 庚辰대운과 辛巳대운을 바르게 풀이할 수 없다. 이 사주는 신약하지만 그래도 일간이 주체성이 있다. 천간으로 오는 庚운은 甲목을 극하고 乙목과 합을 이루는 좋은 역할을 한다. 천간으로 오는 辛운은 甲乙목을 극하는 좋은 역할을 한다. 그러나 지지로 오는 金운은 여러 가지로 나쁜 역할을 한다. 지지로 오는 辰운은 이를 木운으로 보아 좋게 풀이할 수도 있으나 그 역할을 헤아리기가 어렵다. 지지로 오는 巳운은 火운으로서 좋은 역할을 한다.

FREE NOTE 자유로운 이야기를 펼치다.

어느 날 고향을 떠나 열심히 공부하던 맹자가 집으로 돌아왔다. 어머니가 보고 싶어서 견딜 수가 없었던 것이다.

베틀에 앉아서 베를 짜고 있던 맹자의 어머니는 갑자기 찾아온 아들을 보자 몹시 기뻤지만 그 마음을 감추고 말했다.

"공부를 다 마치고 돌아온 것이냐?"

"아직 마치지 못했습니다."

그러자 맹자의 어머니는 짜고 있던 베의 날실을 끊어 버리고는 엄한 표정을 지으며 꾸짖었다.

"네가 중도에 공부를 그만두고 돌아온 것은 지금 내가 짜고 있던 베의 날실을 끊어 버리는 것과 같느니라."

이 말을 들은 맹자는 자신의 잘못을 반성하며 곧바로 돌아가서 더욱 열심히 공부했다.

사주 풀이

일간이 己인 경우 05

시	일	월	연
己	己	丙	戊
巳	巳	辰	戌

甲	癸	壬	辛	庚	己	戊	丁
子	亥	戌	酉	申	未	午	巳

토
己己
戊戊辰

화   금
丙巳巳

목   수

억부와 조후   억부는 현실이고 조후는 이상이다.

◆ **억부** 다음의 세 가지를 가지고 일간의 강약을 추리한다.

　득령 : 일간이 월지의 도움을 받고 있는가? 그렇다.

　득지 : 일간이 일지의 도움을 받고 있는가? 그렇다.

　득세 : 간지가 0목·3화·5토·0금·0수의 분포이다.

◆ **조후** 다음의 내용을 가지고 일간과 기후의 조화를 살핀다.

　辰월은 논밭에 곡식을 심고 가꾸는 때이므로 우선 태양인 丙화가 필요하다. 다음에 癸수로 윤택하게 한다. 토왕절(土旺節)이니 甲목으로 중화를 이룬다. 丙화, 癸수, 甲목이 투간되면 대길하다. 辰월이 수국(水局)을 이루면 논밭이 유실될 우려가 있으므로 戊토의 도움이 필요해진다.

배합과 흐름 여기서 사주의 참모습을 파악한다.

비겁과 인성으로만 이루어져 있다. 지극히 신왕하다.

『적천수』 청나라 임철초는 이 사주를 다음과 같이 풀이했다.

용신 : 구체적인 언급이 없다.

이론 전개 : 火土에 극설이 전혀 없으니 土의 왕이 극에 달했다.

길흉 판단 : ─초운의 남방에서는 유산이 넉넉했다.

─午운에는 최고 명문 대학에 들어갔다.

─己未대운에는 무과에 합격은 했으나 보직을 받지 못했다.

─庚申대운에는 돈이 점점 줄어들고 가업이 사그라졌다.

─辛酉대운에는 재물이 마치 봄날의 서리와 같이 사라지고 사업이 쪼그라들었다.

─壬운에 壬수가 丙화를 극해서 죽었다.

석오 평주 필자인 석오가 자신의 의견을 덧붙였다.

① 일간이 비겁 위주로 지나치게 왕한 경우가 종왕격이고 일간이 인성 위주로 지나치게 강한 경우가 종강격이며 이 둘이 혼합되어 있는 경우가 강왕격(强旺格)이다. 이때는 강왕한 세력을 따르는 것이 순리다. 강왕격은 부귀를 누릴 수 있지만 극과 극의 현상이 나타날 수 있다. 그래서 하루아침에 정상에서 밑바닥으로 굴러 떨어지는 등 운로가 계속 양호하게 이어지는 경우가 매우 드

물고 육친 관계에서 문제가 많다. 가강왕격(假強旺格)이란 강왕격으로 보기에 약간 흠이 있는 경우인데 이 경우에는 강왕격에 준해서 판단하면 된다. 가강 왕격의 예로는 통변성 중에서 재성이나 관살이 있어도 지지에 뿌리를 내리지 못해서 세력이 약한 경우 등이 있다.

② 임철초는 壬운에 壬수가 丙화를 극해서 죽었다고 한다. 그렇다면 월간 의 丙화가 용신이란 이야기인가. 필자는 이 사주가 종왕격으로서 용신은 土 이고 희신은 火라고 본다. 그리고 壬운에 죽은 것은 사주의 많은 비겁이 재성 운을 작살냈기 때문이라고 본다.

FREE NOTE　　자유로운 이야기를 펼치다.

학송(鶴松) 스님은 『아이고 부처님』에서 다음과 같이 밝히고 있다.

서양 쪽 얘기에 의하면 어둑한 저녁 무렵 자기 딸이 몹시 아프다며 왕진을 청하는 여인의 애절한 하소연에 감동되어 그 여인을 따라 나선 의사는 너무 도 놀라운 광경을 보게 되었다고 한다. 집으로 안내한 여인이 현관에서 종적 이 묘연하여 이방 저방 찾던 중 모녀가 껴안고 죽어 있는 시신을 발견하고 검 진한 결과 디프테리아(diphtheria)로 인한 사망으로 판명되었고 어머니와 그 딸 아이가 죽은 날짜는 3일 정도 시차가 있었다고 한다. 즉 어머니가 죽어 갈 무 렵까지 그 딸 아이는 앓긴 해도 살아 있었다는 것이다. 의사에게 왕진을 청한 여인은 그 딸 아이의 어머니의 모습 그대로였다고 한다.

어머니는 죽어서도 자식 걱정하시니 그 염파력은 육신의 생사를 초월해서 작동하는가 보다.

사주 풀이

일간이 己인 경우 06

시	일	월	연
庚	己	丙	辛
午	丑	申	丑

甲	癸	壬	辛	庚	己	戊	丁
辰	卯	寅	丑	子	亥	戌	酉

```
                        토
                      己丑丑
                ┌──────────────┐
        화   ┌── 午        辛 ──┐   금
            │   丙       庚申   │
        목   └──────────────┘   수
```

억부와 조후   억부는 현실이고 조후는 이상이다.

◆ **억부** 다음의 세 가지를 가지고 일간의 강약을 추리한다.

득령 : 일간이 월지의 도움을 받고 있는가? 아니다.

득지 : 일간이 일지의 도움을 받고 있는가? 그렇다.

득세 : 간지가 0목·2화·3토·3금·0수의 분포이다.

◆ **조후** 다음의 내용을 가지고 일간과 기후의 조화를 살핀다.

申월은 한기를 느끼는 때이므로 우선 丙화로 따뜻하게 한 다음 癸수로 윤택하게 한다. 丙화가 일간을 생조하면서 제금(制金)하고, 癸수가 金을 설하면서 윤택하게 하면 격국이 맑아진다. 丙화와 癸수가 모두 천간에 있으면 대길하다. 지지에 수국(水局)이 이루어지면 근토가 흩어질 우려가 있으므로 이때는 戊토의 도움을 받아야 하며, 또한 丙화가 있어야 가을장마를 수습할 수 있을 것이다.

배합과 흐름 여기서 사주의 참모습을 파악한다.

일간이 일지의 도움을 얻고 火土가 金보다 많아서 강하다고 판단하기가 쉽다. 그러나 丑이 金의 창고이므로 일간의 강약이 분명하지가 않다.

『사주첩경』 우리나라의 이석영은 이 사주를 다음과 같이 풀이했다.

용신 : 월간의 丙화이다.

이론 전개 : 이 사주는 신약해서 인수인 丙화가 용신이고 金이 병이다.

신왕하면 상관용재(傷官用財)를 할 수 있으나 신약하면 그럴 수 없다. 다시 말해 아무리 상관이 재성을 동반하고 있어도 신약하면 상관용재를 못 하고 상관용인(傷官用印)을 하거나 상관용겁(傷官用劫)을 한다.

길흉 판단 : -庚子대운과 辛丑대운 그리고 壬운에는 설기가 심하고 인성을 건드려서 재앙이 끊임없었다.

-寅과 卯의 木운에는 왕부익자(旺夫益子, 남편이 잘되고 자식이 늘다)하였다. 이 사주에서는 木이 남편이므로 왕부(旺夫)는 당연하다. 그러면 익자(益子)는 무슨 까닭일까? 이 사주에서는 金이 병인데 목생화→화극금으로 金을 잘 다스리면서 목생화→화생토로 金의 어머니인 일간을 돕기 때문이다.

-辰운에 황천객이 되었다. 辰이 申과 어울려 水를 돕고 水가 용신을 극하였기 때문이다. 사주의 용신이 상하면 수명이 다한다.

석오 평주

필자인 석오가 자신의 의견을 덧붙였다.

일간이 강하지도 약하지도 않은 경우에는 조후의 관점에서 용신을 찾는다. 이 사주는 차갑다. 그래서 火를 필요로 한다. 이석영은 월간의 丙화가 용신이라고 본다. 그러나 필자는 시지의 午화가 용신이라고 본다. 왜냐하면 월간의 丙화는 연간의 辛금과 丙辛합이기 때문이다.

FREE NOTE

자유로운 이야기를 펼치다.

진상관(眞傷官)이란 참으로 나쁜 상관이란 뜻으로 식상이 강해서 인성이나 비겁이 용신일 때의 식상을 가리킨다.

사주 풀이

일간이 己인 경우 07

시	일	월	연
癸	己	庚	戊
酉	酉	申	辰

戊	丁	丙	乙	甲	癸	壬	辛
辰	卯	寅	丑	子	亥	戌	酉

<table>
<tr><td colspan="3" align="center">토</td></tr>
<tr><td colspan="3" align="center">己</td></tr>
<tr><td colspan="3" align="center">戊辰</td></tr>
<tr><td>화</td><td align="center">酉酉
庚申</td><td>금</td></tr>
<tr><td>목</td><td align="center">癸</td><td>수</td></tr>
</table>

억부와 조후   억부는 현실이고 조후는 이상이다.

◈ **억부** 다음의 세 가지를 가지고 일간의 강약을 추리한다.

   득령 : 일간이 월지의 도움을 받고 있는가? 아니다.

   득지 : 일간이 일지의 도움을 받고 있는가? 아니다.

   득세 : 간지가 0목·0화·3토·4금·1수의 분포이다.

◈ **조후** 다음의 내용을 가지고 일간과 기후의 조화를 살핀다.

　申월은 한기를 느끼는 때이므로 우선 丙화로 따뜻하게 한 다음 癸수로 윤택하게 한다. 丙화가 일간을 생조하면서 제금(制金)하고, 癸수가 金을 설하면서 윤택하게 하면 격국이 맑아진다. 丙화와 癸수가 모두 천간에 있으면 대길하다. 지지에 수국(水局)이 이루어지면 己토가 흩어질 우려가 있으므로 이때는 戊토의 도움을 받아야 하며, 또한 丙화가 있어야 가을장마를 수습할 수 있을 것이다.

배합과 흐름　여기서 사주의 참모습을 파악한다.

일간인 己토가 연주인 戊辰의 도움을 받고 있다. 하지만 월주가 庚申이고 일지와 시지가 둘 다 酉금이며 癸수가 투출했고 지지의 申辰이 水를 돕는다. 종할 것 같기도 하고 그렇지 않을 것 같기도 하다.

『적천수』　청나라 임철초는 이 사주를 다음과 같이 풀이했다.

용신 : 겁재이다.

이론 전개 : 이 사주는 상관용겁격(傷官用劫格)이다. 그러나 辰토는 습토로서 金을 생하고 水를 형성하니까 연지의 辰토가 일간을 충분히 돕지 못한다.

길흉 판단 : 운이 서북의 金水로 흘러 한 번 거꾸러지니 불 꺼진 재처럼 되어서 집안을 제대로 이룰 수 없었다.

석오 평주　필자인 석오가 자신의 의견을 덧붙였다.

상관용겁격(傷官用劫格)이란 식상이 왕하여 비겁을 용신으로 삼는 격이다. 상관용겁격은 인성운을 가장 기뻐한다. 왜냐하면 인성운은 식상을 극함과 동시에 일간을 생하는 두 가지 역할을 한꺼번에 하여 이 운에는 사주가 반듯이 설 수 있기 때문이다. 비겁운은 용신운이지만 비겁을 돕는 동시에 식상을 생하여 그 역할이 온전하지 못하다. 그러므로 상관용겁격은 오로지 인성운을 만나 꽃을 피울 수 있기를 기다리는 운신(運身)의 폭이 좁은 격이다. 그렇다고 해서 상관용겁격을 별 볼 일 없는 격이라고 단정하면 안 된다. 왜냐하면 부귀빈천이 사주에 있다고는 하지만 되고 말고는 모두 행운에 있기 때문이다.

FREE NOTE 자유로운 이야기를 펼치다.

조선의 동계(東谿) 조귀명(趙龜命)의 문집인 『동계집(東谿集)』에 다음과 같은 우화로 지은 「왜려설(倭驢說)」이 실려 있다.

대구 사람 하징이 키는 작은데 뚱뚱하고 다리까지 저는 나귀를 샀다. 몇 해를 잘 먹이자 서울까지 700리를 나흘 만에 달리는 영물이 되었다. 묵는 곳마다 사람들이 이 희한하게 생긴 땅딸보 나귀에 호기심을 나타냈다. 하징이 장난으로 말했다.

"이건 왜당나귀오. 왜관에서 산 놈이오."

값을 물으면 터무니없이 비싼 값을 불렀다. 모두 수긍할 뿐 도대체 의심하는 법이 없었다. 돈을 그보다 더 줄 테니 팔라는 사람도 여럿 있었다.

뒤에 하징이 사실을 말하자 모두 속았다며 떠났다. 그 뒤로는 아무도 그 나귀를 거들떠보지 않았다. 하징이 말했다.

"세상 사람이 이름을 좋아해서 쉬 속기가 이와 같구나. 우리나라 것이라 하면 그러려니 하다가 왜산이라 하면 난리를 치니."

사주 풀이

일간이 己인 경우 08

시	일	월	연
戊	己	庚	戊
辰	卯	申	辰

戊	丁	丙	乙	甲	癸	壬	辛
辰	卯	寅	丑	子	亥	戌	酉

억부와 조후   억부는 현실이고 조후는 이상이다.

◆ **억부** 다음의 세 가지를 가지고 일간의 강약을 추리한다.

득령 : 일간이 월지의 도움을 받고 있는가? 아니다.

득지 : 일간이 일지의 도움을 받고 있는가? 아니다.

득세 : 간지가 1목·0화·5토·2금·0수의 분포이다.

◆ **조후** 다음의 내용을 가지고 일간과 기후의 조화를 살핀다.

申월은 한기를 느끼는 때이므로 우선 丙화로 따뜻하게 한 다음 癸수로 윤택하게 한다. 丙화가 일간을 생조하면서 제금(制金)하고, 癸수가 金을 설하면서 윤택하게 하면 격국이 맑아진다. 丙화와 癸수가 모두 천간에 있으면 대길하다. 지지에 수국(水局)이 이루어지면 근土가 흩어질 우려가 있으므로 이때는 戊토의 도움을 받아야 하며, 또한 丙화가 있어야 가을장마를 수습할 수 있을 것이다.

배합과 흐름 — 여기서 사주의 참모습을 파악한다.

일간인 己土가 연주인 戊辰과 시주인 戊辰의 도움을 받고 있다. 월주가 庚申이고 지지의 申辰이 반합(半合)이다. 일지가 卯이고 지지의 卯辰이 반합이다.

『적천수』 — 청나라 임철초는 이 사주를 다음과 같이 풀이했다.

용신 : 구체적인 언급이 없다.

이론 전개 : 辰土 속의 癸수는 편재이고 申금 속의 壬수는 정재이다. 겁재가 여럿이지만 이들이 지장간으로 존재하는 재성을 어찌 할 수 없다. 그러니 구두쇠이다. 상관이 겁재를 화(化)하여 지장간으로 존재하는 재성을 생한다. 그러니 알부자이다. 하나 있는 살은 권세인데 지지의 음습함이 이를 키우니 권모(權謀)가 남다르고 하는 일이 이상야릇하며 도덕에는 별로 마음이 없다. 인색하고 재물이 많으면서 자식이 없는 경우는 다 이러한 격들이다.

길흉 판단 : 나이 사십에도 자식이 없어 두 첩을 얻었으나 뜻을 이루지 못했다. 수명은 90세를 넘겼다. 재물을 자신의 목숨처럼 아낀 결과 남긴 재물이 엄청났으나 이 재물을 서로 차지하려고 온 동네 사람이 싸움을 벌였다. 이 사주는 金의 기운이 너무 견고하고 水가 천간으로 노출되지 않아서 생생의 오묘함을 얻지 못했다. 그러므로 재물을 뿌려야 金이 유행해서 자식을 부를 수 있다. 수명은 오복(五福)의 으뜸이지만 오래 살면서 자식이 없다면 마침내는 이로움이 없으리라. 은혜를 널리 베풀면 천심이 감응해서 아름다운 과보를

받을 수 있다.

석오 평주 　　필자인 석오가 자신의 의견을 덧붙였다.

　이 사주는 土와 金과 木의 삼각 구도이다. 土와 金은 그 세력이 강하고 木은 그 세력이 약하지만 그렇다고 해서 엄연한 세력으로 존재하는 木을 버릴 수가 없다. 이는 일간의 강약을 떠난 문제이다. 일간의 강약에 집착하다 보면 사주의 기본 틀을 벗어나 이론을 전개하는 잘못을 범할 수 있다. 사주에서 버릴 것은 이를 버려야 하지만 그렇지 아니한 것은 이를 버릴 수가 없다. 이는 사람의 몸에서 거의 필요가 없는 맹장을 제거함은 허용이 되지만 시력이 약하다고 해서 눈을 제거함은 허용이 되지 않는 것과 같다. 이 사주에서는 木이 자신의 역할을 바르게 하지 못하면 좋지 못한 결과가 일어난다. 이상의 사실을 염두에 두고 임철초의 사주 풀이를 음미하면 재미가 있을 것이다. 이 사주에서는 일지의 卯목이 용신이고 월주인 庚申이 용신의 병이다. 그러므로 木을 생하는 水운과 金을 극하는 火운이 희신(喜神)운이면서 약신(藥神)운이다. 그래서 이 사주의 주인공은 水木火운을 잘 보냈다고 이해할 수 있다. 젊은 나이인 水운에서도 자식을 얻지 못한 것은 일지의 卯목이 음(陰)인 水만 만났지 양(陽)인 火를 만나지 못했기 때문이라고 이해하면 된다. 卯는 식물에서 잎이 나오며 둘로 갈라지는 형상에서 이루어졌다. 우리는 이 사주 풀이를 통하여 사주가 흘러가지 않으면 스스로라도 노력해서 유통을 시켜야 함을 깨달아야 한다.

FREE NOTE 자유로운 이야기를 펼치다.

진나라에 약광이란 사람이 있었다. 그가 하남 태수로 있을 때의 일이다. 약광에게는 집에 자주 찾아와 함께 놀던 친한 친구가 있었다. 그런데 어느 날 부터 이 친구가 발길을 뚝 끊었다. 약광이 궁금하여 이 친구를 찾아가서 물었다.

"이보게, 요즘은 왜 통 얼굴을 볼 수가 없는가?"

"지난번에 한 술자리에서 잔 속에 뱀이 보여 섬뜩했네. 하지만 아무렇지 않게 그냥 마셨지. 그 후부터 영 몸이 좋지 않은 것 같네."

약광은 고개를 갸웃거리며 그 날 그와 함께 술을 마신 곳으로 가 보았다. 그제야 약광은 친구가 본 뱀의 정체를 알게 되었다. 뱀이 그려진 활이 벽에 걸려 있었는데, 그 뱀이 친구의 술잔에 비친 것이었다.

약광은 곧장 친구를 데리고 와 술자리를 마련했다. 그러고는 친구의 잔에 술을 따라 주며 물었다.

"자, 이번에는 잔 속에 무엇이 보이는가?"

"아니! 지난번에 보았던 뱀이 또 보이네."

친구가 놀란 얼굴로 대답했다.

약광이 크게 웃으면서 활에 그려진 뱀의 그림자가 비친 것임을 알려 주었다. 그제야 친구는 뱀의 실체를 알게 되었고, 아픈 것도 말끔히 나았다.

사주 풀이

일간이 己인 경우 09

시	일	월	연
辛	己	丙	丁
未	酉	午	丑

戊	己	庚	辛	壬	癸	甲	乙
戌	亥	子	丑	寅	卯	辰	巳

억부와 조후 억부는 현실이고 조후는 이상이다.

◆ **억부** 다음의 세 가지를 가지고 일간의 강약을 추리한다.

득령 : 일간이 월지의 도움을 받고 있는가? 그렇다.

득지 : 일간이 일지의 도움을 받고 있는가? 아니다.

득세 : 간지가 0목·3화·3토·2금·0수의 분포이다.

◆ **조후** 다음의 내용을 가지고 일간과 기후의 조화를 살핀다.

午월은 더위와 건조함이 심하므로 우선 癸수로 조후한다. 다음에 庚辛금
으로 癸수를 돕는다. 이로써 논밭이 윤택해진 후에는 丙화가 있어야 한다.
癸수가 없으면 壬수를 대신 쓸 수 있으나 그만큼 격이 떨어진다.

배합과 흐름　　여기서 사주의 참모습을 파악한다.

　　일간인 己토가 丙午월에 태어나서 연지와 시지에도 뿌리를 내리고 있으며 투출한 丁화의 도움을 받고 있다. 신강하다. 그러나 일지가 酉금이고 투출한 辛금이 있으므로 시간의 辛금으로 土를 설한다.

『적천수』　　청나라 임철초는 이 사주를 다음과 같이 풀이했다.

　　용신 : 시간의 辛금이다.

　　이론 전개 : 일간인 己토가 여름에 태어나서 강하다. 水와 木이 전혀 없다. 가장 기쁜 것은 金이 투출한 것이다.

　　길흉 판단 : −동방운에는 火를 생하고 이 火가 金을 극하여 벼슬길이 막히고 재물이 맑았다.

　　−辛丑대운의 戊辰년에는 火를 어둡게 하면서 金을 생하는 바람에 식신이 겁재를 만나 무과에 급제하고 명리(名利)가 넉넉했다.

석오 평주　　필자인 석오가 자신의 의견을 덧붙였다.

　　이 사주의 주인공은 타고난 사주팔자에 관성이 드러나지 않아도 무과에 급제하였다. 그러면 행운이 벼슬운이었는가. 그렇지 않다. 왜냐하면 辛丑대운의 戊辰년은 식신운이면서 비겁운이기 때문이다. 그러니까 사주팔자와 행운이 관성과 인연이 없다고 해서 함부로 벼슬길에 오를 수 없다고 단정하면 안된다.

FREE NOTE 자유로운 이야기를 펼치다.

노벨 문학상 수상 작가 주제 사라마구(Jose Saramago)는 『죽음의 중지』란 소설에서 장수(長壽)의 반작용(反作用)을 거론했다.

사람들이 오래 살고 싶어 하자 신(神)은 소원을 화끈하게 들어준다며 아예 죽음을 중단했다. 그런데 아무도 죽지 않게 되자 양로원은 미어터지고 병원은 죽지 못하는 환자들의 비명으로 아수라장이 된다. 영생(永生)을 갈구하던 종교는 태도를 바꿔 죽음의 재개(再開)를 바라는 기도회를 연다. 외국으로 가면 죽을 수 있다는 소식이 전해지자 죽기 위해 앞다퉈 국경을 넘는다.

작가 주제 사라마구는 "죽음이 없다면 삶도 없다는 말을 하고 싶었다"고 했다.

운동의 법칙이란 물체의 운동에 관한 역학적 기본 법칙이다. 일반적으로 고전 역학의 기초인 뉴턴(Newton)의 운동의 세 가지 법칙을 이르는데, 제일 법칙은 관성의 법칙이고 제이 법칙은 가속도의 법칙이며 제삼 법칙은 작용 반작용의 법칙이다.

작용 반작용의 법칙이란 모든 작용력에 대하여 항상 방향이 반대이고 크기가 같은 반작용 힘이 따른다는 법칙이다.

삶과 죽음은 작용 반작용의 법칙을 따라 서로 보완하면서 불이(不二)의 조화를 이루므로 그 중 어느 하나를 취하고 다른 하나를 버릴 수 없다.

사주 풀이

일간이 己인 경우 10

시 일 월 연
庚 己 丁 戊
午 卯 巳 午

乙 甲 癸 壬 辛 庚 己 戊
丑 子 亥 戌 酉 申 未 午

억부와 조후 — 억부는 현실이고 조후는 이상이다.

◆ **억부** 다음의 세 가지를 가지고 일간의 강약을 추리한다.

득령 : 일간이 월지의 도움을 받고 있는가? 그렇다.

득지 : 일간이 일지의 도움을 받고 있는가? 아니다.

득세 : 간지가 1목·4화·2토·1금·0수의 분포이다.

◆ **조후** 다음의 내용을 가지고 일간과 기후의 조화를 살핀다.

巳월은 火土가 성(盛)해지는 때이므로 우선 癸수가 필요하다. 다음에 庚辛 금으로 癸수를 돕는다. 여름이 시작되는 巳월이라고 해도 농작물의 성장 등을 위해 丙화가 있어야 한다. 己토는 습토이지만 丙화가 너무 강하면 수분이 말라버릴 수 있기 때문에 수기(水氣)와 화기(火氣)의 적절한 조화가 필요하다.

여기서 사주의 참모습을 파악한다.

일간인 己토가 丁巳월에 태어나서 연지와 시지에도 뿌리를 내리고 있으며 투출한 戊토의 도움을 받고 있다. 신강하다. 卯목과 庚금 중 어느 하나를 용신으로 삼는다.

『적천수』 청나라 임철초는 이 사주를 다음과 같이 풀이했다.

용신 : 시간의 庚금이다.

이론 전개 : 일간인 己토가 巳월에 생하여 인성이 당령하고 왕하니 土가 불타서 까맣게 변하고 木이 불에 타 없어진다.

길흉 판단 : 庚子년에는 金을 낀 水가 火의 맹렬함을 제어하고 土의 건조함을 적셔 무과에 급제했다. 그래도 크게 발전할 수 없었던 것은 사주에 水가 없기 때문이다.

석오 평주 필자인 석오가 자신의 의견을 덧붙였다.

庚子년에는 金을 낀 水가 火의 맹렬함을 제어하고 土의 건조함을 적셔 무과에 급제했다고 한다. 그러나 아무리 좋고 기뻐하는 운이라도 이것이 세력을 갖추어 충의 형태로 기존 질서를 파괴하면 바로 죽음으로 이어질 수 있다. 庚子년은 子수가 사주의 두 午화와 子午충을 이루는 것이 문제이다. 충이 무조건 다 나쁜 것은 아니다. 경우에 따라서는 대부대귀(大富大貴)해지는 전환의 계기가 될 수도 있다. 실제로 인성과 비겁이 많은 사주는 충이 좋은 역할을 할 때가 많다. 지나치게 자기 본위의 사고에 젖어 있다가 외부로부터 신선한 충격을 받고 혁신을 도모할 수 있는 형상이 되기 때문이다.

FREE NOTE   자유로운 이야기를 펼치다.

송나라 왕안석(王安石)이 노래했다.

봄날의 안타까움

땅 쓸고 꽃잎 떨어지기 기다리는 마음
그 꽃잎 마구 먼지에 더럽혀질까 봐서인데
놀이꾼들이사 봄 아낄 줄 모르고
지는 꽃잎 즈려밟고 봄을 찾아 나서누나

掃地待花落　惜花輕著塵
游人少春戀　踏花却尋春

사주 풀이
일간이 己인 경우 11

시	일	월	연
己	己	辛	甲
巳	酉	未	戌

己	戊	丁	丙	乙	甲	癸	壬
卯	寅	丑	子	亥	戌	酉	申

억부와 조후   억부는 현실이고 조후는 이상이다.

◆ **억부** 다음의 세 가지를 가지고 일간의 강약을 추리한다.

득령 : 일간이 월지의 도움을 받고 있는가? 그렇다.

득지 : 일간이 일지의 도움을 받고 있는가? 아니다.

득세 : 간지가 1목·1화·4토·2금·0수의 분포이다.

◆ **조후** 다음의 내용을 가지고 일간과 기후의 조화를 살핀다.

　未월은 더위와 건조함이 매우 심하므로 우선 癸수로 다스려야 한다. 다음에 庚辛금으로 癸수를 도우며 왕한 土를 설기시킨다. 대서 이후에 金水가 많이 보이면 늦여름에 우박과 서리가 내려 피해를 입히는 형상이므로 반드시 丙화가 필요하다.

여기서 사주의 참모습을 파악한다.

사주가 비겁 위주로 신왕하다. 甲목은 무력해서 土를 극할 능력이 없다. 힘이 있는 酉금으로 설해야 한다.

『사주첩경』 우리나라의 이석영은 이 사주를 다음과 같이 풀이했다.

용신 : 일지의 酉금이다.

이론 전개 : 이 사주는 土가 많고 火가 이를 도와서 신왕이다. 그래서 甲목을 용신으로 삼고자 하나 이는 불가하다. 왜냐하면 천간의 辛금과 지지의 戌중 辛금이 甲목을 극하여 甲목이 무력하기 때문이다. 그래서 巳酉의 반합(半合)으로 힘이 있는 酉금으로 설정(泄精)함을 기뻐하니 酉금이 용신이고 巳未가 준(準) 화국(火局)이므로 火는 용신의 병이다.

길흉 판단 : ―일찍이 壬申과 癸酉의 金水운에는 용신의 병을 제거하여 크게 발전하였다.

―亥子의 水운에는 큰 부자가 되었다.

―戌·丙·丁의 운에는 송사 등으로 어려웠지만 생명은 이상이 없었다.

―그러나 寅운에 들어서 寅戌의 반합이 火를 더하여 중병으로 그만 불록지객(不祿之客)이 되고 말았다.

석오 평주 필자인 석오가 자신의 의견을 덧붙였다.

이 사주는 용신이 천간의 辛금이 아니라 지지의 酉금이다. 왜냐하면 천간의 辛금은 뜨거운 흙 위에 앉아 있어서 무력하지만 지지의 酉금은 일간과 한 몸을 이루고 巳酉의 반합(半合)으로 힘이 있기 때문이다.

FREE NOTE   자유로운 이야기를 펼치다.

용신의 병을 다스릴 수 있는 자가 재성이면 사주에 재성이 없더라도 재성 운에는 큰 부자가 될 수 있다.

사주 풀이

일간이 己인 경우 12

시 일 월 연
壬 己 己 庚
申 亥 丑 辰

丁 丙 乙 甲 癸 壬 辛 庚
酉 申 未 午 巳 辰 卯 寅

억부와 조후   억부는 현실이고 조후는 이상이다.

◈ **억부** 다음의 세 가지를 가지고 일간의 강약을 추리한다.

득령 : 일간이 월지의 도움을 받고 있는가? 그렇다.

득지 : 일간이 일지의 도움을 받고 있는가? 아니다.

득세 : 간지가 0목·0화·4토·2금·2수의 분포이다.

◈ **조후** 다음의 내용을 가지고 일간과 기후의 조화를 살핀다.

丑월은 하늘은 차고 땅은 얼어붙은 때이므로 시급히 丙화를 취한다. 丑월은 토절(土節)이므로 甲목이 없을 수 없는데, 甲목은 제토생화(制土生火)의 공을 이룬다. 丑월은 水가 왕하기 때문에 겁재 戊토로 제수(制水)한다.

여기서 사주의 참모습을 파악한다.

일간인 己토가 己丑월에 태어나서 연지에도 뿌리를 내리고 있으나, 월지의 丑토는 水와 金을 지닌 土이고, 연지의 辰토는 木과 水를 지닌 土이어서, 일간의 강약을 추리하기가 어렵다. 더구나 일지가 亥水이고 시지가 申금이며, 투출한 庚금과 壬수가 있으니, 일간이 土를 버리고 금생수로 향하여 水를 따라가야 할 것 같다. 하지만 일간이 土에 대한 미련을 버리지 못할 것이다.

『적천수』   청나라 임철초는 이 사주를 다음과 같이 풀이했다.

용신 : 水이다.

이론 전개 : 己亥일주가 허습(虛濕)한 丑월에 태어나서 물을 머금은 辰土를 만났으며 투출한 庚금과 壬수가 있으면서 申시를 얻었으니 이 사주는 종재격(從財格)이고 용신이 水이다.

길흉 판단 : −庚寅대운과 辛卯대운에는 천간의 金이 水를 생하고 지지의 木이 土를 극하여 부모의 그늘이 넉넉했다.

−壬辰대운과 癸운에는 재물이 늘어났을 뿐만 아니라 궁궐의 벽에 이름을 걸었다.

−巳운에는 처를 극하고 재물을 날려 버렸다.

−甲午대운에 木이 火를 생하고 己巳년에 火土가 함께 왕하여 위와 장의 혈병으로 죽었다.

−이 사주는 종재격이어서 부모의 유산이 풍성했고 책을 읽어 학교에 들어갔으며 처자가 다 온전했다. 만약 하나의 火만 만났어도 재다신약(財多身弱)이 되어 아무것도 이룰 수 없었을 것이다.

석오 평주 필자인 석오가 자신의 의견을 덧붙였다.

종재격(從財格)이란 일간이 약하고 재성이 지나치게 왕한 경우이다. 재성을 따르는 것이 순리다. 일간과 비겁을 설하는 식상운도 좋고 일간과 비겁을 극하는 관살운도 좋다. 그러나 인성운과 비겁운을 꺼린다. 종재격이 잘 이루어지면 큰 부자가 될 수 있다. 일간이 약한 종재격을 진종재격(眞從財格)이라고 한다면 일간이 이보다는 약간 힘이 있는 경우를 가종재격(假從財格)이라고 한다. 가종재격은 진종재격에 준해서 판단하지만 그보다 격이 떨어진다. 이 사주는 진종재격이 아니라 가종재격이다.

FREE NOTE 자유로운 이야기를 펼치다.

당나라 노동(盧仝)이 노래했다.

해오라기

옥으로 다듬었나 백로 한 마리
물고기 잡으려고 마음 조이며
물가 모래밭에 발 쫑긋 세우고 때를 기다리는데
사람들은 영문 모르고 서 있는 모습 한가롭다 말하네

刻成片玉白鷺鷥　欲捉纖鱗心自急
翹足沙頭不得時　傍人不知謂閑立

사주 풀이

일간이 己인 경우 13

시 일 월 연
癸 己 乙 癸
酉 亥 卯 巳

丁 戊 己 庚 辛 壬 癸 甲
未 申 酉 戌 亥 子 丑 寅

토
己

화 　　　　　　　　 酉 　금
　　　　巳
목 　 乙卯 　　　 癸癸 　수
　　　　　　　　 亥

억부와 조후　　　억부는 현실이고 조후는 이상이다.

◆ **억부**　다음의 세 가지를 가지고 일간의 강약을 추리한다.

득령 : 일간이 월지의 도움을 받고 있는가? 아니다.

득지 : 일간이 일지의 도움을 받고 있는가? 아니다.

득세 : 간지가 2목·1화·1토·1금·3수의 분포이다.

◆ **조후**　다음의 내용을 가지고 일간과 기후의 조화를 살핀다.

　卯월은 木이 왕한 때이므로 우선 丙화로 생토(生土)한다. 다음에는 甲목으로 丙화를 도우며 癸수로 윤택하게 한다. 투간된 甲목이 다른 己토와 합이 되면 관(官)이 빛을 발하지 못한다. 木이 많으면 庚금으로 다스리는데 이때 庚금이 乙목과 합이 되면 불리하다. 丁화가 왕한 木을 설하며 생토(生土)하면 庚금이 필요 없고 丁화로 용신한다.

배합과 흐름   여기서 사주의 참모습을 파악한다.

일간인 己土가 연지의 巳화의 도움을 기대할 수 없다. 왜냐하면 연간의 癸수가 연지의 巳화를 극하기 때문이다. 그렇다면 일간인 己土는 혈혈단신이나 마찬가지이다. 월주가 乙卯이고 지지의 亥卯가 木을 돋우며 투출한 두 癸수가 있고 시지의 酉금은 시간의 癸수와 일지의 亥수를 생한다. 이 사주는 진종살격(眞從殺格) 내지 가종살격(假從殺格)이다.

『적천수』   청나라 임철초는 이 사주를 다음과 같이 풀이했다.

용신 : 木이다.

이론 전개 : 봄의 土가 허탈한데 살의 세력이 월령을 잡았고 재성이 왕하다. 종살격(從殺格)이지만 진종(眞從)은 아니고 가종(假從)이다.

길흉 판단 : ─출신이 한미(寒微)하나 어려운 집안을 일으켜 세우고 여러 사람 가운데서 특별히 두드러졌으며 일찍이 반수(泮水)에서 놀았다.

─壬子대운에는 과거에 연달아 급제했다. 그리하여 중서(中書)란 벼슬을 거쳐 황당(黃堂)을 밟고 관찰사로 뽑혔다.

─辛亥대운에는 金은 허하고 水는 실해서 상생이 어긋나지 않아 벼슬길이 평탄했다.

─다가오는 庚戌대운에는 土金이 모두 왕해 水木이 손상을 받아 의외의 풍파를 면하지 못할 것 같아서 두렵다.

석오 평주 필자인 석오가 자신의 의견을 덧붙였다.

종살격(從殺格)이란 일간이 약하고 편관이 지나치게 왕한 경우이다. 관성을 따르는 것이 순리다. 재성운도 좋다. 그러나 일간을 강하게 해 주는 운은 최대의 흉운이고 식상운도 매우 흉하다. 종살격이 잘 이루어지면 대귀(大貴)의 명이다. 일간이 약한 종살격이 진종살격(眞從殺格)이고 일간이 이보다는 약간 힘이 있는 경우가 가종살격(假從殺格)이다. 가종살격은 진종살격에 준해서 판단하지만 그보다 격이 떨어진다. 엄격히 말하면 진종살격이란 일간을 돕는 간지가 하나도 없는 종살격이다. 그렇다면 이 사주는 연지의 巳화 때문에 진종살격이 아니라 가종살격이다.

FREE NOTE 자유로운 이야기를 펼치다.

'곧기는 뱀의 창자다'란 속담이 있다. 겉으로 보기에는 구불구불해서 곧은 곳이라곤 없어 보이지만 온갖 장기들을 일렬로 세워 가며 이외로 곧은 창자를 지닌 동물이 바로 뱀이다. 겉으로 보기에는 직립해서 곧아 보이지만 겉과 속이 다르게 속에는 꼬불꼬불하게 뒤엉킨 내장을 꾸겨 넣고 있는 동물이 바로 인간이다.

뱀은 자신의 껍질을 벗어 던지는 탈피를 통하여 성장한다. 안구 및 콧구멍 안쪽과 입 안까지 탈피한다. 그러기 위해서는 고통을 참아야 한다. 뱀은 탈피를 통하여 낡은 것을 버리고 새로운 것을 얻는다. 인간은 자신의 껍질을 벗는 대신 자연을 극복한다면서 남의 껍질을 벗겨 성장한다.

사주 풀이

일간이 己인 경우 14

시 일 월 연
乙 己 乙 辛
丑 丑 未 卯

丁 戊 己 庚 辛 壬 癸 甲
亥 子 丑 寅 卯 辰 巳 午

억부와 조후　　억부는 현실이고 조후는 이상이다.

◆ **억부**　다음의 세 가지를 가지고 일간의 강약을 추리한다.

득령 : 일간이 월지의 도움을 받고 있는가? 그렇다.

득지 : 일간이 일지의 도움을 받고 있는가? 그렇다.

득세 : 간지가 3목·0화·4토·1금·0수의 분포이다.

◆ **조후**　다음의 내용을 가지고 일간과 기후의 조화를 살핀다.

　未월은 더위와 건조함이 매우 심하므로 우선 癸수로 다스려야 한다. 다음에 庚辛금으로 癸수를 도우며 왕한 土를 설기시킨다. 대서 이후에 金水가 많이 보이면 늦여름에 우박과 서리가 내려 피해를 입히는 형상이므로 반드시 丙화가 필요하다.

배합과 흐름　여기서 사주의 참모습을 파악한다.

己토가 未월에 태어나고 일지와 시지가 土이어서 신왕하다. 활기찬 木으로 신왕을 다스려야 한다. 이 경우 금극목하는 金은 木의 병이다.

『사주첩경』　우리나라의 이석영은 이 사주를 다음과 같이 풀이했다.

용신 : 월간의 乙목이다.

이론 전개 : 신왕 또는 신강하고 살(殺)이 약하면 그 살은 가살(假殺)로 변하여 관(官)·권(權)으로 화(化)한다. 이를 가살위권(假殺爲權)이라고 한다. 가살위권이면 흉이 길로 변화하여 명예·권세를 누린다. 신약하면 비록 정관이라 할지라도 이것이 살로 변하여 귀(鬼)로 화한다. 이를 신쇠위귀(身衰爲鬼)라고 한다. 신쇠위귀이면 길이 흉으로 변화하여 빈한·단명하다.

이 사주는 신왕하면서 살이 강하다. 그러나 일주(日主)에 비해 살이 약하다. 왜냐하면 일주는 득령·득지·득세이면서 未 중 丁화의 생을 받고 있지만 살은 未월의 메마른 木으로서 辛금의 극을 받고 있기 때문이다. 그 결과 가살위권이다. 그리고 辛금은 용신의 병이다.

길흉 판단 : -巳운 辛亥년에는 금생수로 용신인 木을 도와 군왕으로 등극하였다.

-재위 11년 되는 辰운 辛酉년에 토생금으로 乙목을 극하고 卯酉충으로 용신의 뿌리를 뽑아 멸하고 말았다.

석오 평주
필자인 석오가 자신의 의견을 덧붙였다.

① 辛금은 무력해서 이를 용신으로 삼을 수 없다.

② 辛亥년은 천간의 辛금이 부담스러우나 지지의 亥수가 이를 순화시키면서 나아가 亥卯未삼합을 만든다.

③ 辛酉년은 천간과 지지가 모두 金이고 酉丑으로 卯未를 깨뜨린다.

FREE NOTE
자유로운 이야기를 펼치다.

음팔통(陰八通)이란 사주의 천간과 지지가 모두 음(陰)인 경우를 가리킨다. 이 경우에는 사주의 주인공이 내성적인 인물이라고 추리할 수 있다.

사주 풀이

일간이 己인 경우 15

```
시 일 월 연
乙 己 辛 壬
亥 亥 亥 子


己 戊 丁 丙 乙 甲 癸 壬
未 午 巳 辰 卯 寅 丑 子
```

```
              토
              己
                          辛        금
      화
              乙          子        수
      목            壬亥亥亥
```

억부와 조후
억부는 현실이고 조후는 이상이다.

◆ **억부** 다음의 세 가지를 가지고 일간의 강약을 추리한다.

득령 : 일간이 월지의 도움을 받고 있는가? 아니다.

득지 : 일간이 일지의 도움을 받고 있는가? 아니다.

득세 : 간지가 1목·0화·1토·1금·5수의 분포이다.

◆ **조후** 다음의 내용을 가지고 일간과 기후의 조화를 살핀다.

亥월은 겨울이고 水가 왕한 때이므로 우선 丙화로 따스하게 하고, 다음에 甲목으로 설수생화(洩水生火)하며 戊토로 제수(制水)한다. 寅 중 丙화를 쓰면 寅申충이 두렵고, 巳 중 丙화를 쓰면 巳亥충이 두렵다.

己

水가 너무 많다. 거기에다 金이 水를 돕는다. 水가 범람하면 水를 따르면서 水의 앞머리를 넓혀야 한다.

『사주첩경』   우리나라의 이석영은 이 사주를 다음과 같이 풀이했다.

용신 : 시간의 乙목이다.

이론 전개 : 이 사주는 己일 亥월로 지지가 전부 水이면서 천간으로 壬수가 치솟아 있으므로 종재격이다. 그런데 이 사주는 재성인 처(妻)가 생을목(生乙木)하는 처우생아(妻又生兒, 아내가 또 아이를 낳음)이다. 이 처우생아는 그 끝이 되는 관살이 열매이므로 이것이 용신이다. 따라서 이 사주는 乙목이 용신이다. 乙목이 용신이면 이 乙목은 수다목부(水多木浮, 물이 많으면 나무가 뜬다)에 해당하지 않을까? 그러나 일단 용신으로 결정된 다음에는 그것은 논하지 않는 법이다. 이 점은 아우생아(兒又生兒, 아이가 또 아이를 낳음)의 경우나 처우생아의 경우나 모두 마찬가지이다. 위의 논거로 한 가지 예를 들면 己未년 丁丑월 丙戌일 戊戌시인 사주는 丑 중 辛금을 용신으로 삼고 아우생아로 다루면서 토다금매(土多金埋, 흙이 많으면 금이 묻혀 버린다)를 거론하지 않는다.

이 사주를 식신제살격으로 논할 수 없다. 왜냐하면 辛금은 지지에 그 뿌리가 없고 많은 水에 설기되어 乙목을 극할 수 없기 때문이다. 이 사주에서는 乙목이 용신이므로 辛금이 乙목을 극하면 辛금은 용신의 병이다.

길흉 판단 : −일찍이 水木운에는 부귀를 누리면서 명성을 떨쳤다.

−그러나 丙辰대운에는 큰 재산을 다 날리고 재기 불능이 되었다.

석오 평주

필자인 석오가 자신의 의견을 덧붙였다.

① 격과 용신은 별개이다. 따라서 예를 들어 사주가 ㉮ 종재격인 경우 관살을 용신으로 삼을 수 있고 ㉯ 종아격인 경우 재성을 용신으로 삼을 수 있다. 그 까닭은 어느 오행이 태왕(太旺)하면 이를 터뜨려야 사주가 바로 서기 때문이다.

② 일단 乙목이 용신으로 결정된 다음에는 수다목부(水多木浮)를 논하지 않는 법이라고 하는데 그 까닭은 ①에서 본 것처럼 水가 태왕하면 이를 터뜨려야 사주가 바로 서기 때문이다. 위에서 논거로 제시한 己未년 丁丑월 丙戌일 戊戌시인 사주의 경우도 그 이치는 마찬가지이다.

FREE NOTE

자유로운 이야기를 펼치다.

아우생아(兒又生兒)는 종아격보다 차원이 높고 처우생아(妻又生兒)는 종재격보다 차원이 높다. 왜냐하면 사주의 기상이 힘차게 뭉쳤다가 다시 새로운 경지를 펼치기 때문이다.

사주 풀이

일간이 庚인 경우 01

시 일 월 연
丙 庚 丙 戊
戌 寅 辰 午

甲 癸 壬 辛 庚 己 戊 丁
子 亥 戌 酉 申 未 午 巳

억부와 조후　　억부는 현실이고 조후는 이상이다.

◈ **억부**　다음의 세 가지를 가지고 일간의 강약을 추리한다.

득령 : 일간이 월지의 도움을 받고 있는가? 그렇다.

득지 : 일간이 일지의 도움을 받고 있는가? 아니다.

득세 : 간지가 1목·3화·3토·1금·0수의 분포이다.

◈ **조후**　다음의 내용을 가지고 일간과 기후의 조화를 살핀다.

辰월은 土가 왕한 때이므로 우선 甲목으로 제토(制土)한다. 다음에 丁화로 庚금을 다룬다. 土가 왕한데 甲목은 없고 乙목만 있으면 제토(制土)가 어렵다.

배합과 흐름 　여기서 사주의 참모습을 파악한다.

일간인 庚금이 辰월에 태어나서 투출한 戊토의 도움을 받고 있다. 지지의 午와 寅과 戌이 寅午戌의 화국(火局)을 이루고 寅辰이 木을 돋우며 두 丙화가 투출했다. 신약하다. 인성을 용신으로 삼는다.

『적천수』　청나라 임철초는 이 사주를 다음과 같이 풀이했다.

용신 : 연간의 戊토이다.

이론 전개 : 두 개의 살이 투출했고 지지가 살국(殺局)을 이루었다. 그러나 戊토 원신(元神)이 천간으로 나와서 족히 살을 화(化)할 수 있으니 기쁘다. 寅 목은 원래 인성인 土를 깨는 존재이지만 화국(火局)을 이루어 도리어 土를 배양하는 근원이 되었으니 또한 기쁘다.

길흉 판단 : ─己未대운에는 벼슬이 상승했다.

─庚申대운과 辛酉대운에는 일간을 도우니 유정(有情)하여 벼슬을 하며 두루 다니다가 후에는 전보다 나은 행복을 누렸다.

석오 평주　필자인 석오가 자신의 의견을 덧붙였다.

火의 세력이 일간을 휘감아 녹이고 있는데 용신인 연간의 戊토는 멀리서 소극적인 자세를 취하고 있다. 용신인 연간의 戊토가 자신의 역할을 다할 수 있을까 염려스럽다. 이 사주의 주인공이 아름다운 인생을 보낸 것은 용신 때문이 아니라 활동기가 土金운이기 때문이다. 참고로 월지의 辰토를 용신으로 삼을 수 있을까. 그럴 수 없다. 왜냐하면 월지의 辰土는 바로 옆의 寅목과 어울려 土의 역할을 다하지 못하기 때문이다. 나아가 결과론적인 이야기이지만 월지의 辰土를 용신으로 삼으면 申辰의 반합(半合)을 이루는 申운과 辰戌충을 이루는 戌운을 좋게 새길 수 없다.

FREE NOTE　　자유로운 이야기를 펼치다.

춘추 시대 진나라 때 위무라는 사람이 있었다. 그에게는 첩이 한 명 있었다. 어느 날, 위무가 큰 병이 들어 몸져눕게 되자 아들 위과를 불러 당부했다.

"아들아, 내가 죽거든 첩이 새로운 남편을 찾아갈 수 있도록 해 주어라."

"네, 아버지."

얼마 후 죽음과 가까워진 위무가 또다시 아들을 불러 말했다.

"아들아, 내가 죽거든 첩을 나와 함께 묻어 주려무나."

그리고 나서 위무가 세상을 떠났다.

장례를 치른 뒤 위과는 식구들을 불러 모아 아버지의 첩을 내보내겠다고 했다.

"사람이 죽음의 문턱에 가까워지면 정신이 흐려지는 법이니, 나는 아버님이 맑은 정신으로 하신 말씀을 따를 것이오."

그 말에 식구들은 모두 고개를 끄덕였고, 위무의 첩은 새 삶을 살게 되었다.

사주 풀이

일간이 庚인 경우 02

시	일	월	연
丙	庚	甲	壬
戌	午	辰	辰

壬	辛	庚	己	戊	丁	丙	乙
子	亥	戌	酉	申	未	午	巳

금　　庚

토　辰辰戌　　壬　수

화　　丙　　甲　목
　　　午

억부와 조후　　억부는 현실이고 조후는 이상이다.

◆ **억부**　다음의 세 가지를 가지고 일간의 강약을 추리한다.

득령 : 일간이 월지의 도움을 받고 있는가? 그렇다.

득지 : 일간이 일지의 도움을 받고 있는가? 아니다.

득세 : 간지가 1목·2화·3토·1금·1수의 분포이다.

◆ **조후**　다음의 내용을 가지고 일간과 기후의 조화를 살핀다.

辰월은 土가 왕한 때이므로 우선 甲목으로 제토(制土)한다. 다음에 丁화로 庚금을 다룬다. 土가 왕한데 甲목은 없고 乙목만 있으면 제토(制土)가 어렵다.

庚

일간인 庚금이 지지의 2辰토의 도움을 받고 있다. 일지가 午화이고 丙화가 투출했으며 지지의 午戌이 火를 돋운다. 투출한 壬수가 투출한 甲목을 생한다. 신약하다. 인성을 용신으로 삼는다.

용신 : 土이다.

이론 전개 : 庚午일주가 辰월의 戌시에 태어나서 살이 왕하므로 土가 용신이다. 월간의 甲목은 본시 객신(客神)이나 水木을 저장한 지지의 2辰토의 도움을 받아 강하면서도 나쁜 작용을 한다. 또 연간의 壬수가 시간의 丙화를 극하지 않고 월간의 甲목을 생한다.

길흉 판단 : -남방운에는 土를 생하여 비장(지라)과 위에 병은 없었지만 물이 졸아들고 금이 메말라 약간의 이상 증세는 있었다.

-戊申대운과 己酉대운과 庚戌대운에는 土金이 함께 왕하고, 용신을 극하면서 풍(風)의 질환을 주관하는 木이 금극목을 당해, 건강이 양호했고 엄청난 재물이 생겼다.

-辛亥대운에 金이 통근하지 못하고 水가 장생을 얻으니 갑자기 풍질(風疾)을 맞아 죽었다.

사주팔자로 선천적인 건강을 파악해서 운의 흐름에 따른 후천적인 건강을 추리한다. 예를 들어 사주팔자에 火가 많아 그것이 병이 되는 사람은 丙午와 丁巳의 운에 병이 더욱 심해진다. 특정 오행이 태과하면 그 오행에 속하는 장부가 실증(實症)을 일으키고, 불급이면 허증(虛症)을 일으킨다. 남아돌아도 병이요, 모자라도 병이다. 실(實)과 허(虛), 허와 실은 서로 통한다. 한의학계에서는 음양오행학적 측면에서 오운육기법(五運六氣法)을 활용하고 있다.

FREE NOTE 자유로운 이야기를 펼치다.

공자가 아는 사람으로부터 진귀한 구슬 하나를 얻었다. 구슬에는 구멍이 아홉 굽이나 있었다. 공자가 구슬 구멍에 실을 꿰어 보려고 아무리 애써 보아도 할 수가 없었다. 그때 문득 바느질하는 아낙이라면 꿸 수 있지 않을까 하는 생각에 뽕밭에서 뽕잎을 따고 있는 아낙에게 가서 도움을 청했다. 그러자 아낙이 말했다.

"꿀을 쓰면 방법이 있을 테니 잘 생각해 보세요."

공자가 아낙의 말을 듣고 잠시 생각에 잠겼다가 무릎을 탁 치며 자리에서 일어났다. 그러고는 개미 한 마리를 잡아 허리에 실을 묶어 구슬의 한쪽 구멍에 넣고, 반대편 구멍에는 꿀을 조금 발라 놓았다. 잠시 후, 꿀 냄새를 맡은 개미가 구멍 속으로 바삐 기어들어가더니 반대편 구멍으로 나오는 것이 아닌가! 그렇게 해서 구슬에 실을 꿸 수 있었다.

사주 풀이

일간이 庚인 경우 03

<table>
<tr><td>시</td><td>일</td><td>월</td><td>연</td></tr>
<tr><td>己</td><td>庚</td><td>壬</td><td>壬</td></tr>
<tr><td>卯</td><td>辰</td><td>子</td><td>戌</td></tr>
</table>

庚	己	戊	丁	丙	乙	甲	癸
申	未	午	巳	辰	卯	寅	丑

억부와 조후　　억부는 현실이고 조후는 이상이다.

◈ **억부**　다음의 세 가지를 가지고 일간의 강약을 추리한다.

득령 : 일간이 월지의 도움을 받고 있는가? 아니다.

득지 : 일간이 일지의 도움을 받고 있는가? 그렇다.

득세 : 간지가 1목·0화·3토·1금·3수의 분포이다.

◈ **조후**　다음의 내용을 가지고 일간과 기후의 조화를 살핀다.

　　子월의 庚금은 金水의 진상관(眞傷官)이다. 한랭하므로 丙丁甲을 떠날 수 없다. 水가 왕하면 戊토로 다스린다. 丙화가 없으면 조후가 곤란하고, 丁화가 없으면 庚금을 다루지 못한다. 丙丁화는 丙午, 丙寅, 丁卯처럼 지지의 도움을 얻어야 좋다. 甲목이 있어도 丙丁화가 없으면 뜻을 이루기가 힘들다.

배합과 흐름

여기서 사주의 참모습을 파악한다.

일간인 庚금이 일지의 辰토와 일심동체를 이루고 연지의 戌토와 투출한 己토의 도움을 받고 있다. 월주가 壬子이고 지지의 子辰이 水를 돋우며 연간의 壬수가 지지에 뿌리를 내리고 있는데 시지가 卯목이고 지지의 卯辰이 木을 돋운다. 水가 병이고 연지의 戌토가 약이다.

『적천수』

청나라 임철초는 이 사주를 다음과 같이 풀이했다.

용신 : 연지의 戌토이다.

이론 전개 : 일간인 庚금이 子월생이므로 土이면서 火를 지닌 연지의 戌토를 기뻐한다. 연지의 戌토는 족히 水의 세력을 거두면서 온기를 제공한다. 시지의 卯목은 재성으로서 인성을 극한다.

길흉 판단 : −水木운에는 공부를 계속할 수가 없었다.

−火土운에는 바르지 못한 방법으로 벼슬길로 나아가 주목(州牧)까지 이르렀다.

−午운에는 쇠약한 火가 왕한 水를 충하여 자신의 뜻을 활짝 펼치지 못하고 한가한 세월을 보냈다.

석오 평주

필자인 석오가 자신의 의견을 덧붙였다.

午운은 희신운이다. 그러나 午운은 戊午대운으로서 壬子월주와 천극지충(天剋地沖)을 이루면서 용신인 연지의 戌토와 午戌의 반합(半合)을 이루어 용신까지 싸움판으로 불러낸다. 그 결과 월주와 연주가 얽히고설켜서 용신인 연지의 戌토 속의 丁화가 상처를 입는다. 이 丁화는 子월의 庚금에게 온기를 제공하면서 용신인 연지의 戌토에게 활력을 부여하는 소중한 존재이다. 위에서 본 것처럼 비록 희신운이라고 하더라도 그 역할을 제대로 못 하는 경우가 있으므로 행운 판단은 이를 반드시 사주의 간지와 연계하여 결론을 내릴 필요가 있다.

FREE NOTE 　자유로운 이야기를 펼치다.

　제나라에 그림을 무척 좋아하는 왕이 있었다. 그래서 궁궐에는 늘 화가들이 들락거렸다.

　어느 날, 궁궐 한쪽에서 그림을 그리고 있는 화가에게 왕이 다가가 물었다.

　"그림으로 그리기에 가장 어려운 것이 무엇인가?"

　"예, 개나 말이 가장 어렵습니다."

　"그럼, 그리기 가장 쉬운 것은 무엇인가?"

　"예, 귀신이나 도깨비 같은 것이 가장 쉽습니다. 개나 말은 모두가 아는 것이고 자주 보기 때문에 실제 모습과 똑같이 그려야 해서 어렵습니다. 하지만 귀신이나 도깨비 같은 것은 형체가 없어 마음대로 그릴 수 있습니다."

사주 풀이

일간이 庚인 경우 04

<table>
<tr><td>시</td><td>일</td><td>월</td><td>연</td></tr>
<tr><td>丙</td><td>庚</td><td>丙</td><td>甲</td></tr>
<tr><td>戌</td><td>子</td><td>子</td><td>戌</td></tr>
</table>

甲	癸	壬	辛	庚	己	戊	丁
申	未	午	巳	辰	卯	寅	丑

금 庚

토 戊戌

수 子子

화 丙丙 / 甲 목

억부와 조후   억부는 현실이고 조후는 이상이다.

◆ **억부** 다음의 세 가지를 가지고 일간의 강약을 추리한다.

득령 : 일간이 월지의 도움을 받고 있는가? 아니다.

득지 : 일간이 일지의 도움을 받고 있는가? 아니다.

득세 : 간지가 1목·2화·2토·1금·2수의 분포이다.

◆ **조후** 다음의 내용을 가지고 일간과 기후의 조화를 살핀다.

子월의 庚금은 金水의 진상관(眞傷官)이다. 한랭하므로 丙丁甲을 떠날 수 없다. 水가 왕하면 戊토로 다스린다. 丙화가 없으면 조후가 곤란하고, 丁화가 없으면 庚금을 다루지 못한다. 丙丁화는 丙午, 丙寅, 丁卯처럼 지지의 도움을 얻어야 좋다. 甲목이 있어도 丙丁화가 없으면 뜻을 이루기가 힘들다.

庚

일간인 庚금이 연지와 시지의 두 戌토의 도움을 받고 있다. 월지와 일지가 子수이고 두 丙화가 투출했으며 연간이 甲목이다. 신약하다. 인성을 용신으로 삼는다.

용신 : 土이다.

이론 전개 : 일간인 庚금이 추운 子월에 태어났다. 그러나 丙화가 둘이나 투출했고 지지에는 화고(火庫)인 戌토가 둘이나 있으며 甲목이 丙화를 생하니 지나치게 뜨겁다.

길흉 판단 : −戊寅대운과 己卯대운에는 담(痰)으로 인하여 생기는 열이 있었다.

−庚辰대운에는 庚금이 일간을 돕고 辰토가 습토이어서 담으로 인하여 생기는 열이 저절로 사라졌다. 돈을 내고 벼슬길로 나아갔다.

−辛巳대운에는 巳가 일간인 庚금의 장생의 지지이므로 명예와 이익을 아울러 얻었다.

−이 사주는 신약하기 때문에 火를 용신으로 삼지 않는다. 무릇 금수상관(金水傷官)에 火를 용신으로 삼으려면 반드시 신왕하고 재성을 만나야 한다. 사주가 중화(中和)를 이루고 있으면 水를 용신으로 삼는다. 사주가 신약하면 土를 용신으로 삼는다.

석오 평주
필자인 석오가 자신의 의견을 덧붙였다.

　임철초는 이 사주는 火로 말미암아 신약하므로 土가 용신이라고 한다. 그렇다면 戌土는 土이지만 이를 용신으로 삼을 수 없다. 왜냐하면 戌土는 화고(火庫)이기 때문이다. 참고로 未土는 화고는 아니지만 火를 지니고 있으므로 용신으로 적합하지 않다. 이 사주는 戌土 속의 戊土를 용신으로 삼아야 한다. 왜냐하면 戊土는 火를 지니고 있지 않으므로 이를 용신으로 삼아도 문제가 없기 때문이다. 이 사주는 戌土 속의 戊土가 용신이고 金운은 희신운이다. 辛巳대운의 巳운은 火운인데 이 운이 왜 좋았을까? 이에 대하여 임철초는 12운 이론을 가지고 설명하지만 이 이론은 사후세계의 일까지 다루고 있으므로 현실적인 설득력이 부족하다. 辛巳대운의 巳운은 그 천간이 金이므로 巳화가 金의 역할을 할 가능성이 있다. 더구나 사주의 월지와 일지가 子수이면 火의 역할을 그만두고 金의 역할을 할 가능성이 크다.

FREE NOTE
자유로운 이야기를 펼치다.

　『삼국유사』에 의하면 불국사와 석굴암을 창건한 김대성은 전생에 어머니와 의논하여 전 재산인 자갈밭을 절에 시주한 공덕으로 재상인 김문량의 아들로 태어났다. 태어날 때 손바닥에 '대성'이라고 새겨져 있어 그 이름을 '대성'이라고 하였다. 김대성은 전후생에 걸쳐 이름이 동일한 사람이다. 그는 금생의 부모님을 위해 불국사를 창건하고 전생의 부모님을 위해 석굴암을 창건하였다.

사주 풀이

시	일	월	연
辛	庚	壬	丁
巳	子	子	亥

甲	乙	丙	丁	戊	己	庚	辛
辰	巳	午	未	申	酉	戌	亥

억부와 조후   억부는 현실이고 조후는 이상이다.

◈ **억부** 다음의 세 가지를 가지고 일간의 강약을 추리한다.

득령 : 일간이 월지의 도움을 받고 있는가? 아니다.

득지 : 일간이 일지의 도움을 받고 있는가? 아니다.

득세 : 간지가 0목·2화·0토·2금·4수의 분포이다.

◈ **조후** 다음의 내용을 가지고 일간과 기후의 조화를 살핀다.

子월의 庚금은 金水의 진상관(眞傷官)이다. 한랭하므로 丙丁甲을 떠날 수 없다. 水가 왕하면 戊토로 다스린다. 丙화가 없으면 조후가 곤란하고, 丁화가 없으면 庚금을 다루지 못한다. 丙丁화는 丙午, 丙寅, 丁卯처럼 지지의 도움을 얻어야 좋다. 甲목이 있어도 丙丁화가 없으면 뜻을 이루기가 힘들다.

배합과 흐름
여기서 사주의 참모습을 파악한다.

일간인 庚금이 시지에 뿌리를 내리고 있으며 투출한 辛금의 도움을 받고 있다. 그러나 일간과 겁재의 2金을 제외하면 나머지는 4水와 2火이어서 이 사주는 극설교집(剋洩交集)이다. 무엇보다 인성의 도움이 필요하다. 연간의 丁화와 월간의 壬수가 丁壬합을 이루고 있으나 화(化)가 이루어지지 않는다. 지지의 亥子가 水를 돋운다.

『적천수』
청나라 임철초는 이 사주를 다음과 같이 풀이했다.

용신 : 巳화 속의 戊토이다.

이론 전개 : 일간인 庚금이 子월생이고 식상이 태왕하다. 설기가 지나치다. 土를 용신으로 삼아야 한다. 火는 추운 사주를 따뜻하게 해 주는 역할을 할 뿐이므로 이를 용신으로 삼지 말아야 한다. 사주의 간지에 土가 없으니 巳화 속의 戊토를 용신으로 삼는다. 태왕한 水가 火를 꺼버려 火가 능히 土로 변하니 원기가 그 속에 있다고 하겠다.

길흉 판단 : 戊운의 丙辰년에는 火가 土를 생해서 巳화 속의 원신(元神)이 함께 나오니 우의정을 지냈다.

석오 평주

필자인 석오가 자신의 의견을 덧붙였다.

巳화 속의 戊토는 火를 설해 일간인 庚금과 시간의 辛금을 생하면서 水를 극한다. 시간의 辛금이나 巳화 속의 庚금은 金을 돕기도 하지만 水를 생하기도 한다. 그래서 巳화 속의 戊토를 용신으로 삼는다. 亥수 속에도 戊토가 있지만 亥수 속의 戊토는 이를 용신으로 삼을 수 없다. 왜냐하면 亥수는 멀리 떨어져 있을 뿐만 아니라 巳화처럼 그 속에 金을 지니고 있지도 않기 때문이다. 이 사주는 연주와 시주가 각각 암합(暗合)을 이룬다. 연주인 丁亥는 천간의 丁과 亥의 지장간 정기인 壬이 만나 丁壬합을 이루고 시주인 辛巳는 천간의 辛과 巳의 지장간 정기인 丙이 만나 丙辛합을 이룬다.

FREE NOTE   자유로운 이야기를 펼치다.

추운 겨울, 제나라의 환공이 고죽국이란 작은 나라를 공격했을 때의 일이다. 환공이 군사를 이끌고 진격하다가 산중에서 길을 잃고 헤매게 되었다. 그때 관중이란 장수가 나서서 말했다.

"늙은 말은 길을 잘 찾아내니 그 지혜를 이용하면 도움이 될 것입니다."

관중의 말대로 늙은 말을 풀어 놓고 그 뒤를 따라가자 길을 찾을 수 있었다.

다시 길을 가는 도중에 병사들이 목이 말라 몹시 괴로워했다. 그때 습붕이란 장수가 나서서 말했다.

"개미는 겨울에는 양지바른 남쪽에서 살고, 여름에는 북쪽의 음지에서 사는 법입니다. 그러니 개미굴 아래를 파면 반드시 물이 나올 것입니다."

습붕의 말대로 개미굴 아래를 얼마쯤 파 들어 가자 정말로 물을 얻을 수 있었다.

사주 풀이

일간이 庚인 경우 06

庚

시	일	월	연
丁	庚	甲	戊
丑	辰	寅	寅

壬	辛	庚	己	戊	丁	丙	乙
戌	酉	申	未	午	巳	辰	卯

억부와 조후   억부는 현실이고 조후는 이상이다.

◆ **억부** 다음의 세 가지를 가지고 일간의 강약을 추리한다.

득령 : 일간이 월지의 도움을 받고 있는가? 아니다.

득지 : 일간이 일지의 도움을 받고 있는가? 그렇다.

득세 : 간지가 3목·1화·3토·1금·0수의 분포이다.

◆ **조후** 다음의 내용을 가지고 일간과 기후의 조화를 살핀다.

寅월은 아직 한기가 가시지 않은 때이므로 우선 丙화로 조후한다. 다음에 戊토로 생금(生金)하여 寅월의 왕한 木을 다스린다. 丙화는 조후로서 필요할 뿐만 아니라 무토생금(戊土生金)을 위해서도 필요하다. 왜냐하면 寅월은 木이 土를 극하여 토생금이 어려운 때인데 이때 丙화가 나타나면 목생화, 화생토로 이어져 무토생금(戊土生金)이 이루어지기 때문이다. 土가 왕하면 甲목으로 다스린다. 비겁이 많아서 재성을 상하게 하면 丙丁의 火로 다스린다. 지지가 화국(火局)을 이루면 壬수와 庚금이 필요하다.

배합과 흐름   여기서 사주의 참모습을 파악한다.

천간과 지지에서 목극토이다. 木의 세력이 土의 세력을 능가한다.

『사주첩경』   우리나라의 이석영은 이 사주를 다음과 같이 풀이했다.

용신 : 일지의 辰토이다.

이론 전개 : 대목지토(帶木之土)란 木을 대동하고 있는 土라는 말이다. 辰戌丑未는 土인데 그 중 辰과 未는 지장간으로 乙목을 지니고 있으므로 대목지토이다. 그러나 여기서 말하는 대목지토는 辰이나 未가 단독인 경우가 아니고, 그 천간에 甲乙을 대동하거나 그 좌우로 寅卯를 대동해서, 土는 쇠하고 木은 왕한 토쇠목왕(土衰木旺)인 경우이다.

대목지토인 土가 ㉮ 인수이면 모친이 약하고 ㉯ 재성이면 부친·처·재산에 흠이 있고 ㉰ 용신이면 木은 병이다. ㉰의 경우에는 병을 제거하는 金이나, 木을 설(泄)하여 土를 돕는 火가 필요하다. 사주에서 土가 병이면 대목지토가 오히려 반갑다.

이 사주는 일지의 辰토가 월지의 寅목을 대동하고 있으므로 대목지토이다. 그래서 이 사주는 신약이다. 그러나 일지의 辰토가 그 천간인 庚금을 생해 주는 양금지토(養金之土)이기도 하므로 이 辰토가 용신이다.

길흉 판단 : -乙卯대운에는 대액(大厄)이 있었으나 丁화가 목생화하여 살

아났다.

—丙辰대운 이후 丁巳·戊午·己未의 대운에는 크게 행복을 누릴 것이다.

—그러나 庚申대운에 이르면 ㉮庚申이 왕목(旺木)과 천극지충(天剋地沖)을 이루어 한바탕 격전이 일어나 木은 土를 극하고 ㉯용신은 申辰의 반합(半合)으로 설되어 乙亥년에 생명이 위험할 것이다.

석오 평주   필자인 석오가 자신의 의견을 덧붙였다.

① 戊토는 무력해서 이를 용신으로 삼을 수 없다.

② 이석영이 庚申대운 乙亥년을 추리한 내용은 매우 참신하므로 사주 풀이를 할 때 이를 적극 활용해야 한다.

FREE NOTE   자유로운 이야기를 펼치다.

대운의 흐름에서 누구에게나 격변하는 시기가 있다. 여섯 번째 대운인 6운이 바로 그 시기이다. 이 대운에는 누구든 대운과 월주가 천극지충(天剋地沖)을 이루어 사주의 기본틀이 크게 흔들린다. 그러므로 이에 따른 길흉화복을 헤아리기 위해서는 특히 충이 어떠한 충이냐를 잘 새겨야 한다.

사주 풀이

일간이 庚인 경우 07

시	일	월	연
庚	庚	乙	庚
辰	戌	酉	申

癸	壬	辛	庚	己	戊	丁	丙
巳	辰	卯	寅	丑	子	亥	戌

억부와 조후   억부는 현실이고 조후는 이상이다.

◆ **억부**   다음의 세 가지를 가지고 일간의 강약을 추리한다.

득령 : 일간이 월지의 도움을 받고 있는가? 그렇다.

득지 : 일간이 일지의 도움을 받고 있는가? 그렇다.

득세 : 간지가 1목·0화·2토·5금·0수의 분포이다.

◆ **조후**   다음의 내용을 가지고 일간과 기후의 조화를 살핀다.

酉월은 양인(羊刃)월이고 한기(寒氣)가 감도는 때이므로 강한 金을 다루는 丁화와, 한기를 제거하는 丙화를 함께 쓴다. 酉월의 庚금은 관살혼잡(官殺混雜)을 허용한다. 관살을 함께 쓰되 甲목을 빼놓을 수 없다. 丁丙甲이 모두 투간되면 대길하다. 甲목만 있고 丁丙화가 없으면 불씨는 못 구하고 땔감만 분주히 구해다 놓는 것과 같아서 실속 없이 바쁘기만 한 형국이다. 이때 水가

있어 생재(生財)해주면 상업인으로서 의식(衣食)은 마련할 수 있다.

배합과 흐름 　여기서 사주의 참모습을 파악한다.

2土와 5金과 1木이다. 천간에서는 1乙을 두고 2庚이 서로 乙庚합을 이루려고 쟁탈전을 벌이고 있다. 지지에서는 申과 酉와 戌이 申酉戌의 금국(金局)을 이루고 戌과 辰이 辰戌충을 이룬다. 이 사주는 강왕격(强旺格)은 아니고 가강왕격(假强旺格)이다.

『적천수』 　청나라 임철초는 이 사주를 다음과 같이 풀이했다.

용신 : 金이다.

이론 전개 : 지지에서 서방(西方)을 이루고 넉넉한 土를 만나 金이 극히 왕하다.

길흉 판단 : ─초운인 火土운에는 조업이 유지되지 못했다.

─戊子대운에는 큰 이익을 얻었으며 돈을 내고 벼슬길로 나아갔다.

─己丑대운과 庚운에는 명예와 이익이 다 따랐다.

─寅운에는 일을 저지르고 관직에서 물러났다.

─卯운에 죽었다.

석오 평주

필자인 석오가 자신의 의견을 덧붙였다.

일간이 비겁 위주로 지나치게 왕한 경우가 종왕격이고 일간이 인성 위주로 지나치게 강한 경우가 종강격이며 이 둘이 혼합되어 있는 경우가 강왕격(强旺格)이다. 이때는 강왕한 세력을 따르는 것이 순리다. 강왕격은 부귀를 누릴 수 있지만 극과 극의 현상이 나타날 수 있다. 그래서 하루아침에 정상에서 밑바닥으로 굴러 떨어지는 등 운로가 계속 양호하게 이어지는 경우가 매우 드물고 육친 관계에서 문제가 많다. 가강왕격(假强旺格)이란 강왕격으로 보기에 약간 흠이 있는 경우인데 이 경우에는 강왕격에 준해서 판단하면 된다. 가강왕격의 예로는 통변성 중에서 재성이나 관살이 있어도 지지에 뿌리를 내리지 못해서 세력이 약한 경우 등이 있다.

FREE NOTE

자유로운 이야기를 펼치다.

제나라의 장공이 수레를 타고 사냥하러 갈 때의 일이다. 가는 도중, 사마귀 한 마리가 수레 앞을 가로막고 서더니 앞발을 높이 쳐들고 공격하려는 듯한 자세를 취했다. 그 모습을 보고 장공이 하인에게 물었다.

"저 벌레가 무엇이냐?"

"예, 저 놈은 사마귀란 벌레인데, 앞으로 나아갈 줄만 알지 물러설 줄은 모릅니다. 자기 힘은 생각하지도 않고 무조건 덤벼들기만 하는 놈이지요."

그 말을 들은 장공은 고개를 끄덕이면서 말했다.

"저 사마귀가 사람이었다면 천하에 용맹을 떨치는 장수가 되었겠구나. 비록 보잘것없는 벌레라곤 하나 그 용기가 가상하니, 수레를 옆으로 돌려서 피해 가도록 해라."

사주 풀이

일간이 庚인 경우 08

시 일 월 연
庚 庚 己 壬
辰 子 酉 申

丁 丙 乙 甲 癸 壬 辛 庚
巳 辰 卯 寅 丑 子 亥 戌

억부와 조후   억부는 현실이고 조후는 이상이다.

◆ **억부** 다음의 세 가지를 가지고 일간의 강약을 추리한다.

득령 : 일간이 월지의 도움을 받고 있는가? 그렇다.

득지 : 일간이 일지의 도움을 받고 있는가? 아니다.

득세 : 간지가 0목·0화·2토·4금·2수의 분포이다.

◆ **조후** 다음의 내용을 가지고 일간과 기후의 조화를 살핀다.

酉월은 양인(羊刃)월이고 한기(寒氣)가 감도는 때이므로 강한 金을 다루는 丁화와, 한기를 제거하는 丙화를 함께 쓴다. 酉월의 庚금은 관살혼잡(官殺混雜)을 허용한다. 관살을 함께 쓰되 甲목을 빼놓을 수 없다. 丁丙甲이 모두 투간되면 대길하다. 甲목만 있고 丁丙화가 없으면 불씨는 못 구하고 땔감만 분주히 구해다 놓는 것과 같아서 실속 없이 바쁘기만 한 형국이다. 이때 水가

庚

있어 생재(生財)해주면 상업인으로서 의식(衣食)은 마련할 수 있다.

배합과 흐름

여기서 사주의 참모습을 파악한다.

　일간인 庚금이 양인월인 酉월의 庚辰시에 태어나서 연지에도 뿌리를 내리고 있으며 투출한 己토의 도움을 받고 있다. 지지의 申子辰이 수국(水局)을 이루고 壬수가 투출했다. 신왕하다. 水로 金을 설한다.

『적천수』

청나라 임철초는 이 사주를 다음과 같이 풀이했다.

　용신 : 연간의 壬수이다.

　이론 전개 : 가을의 金이 당령을 하고 木火가 전혀 없으니 金이 태왕하다.

　길흉 판단 : -亥운에는 壬수가 통근하고 녹(祿)에 앉으니 일찍이 반수(泮水)에서 놀았다.

　-壬子대운에는 용신이 왕(旺)에 임하니 장원 급제를 했다.

　-癸丑대운에는 壬수의 왕지(旺地)인 子수와 子丑합을 이루어 좋지 못한 일이 많았다.

　-甲寅대운과 乙卯대운에는 목극토로 水를 보호하여 벼슬길이 청고(清高)했다.

석오 평주

필자인 석오가 자신의 의견을 덧붙였다.

이 사주는 일지의 子수가 용신이라고 볼 수도 있겠다. 왜냐하면 일지는 일간과 가장 가까운 존재이고 子수가 申子辰의 멤버(member)이기 때문이다. 그러나 지지의 水가 천간으로 솟아오른 것이 연간의 壬수이므로 투(透)파는 당연히 이를 용신으로 삼을 것이다. 이 사주에서는 연간의 壬수와 일지의 子수가 다 용신이라고 해도 잘못은 아니라고 본다. 참고로 이 사주의 주인공은 본인의 사주가 무관사주(無官四柱)임에도 불구하고 장원 급제를 했고 벼슬길이 청고(淸高)했다.

FREE NOTE

자유로운 이야기를 펼치다.

이성계가 고려 왕조를 무너뜨리고 조선을 건국했을 때 많은 신하들이 조정에 나가기를 거부하고 고려에 대한 충절을 지키고자 했다. 그 중 대표적인 이들이 '칠십이현'이라고 불리는 72명의 문신들과 48명의 무신들이었다. 이들은 두문동에 숨어서 고려 왕조에 대한 충성심을 지키며 살았다.

초조해진 이성계가 높은 벼슬을 내주겠다고 제안하며 이들을 조정으로 불러들이려 애썼지만 이들은 꿈쩍도 하지 않았다. 결국 이성계는 군사를 보내 밖으로 나오는 길 하나만을 남겨 놓은 채 두문동에 불을 질렀다. 목숨이 위험한 상황에 처하면 이들이 두문동 밖으로 뛰쳐나와 항복할 거라고 생각했다. 하지만 두문동이 불바다가 되고 나서도 밖으로 나온 사람은 단 한 명도 없었다.

庚

사주 풀이

일간이 庚인 경우 09

<table>
<tr><td>시</td><td>일</td><td>월</td><td>연</td></tr>
<tr><td>丙</td><td>庚</td><td>辛</td><td>丙</td></tr>
<tr><td>子</td><td>辰</td><td>丑</td><td>辰</td></tr>
</table>

己	戊	丁	丙	乙	甲	癸	壬
酉	申	未	午	巳	辰	卯	寅

금 庚
辛
토 辰辰   수
丑   子
화 丙丙   목

억부와 조후   억부는 현실이고 조후는 이상이다.

◆ **억부**   다음의 세 가지를 가지고 일간의 강약을 추리한다.

득령 : 일간이 월지의 도움을 받고 있는가? 그렇다.

득지 : 일간이 일지의 도움을 받고 있는가? 그렇다.

득세 : 간지가 0목·2화·3토·2금·1수의 분포이다.

◆ **조후**   다음의 내용을 가지고 일간과 기후의 조화를 살핀다.

丑월은 천지가 얼어붙어 만물을 생하지 못하는 때이므로 우선 丙화로 따뜻하게 한다. 다음에 丁화로 단련하고 甲목으로 생화(生火)한다. 지지가 금국(金局)을 이루고 火가 없으면 빈천할 수밖에 없다.

배합과 흐름 여기서 사주의 참모습을 파악한다.

일간인 庚금이 辛丑월에 태어나서 연지와 일지의 도움을 받고 있다. 시지가 子수이고 지지의 子辰이 水를 돋우며 연간과 월간이 丙辛합을 이루어 水로 기울고 시간의 丙화가 지지에 전혀 뿌리를 내리지 못하고 있다. 신강하기 때문에 억부로는 시지의 子수가 용신이고 차갑기 때문에 조후로는 시간의 丙화가 용신이다.

『적천수』 청나라 임철초는 이 사주를 다음과 같이 풀이했다.

용신 : 시지의 子수이다.

이론 전개 : 일반적으로 이 사주를 놓고 金이 차가워서 火가 필요하다고 보아 시간의 丙화를 돕는 木火운이 명리(名利)를 안겨 주겠다고 할 것이다. 그러나 그렇지가 않다. 왜냐하면 지지에는 습토가 중중(重重)하고 연간의 丙화는 월간의 辛금과 합해서 水로 화(化)하며 시간의 丙화는 무근(無根)해서 이 사주는 오로지 한습을 따르고 나아가서 생발(生發)을 추구하지 않기 때문이다. 이 사주는 水를 용신으로 삼아야 하고 火를 용신으로 삼으면 안 된다.

길흉 판단 : －壬寅대운과 癸卯대운에는 목극토로 水를 보호하여 의식(衣食)이 자못 넉넉했다.

－丙午대운과 丁未대운에는 아내와 자식이 모두 죽고 가업은 완전히 깨어져 자신은 머리를 깎고 중이 되었다.

庚

석오 평주 　　필자인 석오가 자신의 의견을 덧붙였다.

　이 사주의 주인공은 북극곰[Polar Bear]과 같은 인물이다. 북극곰은 곰과의 포유류로서 북극권에 분포하며 섬 또는 대륙의 해안이나 툰드라에 서식한다. 북극곰은 영하 40도의 추위와 시속 120km의 강풍을 견뎌야 하지만 뛰어난 생존 적응력을 지니고 있어서 지구에서 가장 추운 환경에서도 번성할 수 있다. 북극곰은 유전적으로 형성된 외투를 겹겹이 껴입고 있다. 열 효과를 지닌 지방층이 10cm나 된다. 지방층은 두꺼운 피부로 덮여 있는데 흰색 털 아래 피부는 흰색이 아닌 검정색이라서 햇빛을 흡수하며 열을 생성한다. 피부 위에는 길이 5cm의 짧은 털이 촘촘하게 나 있어서 두꺼운 스웨터(sweater)처럼 열기를 간직하고 체온을 유지시켜 준다. 북극곰이 추울 거라고 생각해 불을 찾는 것은 위험한 발상이므로 그냥 추위를 따르게 해야 한다.

FREE NOTE 　　자유로운 이야기를 펼치다.

　자상호, 맹자반, 자금장 세 사람이 한자리에 모여 이야기를 나누고 있었다.
　"과연 누가 사귀지 않으면서도 사귀고, 돕지 않으면서도 도울 수 있을까? 또한, 과연 누가 하늘에 올라 안개 속에 노닐고, 끝이 없는 곳을 자유로이 돌아다니며, 삶도 잊은 채 무한의 경지로 들어갈 수 있겠는가?"
　이 질문에 대해 많은 이야기를 주고받던 세 사람은 서로 뜻이 잘 맞는다는 것을 깨닫고 마주 보며 환하게 웃었다. 이후 세 사람은 서로 거스르는 일이 없는 벗이 되었다.

사주 풀이

일간이 庚인 경우 10

시	일	월	연
甲	庚	己	癸
申	子	未	未

辛	壬	癸	甲	乙	丙	丁	戊
亥	子	丑	寅	卯	辰	巳	午

억부와 조후　　억부는 현실이고 조후는 이상이다.

◈ **억부**　다음의 세 가지를 가지고 일간의 강약을 추리한다.

　득령 : 일간이 월지의 도움을 받고 있는가? 未월은 火土의 달이므로 金을
　　　　도와주지 못한다.

　득지 : 일간이 일지의 도움을 받고 있는가? 아니다.

　득세 : 간지가 1목·0화·3토·2금·2수의 분포이다.

◈ **조후**　다음의 내용을 가지고 일간과 기후의 조화를 살핀다.

　대서에 이르기까지는 午월과 마찬가지로 壬癸수로 조후하고 庚辛금으로
이를 돕는다. 그러나 대서 이후에는 음기(陰氣)가 들기 시작하니 丁화로 제련
하고, 甲목으로 제토생화(制土生火)한다. 이때 癸수가 丁화를 상하게 하면 안
된다. 토국(土局)을 이루면 甲목으로 제토(制土)한 후 丁화로 庚금을 다룬다.

庚

일간인 庚금이 시지의 申금에 뿌리를 내리고 있으면서 투출한 己토의 도움을 받고 있다. 월지와 연지가 둘 다 인성인 未토이지만 未토는 조토(燥土)이어서 水를 만나야 비로소 金을 도와줄 수 있다. 일지가 子수이고 癸수가 투출했으며 지지의 申子가 水를 돋운다. 시간의 甲목이 다소나마 水의 도움을 받고 있어서 생기를 잃지 않고 있다.

용신 : 水이다.

이론 전개 : 일간인 庚금이 未월에 태어났다. 未토는 조토(燥土)이어서 본래 金을 생하기가 어렵다. 기쁘게도 일지가 子수이고 원신(元神)인 癸수가 투출해서 삼복(三伏)에도 차가운 기운이 발생한다고 하겠다. 그래서 水가 土를 적셔 주고 土가 金을 길러 준다. 여기에다 申금이 子수와 합을 이루어 水를 돋우면서 土를 설하여 일간을 돕는 것이 아름답다. 더욱 묘하게도 火가 나타나지 않아서 청(淸)함을 얻었다.

길흉 판단 : ─戊午대운과 丁巳대운 그리고 丙운에는 흙을 돕고 물을 말리니 공명(功名)이 따르지 않았고 가업(家業)을 지키지 못했다.

─辰운에는 지지가 수국(水局)이 되니 고향에서 과거에 급제했다.

─乙卯대운에는 己未의 土를 제거하니 사림(詞林)에 들어갔고 중요한 문서 업무를 맡았으며 벼슬길이 밝게 빛났다.

석오 평주

필자인 석오가 자신의 의견을 덧붙였다.

이 사주에서는 여름의 2未토와 1甲목이 水를 기뻐하는데 연간의 癸수는 하늘에서 내리는 비와 같고 일지의 子수는 힘차게 솟아오르는 지하수와 같다. 그리고 연간의 癸수는 지지에 뿌리를 잘 내리고 있으며 일지의 子수는 시지의 申금 때문에 활기가 있다. 따라서 연간의 癸수와 일지의 子수가 다 용신이라고 할 수 있다. 水가 용신이면 水를 극하는 土는 기신이고 土를 극해서 水를 보호하는 木은 희신이다. 그러면 金은 무엇인가. 金은 용신인 水를 생하는 희신이다. 물론 이 사주에서도 용신운이나 희신운이 천간으로 오느냐 지지로 오느냐에 따라 그 작용의 차이가 있을 것이다.

FREE NOTE

자유로운 이야기를 펼치다.

학송(鶴松) 스님은 『아이고 부처님』에서 다음과 같이 밝히고 있다.

먹거리를 조리하는 주부는 '부엌데기'가 아니라 '부엌 도인'이어서 ㉮ 부엌은 그녀의 전용 법당이 될 것이고 ㉯ 그 법당에서 그녀의 기도는 음식이 맛깔스럽게 조리되어 가족이 이를 즐기는 것일 테며 ㉰ 그래서 그녀 즉 부엌 도인은 주방 일에서 늘 법열을 느낄 것이고 ㉱ 그 법열로 하여 엔도르핀(endorphin)이 생성되어 자신은 물론 음식까지 화기가 감돌며 ㉲ 이로 말미암아 가족이 조화 속에서 동체감으로 화기를 이루게 될 것이다.

사주 풀이

일간이 庚인 경우 11

<table>
<tr><td>시</td><td>일</td><td>월</td><td>연</td></tr>
<tr><td>丁</td><td>庚</td><td>癸</td><td>癸</td></tr>
<tr><td>亥</td><td>申</td><td>亥</td><td>酉</td></tr>
</table>

<table>
<tr><td>乙</td><td>丙</td><td>丁</td><td>戊</td><td>己</td><td>庚</td><td>辛</td><td>壬</td></tr>
<tr><td>卯</td><td>辰</td><td>巳</td><td>午</td><td>未</td><td>申</td><td>酉</td><td>戌</td></tr>
</table>

억부와 조후 억부는 현실이고 조후는 이상이다.

◆ **억부** 다음의 세 가지를 가지고 일간의 강약을 추리한다.

득령 : 일간이 월지의 도움을 받고 있는가? 아니다.

득지 : 일간이 일지의 도움을 받고 있는가? 그렇다.

득세 : 간지가 0목·1화·0토·3금·4수의 분포이다.

◆ **조후** 다음의 내용을 가지고 일간과 기후의 조화를 살핀다.

亥월은 한랭해지는 때이므로 丙화로 따뜻하게 한 후 丁화로 단련한다. 또한 甲목이 있어 생화(生火)해주어야 한다. 일간 庚금이 약하지 않을 때 丙丁甲이 있으면 대길하다. 지지에 수국(水局)이 있어 丙丁화를 위협하면 戊토로 다스린다.

배합과 흐름
여기서 사주의 참모습을 파악한다.

일간인 庚금이 일지의 申금과 일심동체를 이루고 연지의 酉금에도 뿌리를 내리고 있다. 월주가 癸亥이고 시지가 亥수이며 癸수가 투출했다. 시간의 丁 화가 지지에 전혀 뿌리를 내리지 못하고 있다.

『적천수』
청나라 임철초는 이 사주를 다음과 같이 풀이했다.

용신 : 구체적인 언급이 없다.

이론 전개 : 일간인 庚금이 亥월에 태어났다. 水의 세력이 드높고, 일간인 庚금에게는 일지의 申금은 건록이고 연지의 酉금은 제왕이며, 시간의 丁화는 뿌리가 없으므로, 큰 흐름이 금생수이다. 시간의 丁화는 도리어 병이다.

길흉 판단 : ─壬운에는 丁화를 제거하여 그 즐거움이 마음과 같았다.

─戊운에는 최고 명문 대학에서 공부를 하였으나 土가 水를 극하여 상복(喪服)이 중중(重重)하였다.

─辛酉대운과 庚申대운에는 과거에 수석으로 급제하였으며 벼슬이 금당(琴堂)에 이르렀다.

─己未대운은 남방운이면서 土운인 火土운이므로 이 대운에는 일을 그르쳐서 낙직(落職)하였다.

─戊午대운에 다시 깨어짐과 소모됨이 많아서 죽었다.

석오 평주
필자인 석오가 자신의 의견을 덧붙였다.

이 사주는 극설교집(剋洩交集)으로 말미암아 신약하다. 일반적으로 이런 경우에는 비견이나 겁재를 용신으로 삼고 인성운이 용신운보다 좋다고 새긴다. 그러나 이 사주는 그렇게 새길 수 없다. 왜냐하면 이 사주의 주인공은 水운인 壬운을 잘 보냈고, 뭐라고 해도 土운임이 분명한, 己未대운의 己운을 잘 보내지 못했기 때문이다. 참고로 己未대운의 未운은 남방운이므로 이를 火土운으로 다룰 수 있다. 이 사주는 정적인 사주가 아니라 동적인 사주이다. 다시 말해 어머니의 보살핌으로 자신이 안락하기를 바라는 모습이 아니라 자신이 스스로 갈고닦아 번뇌의 불꽃을 소멸시키려는 모습이다. 그래서 이 사주는 水가 용신이고 金이 희신이라고 새긴다.

FREE NOTE   자유로운 이야기를 펼치다.

초나라에 창과 방패를 파는 장사꾼이 있었다. 그는 목청을 한껏 돋우어 소리쳤다.

"여기 보십시오! 이 창은 어찌나 날카롭고 단단한지 무엇이든 다 뚫을 수 있지요."

이윽고 장사꾼은 창을 내려놓고는 방패를 들어 보이며 외쳤다.

"이 방패는 아주 튼튼하여 어떤 것으로도 뚫을 수가 없답니다."

그때 한쪽에 서 있던 사람이 앞으로 나서며 말했다.

"당신 말은 아무래도 앞뒤가 맞지 않구려. 무엇이든 다 뚫을 수 있는 창과 어떤 것으로도 뚫을 수가 없는 방패라고 하는데, 그렇다면 당신이 파는 창으로 당신이 파는 방패를 찌르면 어떻게 된단 말이오?"

이 말에 장사꾼은 얼굴이 새빨갛게 달아올라서 아무 말도 하지 못하고 서둘러 달아나 버렸다.

사주 풀이

일간이 庚인 경우 12

	시	일	월	연
	甲	庚	甲	癸
	申	辰	子	酉

丙	丁	戊	己	庚	辛	壬	癸
辰	巳	午	未	申	酉	戌	亥

억부와 조후

> 억부는 현실이고 조후는 이상이다.

◆ **억부** 다음의 세 가지를 가지고 일간의 강약을 추리한다.

득령 : 일간이 월지의 도움을 받고 있는가? 아니다.

득지 : 일간이 일지의 도움을 받고 있는가? 그렇다.

득세 : 간지가 2목·0화·1토·3금·2수의 분포이다.

◆ **조후** 다음의 내용을 가지고 일간과 기후의 조화를 살핀다.

子월의 庚금은 金水의 진상관(眞傷官)이다. 한랭하므로 丙丁甲을 떠날 수 없다. 水가 왕하면 戊토로 다스린다. 丙화가 없으면 조후가 곤란하고, 丁화가 없으면 庚금을 다루지 못한다. 丙丁화는 丙午, 丙寅, 丁卯처럼 지지의 도움을 얻어야 좋다. 甲목이 있어도 丙丁화가 없으면 뜻을 이루기가 힘들다.

庚

일간인 庚금이 일지의 辰토와 일심동체를 이루고 연지의 酉금과 시지의 申금에 뿌리를 내리고 있다. 지지의 申子辰이 수국(水局)을 이루고 癸수가 투출했다. 천간의 두 甲목은 지지에 뿌리를 확실하게 내리지 못했다.

『적천수』   청나라 임철초는 이 사주를 다음과 같이 풀이했다.

용신 : 구체적인 언급이 없다.

이론 전개 : 庚辰일주가 지지에서 녹왕(祿旺)을 만나고, 水가 월령을 잡고 수국(水局)까지 이루었으며, 천간의 두 고목(枯木)은 무근(無根)하므로, 金水가 이른바 이인동심(二人同心)이다. 그래서 반드시 金水의 마음을 따라야 한다.

길흉 판단 : -癸亥대운과 壬운에는 부모의 음덕이 넉넉했다.

-戌운에는 토극수하면서, 申酉戌의 금국(金局)을 이루어 금생수하여서, 비록 고통을 겪었으나, 큰 근심은 없었다.

-辛운에는 공부를 했다.

-酉운에는 창고를 넓혔다.

-庚운에는 등과(登科)했다.

-申운에는 재물이 크게 늘어났다.

-己未대운은 남방운이므로 이 대운에는 처자를 형극하고 가업이 점점 쪼그라들었다.

-戊午대운에 水의 비위를 건드려서 가업이 박살나고 죽었다.

석오 평주

필자인 석오가 자신의 의견을 덧붙였다.

이인동심(二人同心)이란 두 사람의 마음이 하나로 통합을 이르는 말로서 사주의 양대 세력이 목생화, 화생토, 토생금, 금생수, 수생목의 동적인 상황을 이루는 경우를 가리킨다. 그러므로 사주가 이인동심이면 그 동적인 상황을 생하면 좋고 그 동적인 상황을 극하면 나쁘다. 그리고 사주가 이인동심이면 억부용신이나 조후용신 등을 벗어나는 경우가 적지 않다. 이 사주는 水가 용신이고 金이 희신이다. 참고로 임철초는 천간의 두 고목(枯木)이 무근(無根)하다고 하는데 이는 辰토의 존재를 완전히 무시한 지나친 표현이라고 본다.

FREE NOTE

자유로운 이야기를 펼치다.

조선의 허후(許厚)가 노래했다.

옳고 그름

옳음이 참옳음 아니고 옳음이 때로는 그름일 수도 있으니
물결 따라 억지로 옳고 그름 가릴 것도 없는 일
옳고 그름을 잊고 눈을 높은 곳에 두어야
비로소 옳은 것 옳다 하고 그른 것 그르다 할 수 있다네

是非眞是是還非　　不必隨波强是非
却忘是非高着眼　　力能是是又非非

사주 풀이

일간이 庚인 경우 13

시 일 월 연
丁 庚 戊 乙
丑 辰 子 未

庚 辛 壬 癸 甲 乙 丙 丁
辰 巳 午 未 申 酉 戌 亥

억부와 조후
억부는 현실이고 조후는 이상이다.

◈ **억부** 다음의 세 가지를 가지고 일간의 강약을 추리한다.

득령 : 일간이 월지의 도움을 받고 있는가? 아니다.

득지 : 일간이 일지의 도움을 받고 있는가? 그렇다.

득세 : 간지가 1목·1화·4토·1금·1수의 분포이다.

◈ **조후** 다음의 내용을 가지고 일간과 기후의 조화를 살핀다.

　子월의 庚금은 金水의 진상관(眞傷官)이다. 한랭하므로 丙丁甲을 떠날 수
없다. 水가 왕하면 戊토로 다스린다. 丙화가 없으면 조후가 곤란하고, 丁화가
없으면 庚금을 다루지 못한다. 丙丁화는 丙午, 丙寅, 丁卯처럼 지지의 도움을
얻어야 좋다. 甲목이 있어도 丙丁화가 없으면 뜻을 이루기가 힘들다.

배합과 흐름 〔여기서 사주의 참모습을 파악한다.〕

일간인 庚금이 일지의 辰토와 일심동체를 이루고 시지의 丑토에 뿌리를 내리고 있으며 연지의 未토와 투출한 戊토의 도움을 받고 있다. 월지가 子수이고 지지의 子辰이 水를 돋우며 乙목과 丁화가 투출했다. 신강하다. 목극토가 필요하다.

『적천수』 〔청나라 임철초는 이 사주를 다음과 같이 풀이했다.〕

용신 : 연간의 乙목이다.

이론 전개 : 庚辰일주가 子월에 태어났는데, 未토가 子수를 극하고, 천간의 木火가 각각 지지에 뿌리를 내리고 있다. 족히 木을 용(用)하여 火를 생한다.

길흉 판단 : -丙운에는 최고 명문 대학에서 공부를 했다.

-乙酉대운의 癸酉년은 어떠할까. 癸수는 戊토와 합해서 화(化)하여 火가 된다고 보고 또 酉금은 丁화의 장생(長生)이라고 보면 이 해에는 반드시 과거에 급제하리라고 판단할 것이다. 그러나 乙酉는 酉가 乙을 극하고 癸酉는 酉가 癸를 생하며 또 子월생이니 화(化)하여 火가 될 수 없고 또 酉금은 순금으로서 丁화에게는 죽음의 지지일 뿐이므로 그렇게 판단할 수 없다. 乙酉대운의 癸酉년은 癸수가 丁화를 극하고 음화(陰火)의 장생이라는 그릇된 이야기가 통하지 않는 그런 해이다. 이 해 辛酉월에 木과 火가 다 상하여 죽었다.

석오 평주 〔필자인 석오가 자신의 의견을 덧붙였다.〕

12운 이론은 불교의 윤회사상을 반영한 것으로, 사람이 삶을 되풀이하는 전 과정을 12단계로 나누어 고찰하고, 그 흐름이 수레바퀴처럼 순환을 거듭한다는 내용을 담고 있는 학설이다. 12운 이론은 사후세계의 일까지 다룬다. 사주학은 사람의 한평생이 변화하는 이치를 연구하는 학문이다. 사주학은 생(生)에서 사(死)에 이르기까지 현세의 일만을 다룬다. 그러므로 12운 이론은 엄밀하게 말해 사주학의 고찰 대상은 아니다. 그러나 언제부터인지 12운 이론이 사주학과 접목되어 전해 내려오고 있다. 때문에 이 이론이 사주학의 오행의 원리에 어긋나지 않는 학설이라고 속단할 수 있다. 그러나 그렇게 속단해서는 안 된다. 왜냐하면 12운 이론은 사주학의 오행의 원리에 어긋나게 예를 들어 丁화가 酉금에서 장생(長生)을 이룬다고 하기 때문이다. 장생은 모체로부터 태어나 세상과 인연을 맺는 것이므로 사주학의 생(生)이나 마찬가지이다.

FREE NOTE　자유로운 이야기를 펼치다.

당나라 진도(陳陶)가 노래했다.

병사의 아내

흉노 무찌르겠다 몸 바쳐 떨쳐나선 이들

오천 명 장병이 오랑캐 땅에서 목숨을 잃었네

가여워라 무정하 강변에 나뒹구는 백골

지금도 고향의 아내가 꿈에 그리는 바로 그 사람

誓掃匈奴不顧身　　五千貂錦喪胡塵

可憐無定河邊骨　　猶是春閨夢裏人

사주 풀이

일간이 庚인 경우 14

시	일	월	연
丙	庚	丁	己
子	寅	卯	亥

己	庚	辛	壬	癸	甲	乙	丙
未	申	酉	戌	亥	子	丑	寅

억부와 조후   억부는 현실이고 조후는 이상이다.

◈ **억부** 다음의 세 가지를 가지고 일간의 강약을 추리한다.

　득령 : 일간이 월지의 도움을 받고 있는가? 아니다.

　득지 : 일간이 일지의 도움을 받고 있는가? 아니다.

　득세 : 간지가 2목·2화·1토·1금·2수의 분포이다.

◈ **조후** 다음의 내용을 가지고 일간과 기후의 조화를 살핀다.

　卯월은 木이 매우 왕한 때이므로 일간이 약하니 우선 인비겁(印比劫)으로 생조한다. 일간이 강하면 丁화, 甲목으로 다룬다. 庚금을 다룰 때에는 丙화보다 丁화를 쓴다. 일간 庚금이 토다금매(土多金埋)이면 甲목으로 제토(制土)하여 살려낸다.

배합과 흐름
여기서 사주의 참모습을 파악한다.

일간인 庚금이 연간의 己토로부터 거의 도움을 받을 수 없다. 왜냐하면 연간의 己토는 매우 허약하기 때문이다. 월지가 卯목이고 일지가 寅목이며 연지가 亥수이고 시지가 子수이어서 木이 水의 도움을 받고 지지의 亥卯와 寅卯가 木을 돋운다. 월간의 丁화와 시간의 丙화가 일지의 寅목에 뿌리를 내리고 있다. 일간인 庚금이 연간의 己토에 대한 미련을 버리고 木의 세력을 따라 종(從)해야 마땅하다.

『적천수』
청나라 임철초는 이 사주를 다음과 같이 풀이했다.

용신 : 재성이다.

이론 전개 : 왕목(旺木)이 권세를 부리고 여기에다가 水가 木을 돕는다. 일간인 庚금은 재성과 관살로 둘러싸여 지극히 쇠약하다.

길흉 판단 : -乙丑대운에는 土金이 암왕(暗旺)하여 가업(家業)이 파진(破盡)되었다.

-甲子대운에는 북방의 子수가 넉넉한 재원(財源)이 되었다.

-癸亥대운에는 벼슬길로 나아가서 명예와 이익을 아울러 누렸다.

-壬戌대운에는 水가 절지(絶地)에 임해서 파직되어 고향으로 돌아갔다.

석오 평주
필자인 석오가 자신의 의견을 덧붙였다.

이 사주는 종재격(從財格)이다. 종재격이란 일간이 약하고 재성이 지나치게 왕한 경우이다. 재성을 따르는 것이 순리다. 일간과 비겁을 설하는 식상운도 좋고 일간과 비겁을 극하는 관살운도 좋다. 그러나 인성운과 비겁운을 꺼린다. 종재격이 잘 이루어지면 큰 부자가 될 수 있다. 종재격은 이를 진종재격(眞從財格)과 가종재격(假從財格)으로 나눌 수 있다. 진종재격은 일간을 돕는 오행이 없는 경우이고 가종재격은 일간을 돕는 오행이 있는 경우이다. 가종재격은 이를 진종재격에 준해서 판단하지만 전자는 후자보다 격이 떨어진다. 이 사주는 종재격이지만 연간의 己土 때문에 가종재격이다.

FREE NOTE   자유로운 이야기를 펼치다.

조선의 송익필(宋翼弼)이 노래했다.

달

보름달 되기까진 하 더디더니
보름달 되고 나선 어찌 그리 쉬이도 이지러지는가
서른 날 밤 가운데 둥글기는 단 하루
우리 인생 백 년도 이와 같은 것

未圓常恨就圓遲　圓後如何易就虧
三十夜中圓一夜　百年心事總如斯

사주 풀이

일간이 庚인 경우 15

```
시  일  월  연
丁  庚  丁  庚
丑  辰  亥  辰


乙  甲  癸  壬  辛  庚  己  戊
未  午  巳  辰  卯  寅  丑  子
```

억부와 조후　　억부는 현실이고 조후는 이상이다.

◆ **억부**　다음의 세 가지를 가지고 일간의 강약을 추리한다.

　득령 : 일간이 월지의 도움을 받고 있는가? 아니다.

　득지 : 일간이 일지의 도움을 받고 있는가? 그렇다.

　득세 : 간지가 0목·2화·3토·2금·1수의 분포이다.

◆ **조후**　다음의 내용을 가지고 일간과 기후의 조화를 살핀다.

　亥월은 한랭해지는 때이므로 丙화로 따뜻하게 한 후 丁화로 단련한다. 또한 甲목이 있어 생화(生火)해주어야 한다. 일간 庚금이 약하지 않을 때 丙丁甲이 있으면 대길하다. 지지에 수국(水局)이 있어 丙丁화를 위협하면 戊토로 다스린다.

배합과 흐름

여기서 사주의 참모습을 파악한다.

일간인 庚금이 일지의 辰토와 일심동체를 이루고 시지의 丑土에 뿌리를 내리고 있으며 연지의 辰토와 투출한 庚금의 도움을 받고 있다. 월지가 亥수이고 월간과 시간이 둘 다 丁화이다. 신약하지 않으나 전체적으로 한습하다. 亥월은 甲목이 싹이 트기 시작하여 甲목의 기(氣)가 있다. 丁화가 억부용신이면서 조후용신이 될 수 있다.

『적천수』

청나라 임철초는 이 사주를 다음과 같이 풀이했다.

용신 : 丁화이다.

이론 전개 : 庚辰일주가 亥월에 태어났는데, 천간에 두 개의 丁화가 있고, 辰·亥는 乙·甲을 품고 있다. 족히 丁화를 용신으로 삼을 수 있다.

길흉 판단 : ─戊子대운과 己丑대운에는 火를 어둡게 하고 金을 생해서 원하는 바를 이루지 못했다.

─庚寅대운의 천간인 庚금은 지지인 寅목으로부터 도움을 받지 못하므로 그 역할을 다할 수 없다. 庚운의 丙午년에는 火가 金을 극하여 과거에 급제했다. 庚운의 丁未년에는 승진하고 나아가 지현(知縣)이 되었다. 寅운에는 벼슬이 자못 푸짐했다.

─辛卯대운의 천간인 辛금은 지지인 卯목으로부터 도움을 받지 못하므로 그 역할을 다할 수 없다. 辛卯대운에는 군수가 되었다.

─壬辰대운은 천간이 水이고 지지가 수고(水庫)이다. 壬辰대운의 壬申년에 두 丁화가 다 상해서 죽었다.

庚

갑목맹아(甲木萌芽)란 亥월은 甲목이 싹이 트기 시작하여 甲목의 기(氣)가 있다는 말이다. 亥 중에는 戊토와 甲목 그리고 壬수가 있다. 그러나 戊토의 기는 미약하고 甲목의 기는 상당하다. 12운 이론에서 甲이 亥에서 장생을 이루므로 亥월을 소춘(小春)이라고도 부른다. 그러므로 사주를 볼 때에는 亥월 생이면 항상 亥 중 甲목을 염두에 두고 추리를 해야 한다. 임철초는 辰토 속의 乙목과 亥수 속의 甲목이 다 木으로서 이 木이 천간의 火를 생한다는 논리를 펼친다. 그러나 필자는 이를 그대로 받아들일 수 없다. 왜냐하면 이 사주의 辰토는 주변 여건상 金水와 그 뜻을 같이 하므로 辰토 속의 乙목이 火를 생할 여지가 없다고 보기 때문이다.

FREE NOTE 자유로운 이야기를 펼치다.

고려 중기, 고성 땅에 수년간 가뭄이 계속되었다. 오랜 가뭄으로 물이 귀하여 농민들이 수로의 물을 서로 자기 논 쪽으로 끌어들이려고 다툼을 벌였다. 결국 고을 원님이 직접 나서서 살펴본 다음 말했다.

"이 일은 다툰다고 해결될 문제가 아니니 하루씩 돌아가며 물을 대도록 하라. 그리고 물을 대는 순서는 가뭄이 더 심한 곳부터 먼저 대면 될 것이다."

원님이 마을 곳곳을 둘러보며 다툼을 가라앉힌 후 관가로 돌아가면서 중얼거렸다.

"서로 조금씩만 양보하면 다 해결될 일이거늘…."

원님이 혀를 끌끌 차자 다툼을 벌이던 농부들은 부끄러워 고개를 떨구었다.

사주 풀이

일간이 庚인 경우 16

<table>
<tr><td>시</td><td>일</td><td>월</td><td>연</td></tr>
<tr><td>戊</td><td>庚</td><td>己</td><td>丙</td></tr>
<tr><td>寅</td><td>辰</td><td>亥</td><td>申</td></tr>
</table>

<table>
<tr><td>丁</td><td>丙</td><td>乙</td><td>甲</td><td>癸</td><td>壬</td><td>辛</td><td>庚</td></tr>
<tr><td>未</td><td>午</td><td>巳</td><td>辰</td><td>卯</td><td>寅</td><td>丑</td><td>子</td></tr>
</table>

금 庚申

토 戊辰 己 亥 수

화 丙 寅 목

억부와 조후   억부는 현실이고 조후는 이상이다.

◆ **억부** 다음의 세 가지를 가지고 일간의 강약을 추리한다.

득령 : 일간이 월지의 도움을 받고 있는가? 아니다.

득지 : 일간이 일지의 도움을 받고 있는가? 그렇다.

득세 : 간지가 1목·1화·3토·2금·1수의 분포이다.

◆ **조후** 다음의 내용을 가지고 일간과 기후의 조화를 살핀다.

亥월은 한랭해지는 때이므로 丙화로 따뜻하게 한 후 丁화로 단련한다. 또한 甲목이 있어 생화(生火)해주어야 한다. 일간 庚금이 약하지 않을 때 丙丁甲이 있으면 대길하다. 지지에 수국(水局)이 있어 丙丁화를 위협하면 戊토로 다스린다.

庚

일간인 庚금이 일지의 辰토와 일심동체를 이루고 연지의 申금에 뿌리를 내리고 있으며 투출한 己戊토의 도움을 받고 있다. 월지가 亥수이고 시지가 寅목이며 지지의 寅辰이 木을 돋우고 연간의 丙화가 시지의 寅목에 뿌리를 내리고 있다. 신약하지 않으나 전체적으로 한습하다. 연간의 丙화가 억부용신이면서 조후용신이 될 수 있다.

용신 : 연간의 丙화이다.

이론 전개 : 이 사주에서는 차가운 金이 火를 기뻐한다. 연간의 丙화가 시지의 寅목에 뿌리를 내리고 있으므로 힘이 있다. 하지만 신약하면 재성이나 관살을 용신으로 삼을 수 없다. 이 사주는 연지가 일간의 건록이고 인성이 셋이나 일간에 바짝 붙어 있다. 더구나 묘하게도 월지가 亥수이어서 연지의 申금은 생을 탐해서 시지의 寅목과 寅申충을 잊었다. 火가 없으면 土는 얼고 金은 차가우며 木이 없으면 水는 왕(旺)하고 火는 허(虛)하다. 丙화를 용신으로 삼고 寅목을 희신으로 삼는데 두 글자는 하나라도 없으면 안 된다.

길흉 판단 : 평생 흉하고 험한 일이 없었다. 과거에 급제하여 벼슬길에 올라 파란이 없었고 후사(後嗣)를 잘 보았으며 수명은 팔순을 넘었다.

석오 평주 필자인 석오가 자신의 의견을 덧붙였다.

사주(四柱)는 출생 연월일시에 해당하는 간지, 즉 태어난 해의 간지인 연주(年柱), 태어난 달의 간지인 월주(月柱), 태어난 날의 간지인 일주(日柱), 태어난 시각의 간지인 시주(時柱)의 네 기둥을 말한다. 각각의 기둥[柱]은 천간과 지지로 구성된다. 사주는 각각의 기둥을 오른쪽에서 왼쪽으로 연월일시순으로 배열하는데 이때 같은 기둥의 간지는 간지순으로 세로쓰기한다. 그래서 연간과 시지 그리고 시간과 연지의 거리가 가장 멀다고 한다. 따라서 이 사주는 용신인 연간의 丙화와 희신이면서 용신의 뿌리를 지니고 있는 시지의 寅목이 거리가 먼 것이 흠이라고 한다. 그러나 이에 대한 반론이 등장할 수 있다. 왜냐하면 사주의 여덟 글자는 사람이 어머니로부터 독립하여 이 세상과 첫 호흡의 인연을 맺은 순간에, 선후가 없이 동시에, 정해진다고 볼 수 있기 때문이다. 임철초는 경우에 따라서는 연지와 시지가 충을 이룰 수 있다는 입장이므로 연간의 丙화와 시지의 寅목이 거리가 있다고 보는지 의문이다. 어떻든 이 사주는 대운의 흐름이 木火이어서 아름다운 꽃을 피울 수 있다고 본다.

FREE NOTE 자유로운 이야기를 펼치다.

부부의 인연을 다음과 같이 세 가지로 나누어 볼 수 있다.

① 빚을 갚거나 빚을 받는 인연
② 원수를 갚거나 원수 갚음을 당하는 인연
③ 반려(伴侶)나 도반(道伴)으로서의 인연

사주 풀이

일간이 庚인 경우 17

시 일 월 연
庚 庚 丙 己
辰 申 寅 酉

戊 己 庚 辛 壬 癸 甲 乙
午 未 申 酉 戌 亥 子 丑

억부와 조후   억부는 현실이고 조후는 이상이다.

◆ **억부** 다음의 세 가지를 가지고 일간의 강약을 추리한다.

득령 : 일간이 월지의 도움을 받고 있는가? 아니다.

득지 : 일간이 일지의 도움을 받고 있는가? 그렇다.

득세 : 간지가 1목·1화·2토·4금·0수의 분포이다.

◆ **조후** 다음의 내용을 가지고 일간과 기후의 조화를 살핀다.

寅월은 아직 한기가 가시지 않은 때이므로 우선 丙화로 조후한다. 다음에
戊토로 생금(生金)하여 寅월의 왕한 木을 다스린다. 丙화는 조후로서 필요할
뿐만 아니라 무토생금(戊土生金)을 위해서도 필요하다. 왜냐하면 寅월은 木이
土를 극하여 토생금이 어려운 때인데 이때 丙화가 나타나면 목생화, 화생토
로 이어져 무토생금(戊土生金)이 이루어지기 때문이다. 土가 왕하면 甲목으로

다스린다. 비겁이 많아서 재성을 상하게 하면 丙丁의 火로 다스린다. 지지가 화국(火局)을 이루면 壬수와 庚금이 필요하다.

배합과 흐름　여기서 사주의 참모습을 파악한다.

庚申일주가 己酉년의 庚辰시에 태어났다. 월주가 丙寅이다. 월지의 寅과 일지의 申이 寅申충을 이루고 일지의 申과 시지의 辰이 申辰의 반합(半合)을 이룬다. 土金의 세력이 강하고 木火의 세력이 약하다.

『적천수』　청나라 임철초는 이 사주를 다음과 같이 풀이했다.

용신 : 월간의 丙화이다.

이론 전개 : 이 사주를 일반적으로 '일간인 庚금이 寅월에 태어나고 왕한 재성이 살을 생하며 살이 장생의 바로 위에 앉아 있으니 반드시 일간을 도와주고 살을 눌러야 한다'고 말한다. 그러나 그렇지 않다. 왜냐하면 봄의 金이 비록 당령을 하고 있지는 않지만 일간이 지지에서 건록과 제왕을 만나고 辰시를 얻고 있으며 인성과 비견의 도움을 받고 있으므로 오히려 신왕으로 다루어야 하기 때문이다. 이른바 나무는 어리고 金은 단단하니 만약 丙화가 없으면 寅목이 존재하기 어렵고 만약 寅목이 없으면 丙화가 뿌리를 내리지 못한다. 그래서 반드시 재자약살(財滋弱殺, 재성이 약한 편관을 도와줌)로써 寅목과 丙화의 두 글자는 하나라도 없으면 안 된다.

길흉 판단 : ㅡ甲운에는 최고 명문 대학에서 공부를 했다.

ㅡ子운에는 수국(水局)이 되어 木을 도와서 창고를 넓혔다.

–癸운에는 己토 때문에 별로 허물이 없었다.

–亥운에는 寅亥합이고 丙화가 절처봉생(絕處逢生)이 되어 무과에 합격했다.

–壬戌대운에는 지지가 금국(金局)이 되어 이 金水 때문에 木火가 모두 상한다. 그래서 벼슬길이 평탄하지 못했고 이러저러한 어려움이 있었다.

–辛酉대운에 천간과 지지의 겁재 때문에 불록(不祿, 더 이상 녹을 받지 못함)이 되었다.

–이 사주는 아깝게도 운이 水金으로 달렸는데 만약 운이 木火로 달렸다면 벼슬길이 보다 아름다웠을 것이다.

석오 평주   필자인 석오가 자신의 의견을 덧붙였다.

월지의 寅과 일지의 申은 寅申충을 이루고 일지의 申과 시지의 辰은 申辰의 반합(半合)을 이룬다. 고서(古書)를 보면 연월일시 순서로 충과 합을 적용시켜 나가는 경우가 있다. 예를 들어 연과 월이 충을 하고 월과 일이 합을 이루는 경우에, 처음에는 충이 되었다가 다음에는 합을 하여 충이 사라진다는 것이다. 하지만 어디까지나 충은 충이고 합은 합이다. 다만 각각의 역량은 다소 완화될 것이다. 그러다가 충을 북돋우는 운이 가세하면 충의 작용이 커지고, 합을 북돋우는 운이 가세하면 합의 작용이 커질 것이다.

FREE NOTE   자유로운 이야기를 펼치다.

전국 시대, 위나라 혜왕 때의 일이다. 힘이 약했던 위나라는 태자를 조나라에 볼모로 보내야 했다. 그래서 신하 방총이 태자를 모시고 조나라로 가게

되었다. 하지만 방총은 자리를 비운 사이에 자기를 모함하는 무리가 나타날까 봐 걱정했다. 결국 방총은 혜왕을 찾아가서 말했다.

"폐하, 만약 한 사람이 지금 저잣거리에 호랑이가 나타났다고 아뢰면 믿으시겠습니까?"

"그 말을 누가 믿겠는가."

"만약 두 사람이 지금 저잣거리에 호랑이가 나타났다고 아뢰면 믿으시겠습니까?"

"그 말도 누가 믿겠는가."

"만약 세 사람이 찾아와 똑같이 아뢰면 어쩌시겠습니까?"

"그 말은 믿을 것이오."

혜왕의 대답을 들은 방총이 말했다.

"저잣거리에 호랑이가 나타날 수는 없습니다. 그런데도 세 사람이 똑같이 말하면 믿게 되는 게 세상입니다. 이제 제가 가게 될 조나라의 수도 한단은 저잣거리보다 훨씬 먼 곳입니다. 제가 조정을 비운 사이에 저를 모함하고자 나타나는 무리는 세 사람보다도 훨씬 많을 것입니다. 그러니 폐하께서는 그 점을 헤아려 주소서."

"알았네. 공은 걱정 말고 태자나 잘 보호하고 돌아오게."

방총은 혜왕의 말을 믿고 태자와 함께 조나라로 떠났다.

사주 풀이

일간이 庚인 경우 18

시	일	월	연
丙	庚	丁	辛
子	午	酉	卯

己	庚	辛	壬	癸	甲	乙	丙
丑	寅	卯	辰	巳	午	未	申

억부와 조후　억부는 현실이고 조후는 이상이다.

◈ **억부**　다음의 세 가지를 가지고 일간의 강약을 추리한다.

　득령 : 일간이 월지의 도움을 받고 있는가? 그렇다.

　득지 : 일간이 일지의 도움을 받고 있는가? 아니다.

　득세 : 간지가 1목·3화·0토·3금·1수의 분포이다.

◈ **조후**　다음의 내용을 가지고 일간과 기후의 조화를 살핀다.

　酉월은 양인(羊刃)월이고 한기(寒氣)가 감도는 때이므로 강한 金을 다루는 丁화와, 한기를 제거하는 丙화를 함께 쓴다. 酉월의 庚금은 관살혼잡(官殺混雜)을 허용한다. 관살을 함께 쓰되 甲목을 빼놓을 수 없다. 丁丙甲이 모두 투간되면 대길하다. 甲목만 있고 丁丙화가 없으면 불씨는 못 구하고 땔감만 분주히 구해다 놓는 것과 같아서 실속 없이 바쁘기만 한 형국이다. 이때 水가

있어 생재(生財)해주면 상업인으로서 의식(衣食)은 마련할 수 있다.

배합과 흐름
여기서 사주의 참모습을 파악한다.

천간에서는 화극금을 이루고 지지에서는 卯酉충과 子午충을 이룬다. 金水의 세력과 木火의 세력이 대립하고 있다.

『적천수』
청나라 임철초는 이 사주를 다음과 같이 풀이했다.

용신 : 구체적인 언급이 없다.

이론 전개 : 천간이 庚辛丙丁이니 이는 바로 가을의 金이 火로 단련이 됨을 가리킨다. 지지가 子午卯酉이니 이는 또한 동서남북으로서 기세가 팔방으로 통하게 됨을 가리킨다. 그러나 사주에 土가 빠져 있으니 酉월에 태어난 庚금이지만 왕하다고 논하지 않는다. 가장 기쁜 것은 子午충이다. 이 子午충의 수극화로 말미암아 午화가 酉금을 극하지 못한다. 그래서 酉금이 족히 일간인 庚금을 돕는다. 다시 묘한 것은 卯酉충이다. 이 卯酉충의 금극목으로 말미암아 卯목이 午화를 생하지 못한다. 그래서 제복(制伏)이 올바름을 얻었다. 일지의 午화는 단문(端門, 궁전의 정전 앞에 있는 정문)이다. 수화기제(水火旣濟)이면서 子午卯酉의 감리진태(坎離震兌)이니 소멸이 없으면서 윤택하고 따뜻하다. 이 사주의 주인공은 청나라 건륭황제(乾隆皇帝)이다.

길흉 판단 : 구체적인 언급이 없다.

석오 평주

필자인 석오가 자신의 의견을 덧붙였다.

① 청나라 건륭황제(乾隆皇帝)는 1711년에 태어나서 1799년에 사망했다. 재위 기간은 1735~1795년이다. 황태자를 거치지 않고 바로 즉위했다. 조부 강희제(康熙帝)의 재위 61년을 넘는 것을 꺼려 재위 60년에 퇴위하고 태상황제가 되었는데, 이 태상황제의 3년을 합하면 중국 역대 황제 중 재위 기간이 가장 길다. 대만, 티베트 등지를 평정하여 강한 국가를 형성하였다. 조부 강희제에 이어 정치, 경제, 문화적으로 '강희·건륭 시대'라는 청나라 최성기를 이룩했다. 아들 17명, 딸 10명을 두었다.

② 임철초는 이 사주는 일간이 왕하지 않으므로 金水를 반기고 木火를 꺼린다고 새긴다. 그러나 이렇게 새기면 안 된다. 왜냐하면 사주는 이를 일간의 강약이란 미시적 차원을 넘어서 세력의 균형이란 거시적 차원으로 다루어야 하기 때문이다. 이 사주는 金水의 세력이 木火의 세력을 억누르고 있는 것이 문제이다. 이 사주의 주인공은 남방운과 동방운을 맞이하여 자신의 뜻을 활짝 펼쳤다. 실제의 상황마저 이러하니 이 사주는 金水를 꺼리고 木火를 반긴다고 새겨야 한다. 절대자에게는 행운 판단이 불필요하다. 그래서 임철초는 자기 나라의 건륭황제를 사주만 가지고 이러쿵저러쿵 미화했을 가능성이 있다.

③ 子午卯酉는 도화(桃花)가 된다. 도화는 복숭아꽃을 일컬으니 아름다운 용모나 주색(酒色)과 인연이 있다. 사주명식이 양호할 경우에는 용모가 아름답고 다정다감하며 인정을 나타낸다고 볼 수 있지만, 불량할 경우에는 음탕함·주색·도박·환락으로 볼 수 있다. 사주에 子午卯酉가 모두 있는 경우를 사정격(四正格) 또는 편야도화(遍野桃花)라고 한다. 지지가 충을 겹쳐서 이루면 좋든 나쁘든 일간이 피곤하리라고 본다.

FREE NOTE   자유로운 이야기를 펼치다.

당나라의 유종원이 활발한 개혁 정치를 펴다가 반대 세력의 미움을 사서 유주 자사로 발령을 받고 쫓겨갔을 때의 일이다. 마침 그의 절친한 벗인 유우석도 파주 자사로 발령을 받았다. 이 소식을 들은 유종원은 탄식하며 말했다.

"파주는 국경과 인접한 지역이라 몹시 험한 곳인데, 몸이 약한 우석이 어찌 견뎌 낼지…. 더군다나 늙으신 어머니까지 모시고 있으니 참으로 안타깝구나. 그렇다고 나라의 명을 거스를 수도 없으니 내가 조정에 간청하여 대신 파주로 가야겠어. 이 일로 큰 벌을 받게 되더라도 친구의 안타까운 처지를 모른 체할 수는 없지!"

이처럼 유종원이 벗을 생각하는 마음은 참으로 지극했다.

유종원이 죽은 후 한유가 그의 참다운 우정을 높이 평가하며 다음과 같은 글을 남겼다.

"진정한 절의는 어려움에 처했을 때 비로소 드러나는 법이다. 평소에는 간과 쓸개를 드러내 보일 만큼 마음을 다 터놓고 지내면서 조금이라도 이해관계에 얽히면 자신의 이익을 챙기느라 서로 헐뜯는 일이 세상에 얼마나 많은가!"

사주 풀이

일간이 庚인 경우 19

시	일	월	연
丙	庚	壬	丁
戌	午	寅	卯

甲	乙	丙	丁	戊	己	庚	辛
午	未	申	酉	戌	亥	子	丑

억부와 조후   억부는 현실이고 조후는 이상이다.

◆ **억부**   다음의 세 가지를 가지고 일간의 강약을 추리한다.

　득령 : 일간이 월지의 도움을 받고 있는가? 아니다.

　득지 : 일간이 일지의 도움을 받고 있는가? 아니다.

　득세 : 간지가 2목·3화·1토·1금·1수의 분포이다.

◆ **조후**   다음의 내용을 가지고 일간과 기후의 조화를 살핀다.

　寅월은 아직 한기가 가시지 않은 때이므로 우선 丙화로 조후한다. 다음에 戊토로 생금(生金)하여 寅월의 왕한 木을 다스린다. 丙화는 조후로서 필요할 뿐만 아니라 무토생금(戊土生金)을 위해서도 필요하다. 왜냐하면 寅월은 木이 土를 극하여 토생금이 어려운 때인데 이때 丙화가 나타나면 목생화, 화생토로 이어져 무토생금(戊土生金)이 이루어지기 때문이다. 土가 왕하면 甲목으로 다스린다. 비겁이 많아서 재성을 상하게 하면 丙丁의 火로 다스린다. 지지가 화국(火局)을 이루면 壬수와 庚금이 필요하다.

배합과 흐름 　여기서 사주의 참모습을 파악한다.

천간의 丁과 壬이 합해서 木으로 화(化)하고 지지의 寅卯가 木을 돋운다. 지지의 寅午戌이 화국(火局)을 이루고 丙화가 투출했다. 일간인 庚금이 홀로 버틸 수가 없다.

『적천수』 　청나라 임철초는 이 사주를 다음과 같이 풀이했다.

용신 : 火이다.

이론 전개 : 일간인 庚금이 寅월에 태어났다. 지지가 화국(火局)이고 재성이 관살을 도와주니 火의 세력이 왕하다. 일간을 도우려는 간지가 하나도 없다. 월간의 壬수가 연간의 丁화와 합해서 木으로 화(化)하고 다시 火의 세력을 따른다. 그래서 모두가 살의 무리를 따른다. 종상(從象)이 참되다.

길흉 판단 : −향방(鄕榜)에 합격하고 지현(知縣)으로 뛰어올랐다.

−酉운에는 부모상을 당하였다.

−丙운에는 벼슬이 연이어 올라갔다.

−申운에는 잘못을 저지르고 벼슬자리에서 떨어졌다.

일간이 약하고 정관이 지나치게 왕한 경우가 종관격이다. 관성을 따르는 것이 순리다. 재성운도 좋다. 그러나 일간을 강하게 해 주는 운은 최대의 흉운이고, 식상운도 매우 흉하다. 일간이 약하고 편관이 지나치게 왕한 경우가 종살격이다. 관성을 따르는 것이 순리다. 재성운도 좋다. 그러나 일간을 강하게 해 주는 운은 최대의 흉운이고, 식상운도 매우 흉하다. 정관과 편관이 섞여 있을 때 정관이 더 왕하면 종관격으로 보고 편관이 더 왕하면 종살격으로 판단하지만, 모두 관살혼잡이어서 순수한 경우보다 격이 떨어진다.

FREE NOTE   자유로운 이야기를 펼치다.

당나라 백거이(白居易)가 노래했다.

유형 술 한 잔 하세

부글부글 새로 담은 술 괴어오르고

작은 화로에 불 벌겋게 피워 놓았네

해 질 녘 하늘에서는 눈까지 내리려 하는데

한 잔 하지 않을 수 있겠는가

綠蟻新醅酒　　紅泥小火爐

晚來天欲雪　　能飮一杯無

사주 풀이

일간이 辛인 경우 01

시	일	월	연
丁	辛	乙	戊
酉	丑	卯	辰

癸	壬	辛	庚	己	戊	丁	丙
亥	戌	酉	申	未	午	巳	辰

억부와 조후   억부는 현실이고 조후는 이상이다.

◆ **억부**   다음의 세 가지를 가지고 일간의 강약을 추리한다.

득령 : 일간이 월지의 도움을 받고 있는가? 아니다.

득지 : 일간이 일지의 도움을 받고 있는가? 그렇다.

득세 : 간지가 2목·1화·3토·2금·0수의 분포이다.

◆ **조후**   다음의 내용을 가지고 일간과 기후의 조화를 살핀다.

卯월은 木이 왕한 때이므로 우선 인비겁(印比劫)으로 辛금을 도운 다음 壬수로 辛금을 씻어준다. 戊己토가 너무 많으면 甲목으로 다스린다. 그러나 壬수가 너무 많으면 戊토가 있는 것이 길하다. 지지에 목국(木局)이 있으면 金으로 다스린다.

辛

일간인 辛금이 일지의 丑토와 일심동체를 이루고 월주가 戊辰이며 시지가 酉금이고 지지의 酉丑이 金을 돋운다. 월주가 乙卯이고 지지의 卯辰이 木을 돋운다. 시간이 丁화이다. 일간의 강약을 판단하기가 어렵다.

『적천수』   청나라 임철초는 이 사주를 다음과 같이 풀이했다.

용신 : 구체적인 언급이 없다.

이론 전개 : 일간인 辛금이 卯월에 태어나서 기운이 약하다. 시간의 살이 바짝 붙어서 일간을 극한다. 연주의 戊辰토는 일간으로부터 멀리 떨어져 있어서 통하기가 어렵고 또한 왕목(旺木)의 극을 받아 무너져 있으므로 일간을 생하기가 어렵다. 일지의 丑토는 卯목의 극을 받아 무너져 있으므로 일간을 생하기가 어렵다. 이 사주에서는 통하게 하는 이치가 없다.

길흉 판단 : ─남방운의 살지(殺地)에서는 갖은 풍상(風霜)을 겪으면서 부지런히 돌아다녀도 좋은 인연을 만나지 못하였다.

─庚申대운에는 좋은 인연을 만나 분발하여 군에서 공을 세웠고 辛酉대운까지 20년간 벼슬이 부윤(副尹)에 이르렀다. 그 까닭은 金이 일간을 돕고 동시에 木을 극한 결과 인성인 土까지 火를 설해서 金을 생하는 통관의 역할을 한 때문이다.

석오 평주

실제의 결과를 보면 이 사주는 일간이 약하다. 3土2金임에도 불구하고 일간이 약하니 그 까닭이 무엇일까? 그 까닭은 연지의 辰토가 土가 아닌 木을 도왔기 때문이다. 그러면 이 사주의 용신은 무엇일까? 이 사주는 목왕(木旺)이 병(病)이고 이 목왕을 다스릴 수 있는 金이 약(藥)이다. 그러므로 이 사주의 용신은 약신(藥神)인 시지의 酉금이다. 그리고 이 사주의 희신은 土이다.

FREE NOTE

옛날, 어미곰이 새끼 네 마리를 데리고 낭떠러지 아래의 개울에서 가재를 잡고 있었다. 그런데 그때 낭떠러지 위쪽의 길을 지나던 나그네가 크게 재채기를 했다. 그 소리에 깜짝 놀란 어미곰이 가재를 잡기 위해 들어올리고 있던 바위를 그만 놓쳐 버렸다. 결국 바위 밑에서 정신없이 가재를 찾던 새끼곰들은 모두 그 바위에 깔려 죽었다. 하지만 나그네는 아무것도 모른 채 가던 길을 갔다.

오랜 세월이 흘러 나그네는 뱀으로, 어미곰은 까마귀로 다시 태어났다.

어느 날, 뱀이 배나무 아래에서 햇볕을 쬐고 있을 때였다. 배나무에 앉아 있던 까마귀가 힘차게 날아오르면서 배를 건드렸다. 배는 뱀에게 떨어졌고, 뱀은 그 배에 머리를 정통으로 맞아 그 자리에서 죽고 말았다. 까마귀는 옛날의 나그네처럼 아무것도 모른 채 유유히 날아갔다.

사주 풀이

일간이 辛인 경우 02

시	일	월	연
己	辛	己	丙
亥	酉	亥	子

丁	丙	乙	甲	癸	壬	辛	庚
未	午	巳	辰	卯	寅	丑	子

억부와 조후 · 억부는 현실이고 조후는 이상이다.

◆ **억부** 다음의 세 가지를 가지고 일간의 강약을 추리한다.

득령 : 일간이 월지의 도움을 받고 있는가? 아니다.

득지 : 일간이 일지의 도움을 받고 있는가? 그렇다.

득세 : 간지가 0목·1화·2토·2금·3수의 분포이다.

◆ **조후** 다음의 내용을 가지고 일간과 기후의 조화를 살핀다.

亥월의 辛금은 우선 壬수를 쓰고 다음에 丙화를 쓴다. 壬수는 금백수청(金白水淸)의 작용을 하고, 丙화는 수난금온(水暖金溫)의 작용을 한다. 壬수와 丙화가 투간되면 대길하다. 水가 너무 많으면 戊토로 다스린다.

辛

배합과 흐름 여기서 사주의 참모습을 파악한다.

일간인 辛금이 일지의 酉금과 일심동체를 이루고 양 옆 2己토의 도움을 받고 있다. 월지와 시지가 亥수이고 연지가 子수이며 지지의 亥子가 水를 돋운다. 연간이 丙화이다. 이 사주는 辛酉일주가 왕성한 水의 세력 때문에 설기태과(洩氣太過)를 당하고 있으므로 인성인 土를 가장 먼저 필요로 한다.

『적천수』 청나라 임철초는 이 사주를 다음과 같이 풀이했다.

용신 : 己토이다.

이론 전개 : 흔히 이 사주를 놓고 '일간인 辛금이 亥월에 태어났으니 금수상관(金水傷官)이어서 火를 기뻐하고 일지의 酉금이 일간인 辛금의 건록이므로 반드시 丙화를 용신으로 삼아야 한다'고 말한다. 그러나 이는 미처 날뛰는 水의 세력이 일간을 무기력하게 만드는 것을 알지 못하는 데서 비롯된 것이다. 이 사주는 丙화를 용신으로 삼을 수 없을 뿐만 아니라 설혹 丙화를 용신으로 삼더라도 丙화가 지지에 전혀 뿌리를 내리지 못하고 있는 것이 문제가 된다. 그러므로 반드시 己토의 인성을 용신으로 삼아야 한다. 그렇게 해서 水를 멈추게 하고 金을 생하며 火를 보호해야 한다. 그러나 己토가 亥수 위에 앉아 있고 丙화를 써서 土를 생하려고 하여도 丙화가 먼저 수극화를 당하니 어찌 丙화가 土를 생할 수 있겠는가. 그래서 己토가 水를 극하지 못하고 반대로 水의 피해를 입으니 진신(眞神)은 무정하고 가신(假神)은 허탈하다.

길흉 판단 : ―庚子대운과 辛丑대운에는 비겁이 일간을 도와서 부모의 도움이 넉넉했고 의식이 풍족했다.

―壬운에는 부모에게 어려움이 있었다.

辛

–寅운은 동방의 목지(木地)이니 이 운에는 허약한 土가 손상을 받아서 유산을 모두 탕진하고 처자를 형극했으며 가출해서 어떻게 되었는지 끝내 알지 못하겠더라.

석오 평주　필자인 석오가 자신의 의견을 덧붙였다.

이 사주의 일간의 강약을 다시 한번 살펴보자. 이 사주는 일간인 辛금이 일지의 酉금과 월간과 시간의 己土에 둘러싸이고 연간의 丙화가 월간의 己土를 도와주기 때문에 일간이 약하지 않고 강하다고 볼 수 있다. 그러나 이 사주는 火가 土를 생하고 土가 金을 생하며 金이 水를 생하는 흐름을 타고 있으므로 辛酉일주가 비록 주체성은 있으나 왕성한 水의 세력 때문에 설기태과(洩氣太過)를 당하고 있다. 그래서 이 사주의 일간은 약하다. 그러면 이 사주의 용신은 무엇일까? 이 사주는 수다(水多)가 병(病)이고 이 수다를 다스릴 수 있는 土가 약(藥)이다. 그러므로 이 사주의 용신은 약신(藥神)인 己土이다. 임철초는 이 사주의 희신은 金과 火라고 보는 것 같다.

FREE NOTE　자유로운 이야기를 펼치다.

위나라에 미자하란 소년이 있었다. 그는 여인처럼 어여뻐서 왕의 총애를 받았다.

그러던 어느 날, 미자하는 어머니가 병이 났다는 소식을 전해 듣고 몰래 왕의 수레를 타고 집으로 달려갔다. 본래 이 나라에서는 왕의 허락 없이 왕의 수레를 타면 다리가 잘리는 벌을 받아야 했다. 하지만 이를 안 왕은 오히려 흐뭇해하며 말했다.

"어머니를 걱정하는 마음에 벌을 받는 것도 잊은 걸 보니 미자하는 참으로 효자구나."

또 어느 날은 미자하가 왕과 함께 과수원에서 노닐며 복숭아를 따먹었다. 복숭아가 꿀처럼 달고 맛있었다. 그런데 갑자기 미자하가 반쯤 먹던 복숭아를 왕에게 먹으라며 내미는 것이 아닌가! 그러나 왕은 화를 내기는커녕 크게 기뻐하며 말했다.

"맛있는 것을 혼자 다 먹지 않고 과인에게 나누어 주니 그 마음이 참으로 기특하구나."

하지만 세월이 흘러 미자하의 아름다움이 사라지자 왕의 사랑도 식고 말았다. 그 즈음 미자하가 작은 잘못을 저질렀다. 왕은 당장 그를 잡아들여 크게 화를 내며 말했다.

"저놈은 오래 전에 허락도 없이 과인의 수레를 탔고, 자기가 먹다 남은 복숭아를 과인에게 먹였다."

사주 풀이

일간이 辛인 경우 03

시 일 월 연
壬 辛 辛 丁
辰 未 亥 亥

癸 甲 乙 丙 丁 戊 己 庚
卯 辰 巳 午 未 申 酉 戌

억부와 조후　　억부는 현실이고 조후는 이상이다.

◆ **억부**　다음의 세 가지를 가지고 일간의 강약을 추리한다.

　득령 : 일간이 월지의 도움을 받고 있는가? 아니다.

　득지 : 일간이 일지의 도움을 받고 있는가? 그렇다.

　득세 : 간지가 0목·1화·2토·2금·3수의 분포이다.

◆ **조후**　다음의 내용을 가지고 일간과 기후의 조화를 살핀다.

　亥월의 辛금은 우선 壬수를 쓰고 다음에 丙화를 쓴다. 壬수는 금백수청(金白水淸)의 작용을 하고, 丙화는 수난금온(水暖金溫)의 작용을 한다. 壬수와 丙화가 투간되면 대길하다. 水가 너무 많으면 戊토로 다스린다.

배합과 흐름
여기서 사주의 참모습을 파악한다.

2土2金의 세력보다 3水1火의 세력이 강하다. 왜냐하면 일지의 未토는 월지의 亥수와 亥未의 반합(半合)을 이루고 시지의 辰토는 수고(水庫)로서 시간의 壬수와 일심동체를 이루어 둘 다 토생금의 자세가 불분명하고 월간의 辛금은 무기력하나 3水는 힘이 있고 1火는 지지에 뿌리를 내리고 있기 때문이다. 엉겨서 뭉친 2土 때문에 종하지는 않으나 사주가 특히 3水 때문에 신약해서 가장 먼저 土의 도움을 필요로 한다.

『적천수』
청나라 임철초는 이 사주를 다음과 같이 풀이했다.

용신 : 土이다.

이론 전개 : 일간인 辛금이 亥월에 태어나고 丁화가 비견을 극거(剋去)해서 일간이 고립무조(孤立無助)이며 상관이 당령하고 투출해서 일간이 무기력하다. 용신은 土에 있고 火에 있지 않다. 未토는 木의 고근(庫根)이고 辰토는 木의 여기(餘氣)로서 모두 기신인 乙목을 지니고 있으며 또 연월의 두 亥수는 木의 생지(生地)이면서 亥未가 木을 돋우니 이것은 기신이 오장뿐만 아니라 육부에까지 들어간 것이다. 그래서 비허(脾虛)와 신설(腎泄)로 인한 지병과 위완통(胃脘痛)의 지병이 있었다. 이 지병 때문에 열흘을 편히 살아 보지 못했다.

길흉 판단 : -己酉대운에는 일간이 녹(祿)을 만나 벼슬도 하고 아들도 얻었다.

-戊운에는 壬수를 극하여 창고를 넓혔다.

-申운에는 壬수가 생(生)을 만나 지병이 악화되었다.

-丁운에 일간이 극을 받아 죽었다.

석오 평주

필자인 석오가 자신의 의견을 덧붙였다.

① 이 사주는 수다(水多)가 병(病)이고 이 수다를 다스릴 수 있는 土가 약(藥)이다. 그러므로 이 사주의 용신은 약신(藥神)인 未辰토이다.

② 사주팔자로 선천적인 건강을 파악해서 운의 흐름에 따른 후천적인 건강을 추리한다. 하지만 오늘날은 첨단 과학 시대이다. 그러므로 사주팔자가 똑같은 사람이 공통적으로 겪는 질병 등 실증적인 자료를 제시해야 한다.

FREE NOTE

자유로운 이야기를 펼치다.

옛날, 변장자란 힘센 사나이가 있었다. 어느 날 산에 호랑이가 나타났다는 말을 듣고 변장자는 칼을 뽑아 들고 달려 나갔다. 그때 마을 아이 하나가 그를 뒤따랐다. 산에 올라가 보니 호랑이 두 마리가 소 한 마리를 서로 차지하기 위해 싸우고 있었다.

"옳지, 오늘 호랑이 두 마리를 한꺼번에 때려잡자."

변장자가 호랑이를 향해 달려들려고 한 순간, 아이가 그의 소매를 잡으며 말했다.

"조금만 기다리세요. 호랑이끼리 싸우면 힘이 약한 놈은 물려 죽을 것이고, 다른 놈은 상처를 입을 거예요. 그때 잡으면 한꺼번에 두 마리를 얻을 수 있어요."

변장자는 아이의 말대로 기다렸고, 잠시 후 두 호랑이를 둘러메고 산을 내려왔다.

사주 풀이

일간이 辛인 경우 04

시	일	월	연
癸	辛	庚	丙
巳	巳	寅	辰

甲	癸	壬	辛	庚	己	戊	丁
戌	酉	申	未	午	巳	辰	卯

억부와 조후   억부는 현실이고 조후는 이상이다.

◆ **억부**   다음의 세 가지를 가지고 일간의 강약을 추리한다.

　득령 : 일간이 월지의 도움을 받고 있는가? 아니다.

　득지 : 일간이 일지의 도움을 받고 있는가? 아니다.

　득세 : 간지가 1목·3화·1토·2금·1수의 분포이다.

◆ **조후**   다음의 내용을 가지고 일간과 기후의 조화를 살핀다.

　寅월은 辛금이 약한 때이므로 우선 己토로 도운 다음 壬수로 辛금을 씻어준다. 己토가 甲목과 합을 이루면 庚금으로 甲목을 극한다. 己토와 壬수는 떨어져 있어야 壬수가 탁해지지 않는다. 지지에 화국(火局)이 있다면 壬수는 물론 있어야 하며 庚금 또한 필요하다. 신왕한데 壬수가 없으면 丙화를 대신 쓴다.

辛

金水의 세력보다 木火의 세력이 강하다. 그러나 지지에 辰토가 있어서 남방 운을 만나서도 그 열기를 흡수할 수 있다.

『사주첩경』　우리나라의 이석영은 이 사주를 다음과 같이 풀이했다.

용신 : 연지의 辰토이다.

이론 전개 : 춘양조열(春陽燥烈)이란 봄볕이 따갑고 세차다는 뜻으로 寅卯월 생의 사주로서 火가 많고 水가 적은 경우를 가리키는 말이다. 춘양(春陽)이란 봄볕이므로 辰월도 춘양이다. 그러나 辰토는 습토이므로 辰월생의 사주가 조 열(燥烈)에 이르기는 힘들다.

춘양조열이면 양기(陽氣)가 강렬해서 만물이 시들고 메마른 형상이다. 그러 나 金이나 水가 있거나 丑이나 辰의 습토가 있으면 아름다운 형상을 이룰 수 있다.

이 사주는 춘양조열처럼 보인다. 그러나 그렇지 않다. 왜냐하면 辰의 습토 가 열기를 흡수하면서 金水를 돕고 있기 때문이다. 이 때문에 연지의 辰토가 용신이다.

길흉 판단 : 이 사주는 辰토가 없다면 춘양조열이어서 발복을 기대할 수 없 는데 辰토 때문에 巳午未의 火운에도 부귀를 누렸다.

석오 평주   필자인 석오가 자신의 의견을 덧붙였다.

이 사주는 寅 중 丙화가 투출하고 丙화는 2巳화에 녹근(祿根)하여 강렬한 데 바로 그 아래의 辰이 丙화의 기를 약화시킨다.

FREE NOTE 자유로운 이야기를 펼치다.

천간과 지지가 일심동체인 경우 천간은 남편이고 지지는 아내이다. 그래서 베갯머리송사가 일어난다. 베갯머리송사란 잠자리에서 아내가 남편에게 바라는 바를 속살거리며 청하는 일이다. 이것으로 말미암아 세상만사가 달라진다.

사주 풀이

일간이 辛인 경우 05

시	일	월	연
丁	辛	壬	丁
酉	巳	子	巳

甲	乙	丙	丁	戊	己	庚	辛
辰	巳	午	未	申	酉	戌	亥

	금
	辛酉

토		子	수
		壬	
화	丁丁		목
	巳巳		

억부와 조후   억부는 현실이고 조후는 이상이다.

◆ **억부**   다음의 세 가지를 가지고 일간의 강약을 추리한다.

득령 : 일간이 월지의 도움을 받고 있는가? 아니다.

득지 : 일간이 일지의 도움을 받고 있는가? 아니다.

득세 : 간지가 0목·4화·0토·2금·2수의 분포이다.

◆ **조후**   다음의 내용을 가지고 일간과 기후의 조화를 살핀다.

子월은 辛금을 얼어붙게 할 수 있는 때이므로 우선 丙화로 조후한다. 丙화가 약한 때이니 甲목으로 丙화를 생해주면 좋다. 다음에 壬수로 辛금을 씻어준다. 수다(水多)한 때이므로 戊토로 제수(制水)한다. 지지가 수국(水局)을 이루고 癸수가 투간되면 하나의 戊토로는 제수(制水)하기 어렵고 2개의 戊토가 있어야 균형을 이룰 수 있다. 丙화로 조후하는데 癸수가 나타나면 태양빛을 비

가 가리는 형상이다.

배합과 흐름   여기서 사주의 참모습을 파악한다.

일간인 辛금이 비견인 酉금의 도움을 받고 있으며 지지의 巳酉가 金을 돋운다. 연주가 丁巳이고 시간의 丁화가 지지에 뿌리를 내리고 있으며 월주가 壬子이다. 연간의 丁화와 월간의 壬수가 丁壬합을 이루고 있으나 화(化)가 이루어지지 않는다. 신약하다. 인성은 없고 비견이 있다.

『적천수』   청나라 임철초는 이 사주를 다음과 같이 풀이했다.

용신 : 시지의 酉금이다.

이론 전개 : 일간인 辛금이 子월에 태어나서 金은 차갑고 水는 냉하며 설기가 지나치다. 일간이 오로지 酉시에 의지하여 버티고 있는데 巳酉가 공(拱)하여 이를 돕는다. 천간의 丁화는 이를 추위를 녹이는 용도로 사용할 뿐이어서 이 丁화를 용신으로 삼지는 않는다. 용신은 酉금임이 확실하다. 그래서 운이 土金으로 흐르면서 벼슬이 크게 빛났다.

길흉 판단 : -丁未대운에는 일을 망치고 말았다.

-무릇 겨울의 金이 火를 기뻐하는 것은 火가 사주를 따뜻하게 해 주기 때문이다. 그렇다고 해서 이 때문에 火를 곧바로 용신으로 삼는 것은 아니다.

辛

석오 평주   필자인 석오가 자신의 의견을 덧붙였다.

① 이 사주는 식상제살격(食傷制殺格)이 아니다. 사주가 식상제살격이 되려면 일간이 어느 정도 힘이 있어야 한다.

② 이 사주는 극설교집(剋洩交集)이다. 극설교집이란 이를 극설교가(剋洩交加) 또는 극설교차(剋洩交叉)라고도 하는데 사주가 식상과 관살로 크게 나뉘어 신약한 경우를 가리키는 말이다. 극설교집이면 일간이 고래 싸움에 새우 등 터지는 아픔을 겪는다.

FREE NOTE   자유로운 이야기를 펼치다.

어느 더운 여름날, 한 나그네가 길을 가다가 이상한 광경을 보게 되었다. 한 농부가 밭에서 열심히 일하고 있는 말에게 자꾸만 채찍질을 하는 것이었다. 고개를 갸웃거리며 그 모습을 지켜보던 나그네가 농부에게 물었다.

"이보시오, 그처럼 열심히 일하는 말에게 왜 자꾸만 채찍질을 하는 것이오?"

그러자 농부가 대답했다.

"자고로, 말은 계속 채찍질을 해야만 다른 생각을 하지 않고 열심히 일하기 때문이지요."

나그네는 농부가 너무도 단호하게 대답하자 더 이상 할 말이 없었다. 그는 열심히 일하는 말이 안쓰러워 한 번 돌아보고는 가던 길을 갔다.

사주 풀이

일간이 辛인 경우 06

시	일	월	연
辛	辛	辛	辛
卯	卯	卯	卯

癸	甲	乙	丙	丁	戊	己	庚
未	申	酉	戌	亥	子	丑	寅

금
辛辛辛辛

토 ──────── 수

화 ──── 卯卯卯卯 ──── 목

억부와 조후　　억부는 현실이고 조후는 이상이다.

◆ **억부**　다음의 세 가지를 가지고 일간의 강약을 추리한다.

　득령 : 일간이 월지의 도움을 받고 있는가? 아니다.

　득지 : 일간이 일지의 도움을 받고 있는가? 아니다.

　득세 : 간지가 4목·0화·0토·4금·0수의 분포이다.

◆ **조후**　다음의 내용을 가지고 일간과 기후의 조화를 살핀다.

　卯월은 木이 왕한 때이므로 우선 인비겁(印比劫)으로 辛금을 도운 다음 壬
수로 辛금을 씻어준다. 戊己토가 너무 많으면 甲목으로 다스린다. 그러나 壬
수가 너무 많으면 戊토가 있는 것이 길하다. 지지에 목국(木局)이 있으면 金으
로 다스린다.

辛

네 개의 천간이 모두 辛금이고 네 개의 지지가 모두 卯목이다. 네 개의 천간이 각각 네 개의 지지를 극하고 있다. 그러나 천간이 지지의 도움을 받지 못하면 이는 통치자가 백성의 지지를 받지 못하는 것과 같다. 이 사주는 金이 약하고 木이 강하다. 金을 도와야 한다.

『적천수』　청나라 임철초는 이 사주를 다음과 같이 풀이했다.

용신 : 비견이다.

이론 전개 : 네 개의 木은 당권(當權)하고 있으나 네 개의 金은 절지(絶地)에 임했다. 말로는 천간이 지지를 누른다고 하지만 실제로는 그럴 능력이 없는 상태이다. 만약 천간이 지지를 누를 수 있다면 재성을 쓸 수 있고 재성을 용신으로 삼으면 어찌 성공하지 못하겠는가.

길흉 판단 : ─태어난 후 몇 년 만에 부모가 모두 죽자 도사와 함께 지냈다.

─己丑대운과 戊子대운에는 인수(印綬)의 도움으로 의식(衣食)에 모자람이 없었다.

─丁亥대운에 木을 생하고 金을 극하여 그 도사가 죽고 자신도 조금 남아 있던 재물을 주색과 도박으로 다 날려 버리고 죽었다.

석오 평주　필자인 석오가 자신의 의견을 덧붙였다.

① 이 사주가 金운과 土운을 만나면 무조건 다 좋은 것은 아니다. 예를 들

어 酉운은 酉가 4卯와 卯酉충을 이루어 木의 세력이 새로운 기세를 발하기 때문에 나쁘고 未운은 未가 4卯와 卯未의 반합(半合)을 이루어 木을 돋우기 때문에 나쁘다.

② 일기생성격(一氣生成格)이란 연주와 월주와 일주와 시주가 모두 똑같은 경우이다. 이 사주는 辛卯 일기생성격이다. 일기생성격은 모두 10가지가 있는데 사주의 모양새가 깨끗하여 귀격을 이룬 형상이다. 그러나 월의 심천에 따라 주권신이 달라지고 남녀에 따라 운로가 달라지므로 각 경우마다 나누어서 판단해야 한다.

중국에 타산과 형산이란 산이 있었다. 타산에는 돌이 많은 데 비해 형산에는 옥이 많이 났다. 형산의 옥을 갈아 장신구를 만들면 값비싼 보석이 되었다. 그래서 여인들은 하나같이 형산의 옥으로 만든 보석을 탐냈다. 하지만 형산에서 캐낸 옥은 갈고 다듬어야 보석이 될 수 있었다. 옥은 옥끼리 갈 수는 없고, 반드시 단단한 돌멩이로 만든 숫돌에 갈아야 한다. 타산의 돌은 볼품은 없었지만 단단한 돌멩이어서 숫돌로는 아주 좋았다. 형산에서 캔 옥을 타산의 숫돌에 갈면 값비싼 보석을 얻을 수 있었다.

타산지석(他山之石)이란 다른 산의 돌이라도 자신의 산의 옥을 가는 데 쓸 수 있다는 뜻으로, 본이 되지 않는 남의 말이나 행동도 자신의 지식과 인격을 수양하는 데 도움이 될 수 있음을 비유적으로 이르는 말이다. 『시경』의 소아 편에 나온다.

사주 풀이

일간이 辛인 경우 07

시	일	월	연
壬	辛	丙	己
辰	酉	子	丑

戊	己	庚	辛	壬	癸	甲	乙
辰	巳	午	未	申	酉	戌	亥

억부와 조후　　억부는 현실이고 조후는 이상이다.

◆ **억부**　다음의 세 가지를 가지고 일간의 강약을 추리한다.

　득령 : 일간이 월지의 도움을 받고 있는가? 아니다.

　득지 : 일간이 일지의 도움을 받고 있는가? 그렇다.

　득세 : 간지가 0목·1화·3토·2금·2수의 분포이다.

◆ **조후**　다음의 내용을 가지고 일간과 기후의 조화를 살핀다.

　子월은 辛금을 얼어붙게 할 수 있는 때이므로 우선 丙화로 조후한다. 丙화가 약한 때이니 甲목으로 丙화를 생해주면 좋다. 다음에 壬수로 辛금을 씻어준다. 수다(水多)한 때이므로 戊토로 제수(制水)한다. 지지가 수국(水局)을 이루고 癸수가 투간되면 하나의 戊토로는 제수(制水)하기 어렵고 2개의 戊토가 있어야 균형을 이룰 수 있다. 丙화로 조후하는데 癸수가 나타나면 태양빛을 비

가 가리는 형상이다.

배합과 흐름　여기서 사주의 참모습을 파악한다.

일간인 辛금이 일지의 酉금과 일심동체를 이루고 연주가 己丑이며 시지가 辰土이다. 월지가 子수이고 壬수가 투출했다. 월간의 丙화가 무기력하다. 천간에는 丙辛합이 있고 지지에는 子丑합과 辰酉합이 있다. 일간이 강하다. 水로 金을 설해야 한다.

『적천수』　청나라 임철초는 이 사주를 다음과 같이 풀이했다.

용신 : 水이다.

이론 전개 : 금수상관(金水傷官)에 丙화가 투로(透露)하여 한기를 제거하니 냉수(冷嗽)의 병이 없다.

길흉 판단 : ―癸酉대운에는 공부를 시작하였고 창고를 넓혔으며 고향에서 과거를 보았다. 혹 금수상관은 관성을 봄을 기뻐한다고 하는데 어찌하여 癸酉의 金水운에서 공명을 얻었느냐라는 물음이 있을 수 있다. 그러나 이는 무지(無知)의 소치이다. 금수상관이 火를 기뻐하는 까닭은 火로 차가운 사주를 따뜻하게 해 주려는 것일 뿐 火를 용신으로 삼으려는 것이 아니다. 火를 취해서 火를 용신으로 삼는 자는 열 명 중 한두 명도 되지 않고 水를 취해서 水를 용신으로 삼는 자는 열 명 중 여덟아홉 명이다. 火를 취할 때는 반드시 木火가 함께 있어야 하고 또 일간이 강해야 한다. 이 사주는 일간이 비록 강하기는 하지만 木이 적고 허(虛)한 火가 뿌리가 없으므로 반드시 水를 용신으로 삼아야 한다.

－壬申대운에는 공부를 해서 지현(知縣)을 얻었다.

－辛未대운의 丁丑년에 火土가 함께 왕하고 壬수를 합거(合去)하며 子수 또한 상하여 병을 얻어 죽었다.

석오 평주   필자인 석오가 자신의 의견을 덧붙였다.

녹록종신(碌碌從身)이란 주관 없고 쓸모없이 한세상을 보낸다는 뜻인데, 사주의 천간에 한두 개의 관살이 있어도 그 관살이 허탈무기(虛脫無氣)하여 명리를 이루지 못하고 삶을 마치는 경우를 가리킨다. 녹록종신의 경우에 운에서 근기(根基)가 없는 관살을 제거해 버리면 발달할 수 있고, 사주에서 식신과 상관이 관살을 제(制)하고 있다가 운에서 다시 그 관살을 제거해 버리면 명리를 이루게 되어 더욱 좋다.

FREE NOTE   자유로운 이야기를 펼치다.

송나라 장거(張渠)가 노래했다.

봄
강 언덕 풀은 무슨 일로 푸르르고
산에 피는 꽃은 누굴 위하여 붉은가
조물주는 본시 말이 없는데
해마다 봄바람은 호들갑을 떠네

岸草不知緣底綠　　山花試問爲誰紅
元造本來惟寂寞　　年年多事是春風

사주 풀이

시	일	월	연
己	辛	戊	己
亥	酉	辰	巳

庚	辛	壬	癸	甲	乙	丙	丁
申	酉	戌	亥	子	丑	寅	卯

억부와 조후 　억부는 현실이고 조후는 이상이다.

◈ **억부**　다음의 세 가지를 가지고 일간의 강약을 추리한다.

　득령 : 일간이 월지의 도움을 받고 있는가? 그렇다.

　득지 : 일간이 일지의 도움을 받고 있는가? 그렇다.

　득세 : 간지가 0목·1화·4토·2금·1수의 분포이다.

◈ **조후**　다음의 내용을 가지고 일간과 기후의 조화를 살핀다.

　辰월은 土가 왕한 때이므로 우선 甲목으로 제토(制土)한 다음 壬수를 쓴다. 일간 辛금이 丙화와 합을 이루어 자신을 빛나게 해줄 壬수를 저버리면 癸수로 丙화를 극하여 합을 깨뜨린다.

배합과 흐름 여기서 사주의 참모습을 파악한다.

일간인 辛금이 일지의 酉금과 일심동체를 이루고 월주가 戊辰이며 연간과 시간이 己토이다. 월지의 辰토와 일지의 酉금이 辰酉합을 이룬다. 연지가 巳화이고 시지가 亥수이다. 신강하다. 亥수와 巳화 중 어느 하나를 용신으로 삼는다.

『적천수』 청나라 임철초는 이 사주를 다음과 같이 풀이했다.

용신 : 亥수 속의 甲목이다.

이론 전개 : 일간인 辛금이 辰월에 태어나고 土가 비록 중첩되어 있지만 춘토(春土)는 결국 기(氣)가 열리는 때의 土로서 성글다. 그래서 土가 여기(餘氣)가 있으므로 亥 중 甲목이 생을 만났다. 辰酉가 전전(轉展) 상생하여 오히려 木의 근원을 돕고 亥수가 巳화와 요충(遙沖)해서 巳화가 戊己토를 생하지 못하게 한다. 또한 군뢰신생(君賴臣生)이다. 학문을 완성하지 못한 것은 木의 원신(元神)이 투출하지 않았기 때문이다.

길흉 판단 : 기쁘게도 이 사주는 생화(生化)가 일그러지지 않았고 또 운이 동북(東北)의 땅으로 흘러서 무직(武職)에서 두드러지게 뛰어날 수 있었다.

석오 평주 필자인 석오가 자신의 의견을 덧붙였다.

군뢰신생(君賴臣生)이란 임금이 신하의 도움에 의지해서 살아난다는 말이다. 일간이 군(君)이라면 일간의 극을 받는 재성이 신하인데, 사주에 인성이 너무 많아 재성을 용신으로 삼는 경우에 이 말을 사용한다. 임철초는 이 사주가 군뢰신생이라고 본다. 그러나 필자는 이 사주가 군뢰신생이 아니라고 본다. 왜냐하면 이 사주에서는 亥水 속의 甲木이 겉으로 나타나지 아니한 지장간에 불과하기 때문이다. 겉으로 나타난 亥水와 巳火를 가지고 용신을 논해야 한다. 巳火는 직접적으로 土를 도와주기 때문에 용신이 될 수 없다. 필자는 이 사주의 용신은 시지의 亥水라고 본다. 그리고 木운은 희신운이라고 본다.

FREE NOTE   자유로운 이야기를 펼치다.

송나라의 한 농부가 밭에서 일을 하고 있었다. 그런데 난데없이 토끼 한 마리가 나타나 뛰어오더니 그루터기에 부딪혀 바로 죽었다. 그래서 농부는 손쉽게 토끼 한 마리를 손에 넣을 수 있었다. 순간, 농부는 엉뚱한 생각을 했다.

"일 년을 뼈 빠지게 일해도 고기 한 번 먹기 힘든데, 이렇게 그루터기에 부딪혀 죽는 토끼를 갖는 게 훨씬 낫겠구나."

농부는 다음 날부터 일을 하지 않았다. 그러고는 날마다 토끼가 부딪혀 죽은 그루터기만 멀리서 지켜볼 뿐이었다. 밭에 풀이 우거지고 짐승들이 날뛰어도 신경 쓰지 않았다. 그런 모습을 본 마을 사람들이 농부를 걱정하며 물었다.

"이보게, 자네는 농사를 짓지 않을 셈인가?"

그러자 농부는 콧방귀만 뀌었다.

"흥, 고깃국도 못 먹는 그깟 농사는 지어서 무엇하게!"

여름이 가고 가을이 다 가도록 그루터기에 부딪혀 죽는 토끼는 한 마리도 없었지만 농부는 여전히 기다리고 또 기다렸다.

사주 풀이
일간이 辛인 경우 09

시	일	월	연
辛	辛	辛	壬
卯	卯	亥	子

己	戊	丁	丙	乙	甲	癸	壬
未	午	巳	辰	卯	寅	丑	子

금
辛辛辛

토 ────── 子
壬亥 **수**

화 ────── 卯卯 **목**

억부와 조후   억부는 현실이고 조후는 이상이다.

◈ **억부** 다음의 세 가지를 가지고 일간의 강약을 추리한다.

　득령 : 일간이 월지의 도움을 받고 있는가? 아니다.

　득지 : 일간이 일지의 도움을 받고 있는가? 아니다.

　득세 : 간지가 2목·0화·0토·3금·3수의 분포이다.

◈ **조후** 다음의 내용을 가지고 일간과 기후의 조화를 살핀다.

　亥월의 辛금은 우선 壬수를 쓰고 다음에 丙화를 쓴다. 壬수는 금백수청(金白水清)의 작용을 하고, 丙화는 수난금온(水暖金溫)의 작용을 한다. 壬수와 丙화가 투간되면 대길하다. 水가 너무 많으면 戊토로 다스린다.

배합과 흐름

여기서 사주의 참모습을 파악한다.

일간을 포함한 천간의 세 辛금이 지지에 전혀 뿌리를 내리지 못하고 있다. 월지가 亥수이고 연주가 壬子이며 지지의 亥子가 水를 돋운다. 일지와 시지가 卯목이고 지지의 亥卯가 木을 돋운다. 일간이 약해서 水나 木의 세력을 따라야 한다.

『적천수』

청나라 임철초는 이 사주를 다음과 같이 풀이했다.

용신 : 水이다.

이론 전개 : 일간인 辛금이 亥월에 태어나서 水의 세력이 당권(當權)하고 있다. 비록 천간에 세 개의 辛금이 나타나 있지만 지지가 절지(絶地)이니 격(格)은 종아(從兒)이다. 독서를 하면 글이 눈앞을 지나가자마자 바로 외워 버렸다.

길흉 판단 : ㅡ일찍이 최고 명문 대학에서 공부를 하였다.

ㅡ甲寅대운에는 벼슬에 뽑히고 현재(縣宰)로 나아갔다.

ㅡ乙卯대운에는 벼슬길이 평탄하였다.

ㅡ丙辰대운에서 일이 잘못되고 戌년에 왕(旺)한 土가 水를 극하여 죽었다.

ㅡ대체로 보아 종아격(從兒格)이면서 행운에서 어긋나지 않고 재성운을 만나면 부귀하지 않는 자가 없다. 또 수기유행(秀氣流行)하면 사람이 반드시 총명해서 돋보이고 학문이 뛰어나게 된다.

석오 평주

필자인 석오가 자신의 의견을 덧붙였다.

종아격(從兒格)이란 일간이 약하고 식상이 지나치게 왕한 경우이다. 식상을 따르는 것이 순리다. 재성운도 좋다. 그러나 강한 인성운은 매우 좋지 못하여 심지어는 죽을 수도 있다. 종아격이 잘 이루어지면 재물이 많다. 일간이 약한 종아격이 진종아격(眞從兒格)이고 일간이 이보다는 약간 힘이 있는 경우가 가종아격(假從兒格)이다. 가종아격은 진종아격에 준해서 판단하지만 그보다 격이 떨어진다. 엄격히 말하면 진종아격이란 일간을 돕는 간지가 하나도 없는 종아격이다. 그렇다면 이 사주는 월간과 시간의 辛금 때문에 진종아격이 아니라 가종아격이다. 격과 용신은 별개이므로 종아격인 경우 재성을 용신으로 삼을 수 있다. 그 까닭은 어느 오행이 태왕(太旺)하면 이를 터뜨려야 사주가 바로 서기 때문이다. 종아격인 경우 식상이 재성을 생하고 있으면 재성을 용신으로 삼을 수 있는 여지가 많다. 이 사주도 그 예외가 아니다.

FREE NOTE 자유로운 이야기를 펼치다.

조선의 이옥봉(李玉峰)이 노래했다.

꿈길

임께서는 요즈음 어찌 지내시온지요
창문에 달 비치면 새록새록 그리움이 번져요
꿈 가는 길 발자국 남기기로 하자면요
임의 집 앞 돌길이 반은 모래 되었을 것이어요

近來安否問如何　月到紗窓妾恨多
若使夢魂行有迹　門前石路半成沙

사주 풀이

<table>
<tr><td>시</td><td>일</td><td>월</td><td>연</td></tr>
<tr><td>壬</td><td>辛</td><td>辛</td><td>壬</td></tr>
<tr><td>辰</td><td>亥</td><td>亥</td><td>寅</td></tr>
</table>

己	戊	丁	丙	乙	甲	癸	壬
未	午	巳	辰	卯	寅	丑	子

억부와 조후 | 억부는 현실이고 조후는 이상이다.

◆ **억부** 다음의 세 가지를 가지고 일간의 강약을 추리한다.

　득령 : 일간이 월지의 도움을 받고 있는가? 아니다.

　득지 : 일간이 일지의 도움을 받고 있는가? 아니다.

　득세 : 간지가 1목·0화·1토·2금·4수의 분포이다.

◆ **조후** 다음의 내용을 가지고 일간과 기후의 조화를 살핀다.

　亥월의 辛금은 우선 壬수를 쓰고 다음에 丙화를 쓴다. 壬수는 금백수청(金白水淸)의 작용을 하고, 丙화는 수난금온(水暖金溫)의 작용을 한다. 壬수와 丙화가 투간되면 대길하다. 水가 너무 많으면 戊토로 다스린다.

辛

배합과 흐름 〔여기서 사주의 참모습을 파악한다.〕

　　일간인 辛금이 시지의 辰토와 월간의 辛금으로부터 거의 도움을 받을 수 없다. 왜냐하면 시지의 辰토는 수고(水庫)로서 시간의 壬수와 일심동체를 이루어 토생금의 자세가 불분명하고 월간의 辛금은 무기력하기 때문이다. 월지와 일지가 亥수이고 두 壬수가 투출했으며 연지가 寅목이고 지지의 寅亥가 木의 세력을 더한다. 이 사주는 종아격(從兒格)이다.

『적천수』 〔청나라 임철초는 이 사주를 다음과 같이 풀이했다.〕

　　용신 : 水이다.

　　이론 전개 : 일간인 辛금이 亥월에 태어나고 壬수가 당권(當權)하였다. 재성이 생왕(生旺)을 만나 金水를 함께 받아들인다. 종아격(從兒格)이다. 독서를 하면 한눈에 여러 줄을 읽었다.

　　길흉 판단 : -甲寅대운에는 과거에 수석으로 급제하였다.

　　-乙卯대운에는 서랑(署郞)에서 황당(黃堂)에 이르렀다.

　　-丙辰대운에 관성과 인성이 함께 오고 또 丙戌년을 만나 인수가 충동(沖動)으로 사주의 상관을 파(破)하니 죽었다.

석오 평주 〔필자인 석오가 자신의 의견을 덧붙였다.〕

　　종아격(從兒格)이란 일간이 약하고 식상이 지나치게 왕한 경우이다. 식상을 따르는 것이 순리다. 재성운도 좋다. 그러나 강한 인성운은 매우 좋지 못하여 심지어는 죽을 수도 있다. 종아격이 잘 이루어지면 재물이 많다. 일간이 약한 종아격이 진종아격(眞從兒格)이고 일간이 이보다는 약간 힘이 있는 경우가 가종아격(假從兒格)이다. 가종아격은 진종아격에 준해서 판단하지만 그보다 격이 떨어진다. 엄격히 말하면 진종아격이란 일간을 돕는 간지가 하나도 없는 종아격이다. 그렇다면 이 사주는 시지의 辰土와 월간의 辛금 때문에 진종아격이 아니라 가종아격이다. 격과 용신은 별개이므로 종아격인 경우 재성을 용신으로 삼을 수 있다. 그 까닭은 어느 오행이 태왕(太旺)하면 이를 터뜨려야 사주가 바로 서기 때문이다. 종아격인 경우 식상이 재성을 생하고 있으면 재성을 용신으로 삼을 수 있는 여지가 많다. 이 사주도 그 예외가 아니다.

FREE NOTE 자유로운 이야기를 펼치다.

조선의 한순계(韓舜繼)가 노래했다.

산수

파란 물을 산이 싫다 하지 않고
푸른 산을 물은 살갑게 감아도네
넓디넓은 산과 물 그 속에
한가로운 사람 하나 오고 가구나

水綠山無厭   山靑水自親
浩然山水裏   來往一閒人

사주 풀이

일간이 辛인 경우 11

시	일	월	연
甲	辛	丁	壬
午	丑	未	辰

乙	甲	癸	壬	辛	庚	己	戊
卯	寅	丑	子	亥	戌	酉	申

억부와 조후　　억부는 현실이고 조후는 이상이다.

◈ **억부**　다음의 세 가지를 가지고 일간의 강약을 추리한다.

　득령 : 일간이 월지의 도움을 받고 있는가? 未월은 火土의 달이므로 金을
　　　　 도와주지 못한다.

　득지 : 일간이 일지의 도움을 받고 있는가? 그렇다.

　득세 : 간지가 1목·2화·3토·1금·1수의 분포이다.

◈ **조후**　다음의 내용을 가지고 일간과 기후의 조화를 살핀다.

　未월은 덥고 土가 왕한 때이므로 우선 壬수를 써서 더위를 식히며 金을 씻
어내고, 다음에 庚금으로 토기(土氣)를 설하며 壬수를 생한다. 未월의 辛금은
지지에 辰丑의 土가 있으면 좋다. 戊土가 壬수를 위협하면 甲목으로 戊토를
다스린다. 지지에 목국(木局)이 있어 壬수의 설기가 심하면 庚금으로 제목생

수(制木生水)한다.

배합과 흐름
여기서 사주의 참모습을 파악한다.

천간은 丁壬합이고 지지는 丑未충이다.

『사주첩경』
우리나라의 이석영은 이 사주를 다음과 같이 풀이했다.

용신 : 연간의 壬수이다.

이론 전개 : 거류서배(去留舒配)란 가야 할 자는 가고, 머물러야 할 자는 머무르며, 짝을 맺어야 할 자는 짝을 맺는다는 말이다. 이는 관(官)과 살(殺)이 섞여서 관살(官殺)이 모두 3개인 경우 관살 중 하나는 충 또는 극을 당하여 가고, 또 하나는 이상 없이 머무르며, 나머지 하나는 합이 되어 짝을 맺는 경우를 가리킨다.

사주에 따라서는 관살이 셋이 있고도 거류서배가 되어 도리어 관성(官星)이 부족한 경우가 있다. 그리고 관살이 있고 인성(印星)이 있다 해서 이를 무조건 살인상생(殺印相生)으로 다루어 인성을 용신으로 삼으면 틀리는 경우가 있다.

이 사주는 丁화·未 중 丁화·午 중 丁화로 3살(殺)인데, 丁화는 丁壬합으로 서배(舒配)되었고, 未 중 丁화는 丑未충으로 거(去)되었으며, 午 중 丁화만이 유(留)하였다. 그래서 거류서배이다. 그러나 未 중 丁화가 투출하여 편관격이고 午未가 준(準) 화국(火局)을 이루니 연약한 辛금으로서는 강렬한 火를 두려워한다. 이 사주는 火가 일주(日主)의 병(病)이고 火를 제합(制合)하는 壬수가 약(藥)이다. 하지만 병중약경(病重藥輕, 병은 중하고 약은 가벼움)으로 약운(藥運)

을 고대한다.

길흉 판단 : 亥운에 재상이 되었다.

이 사주는 일지의 丑토를 용신으로 볼 수도 있다. 그러나 丑토는 丑未충이고 午未의 중간에서 조토(燥土)화되어 있으므로 이를 용신으로 보기가 주저된다. 그래서 사주에 일주(日主)의 병이 있으면 일주의 강약을 떠나서 약을 용신으로 삼는다는 법칙을 따라 우선 壬수를 가지고 살인 火를 제합한다. 이 사주에서는 인성을 용신으로 삼을 여유가 없다.

석오 평주 필자인 석오가 자신의 의견을 덧붙였다.

① 이 사주는 거류서배(去留舒配)로 3丁화 중 1丁화만이 타오르고 있다. 그러므로 火가 일주(日主)의 병(病)이란 논리의 전개는 바르지 않다. 未 중 丁화가 투출하여 편관격이지만 丁壬합으로 말미암아 그 작용이 없다. 그리고 午未가 준(準) 화국(火局)을 이루지 못한다. 왜냐하면 午와 未의 사이에 丑이 있기 때문이다.

② 이 사주는 토다금매(土多金埋, 흙이 많으면 금이 묻혀 버린다)이다. 그래서 土를 극할 木이 필요하다. 하지만 甲목은 午화를 생하고 午화는 丑토를 생한다. 부득이 자구책으로 일간의 강약을 떠나 金을 돋우고 이를 위해 水로 土의 열기를 식힌다. 이것이 정답이 아닐까?

FREE NOTE 자유로운 이야기를 펼치다.

사주 풀이를 할 때 일간의 강약을 떠나 어느 오행이 태왕(太旺)하면 이를 설(泄)하는 것이 자연스럽다. 그래서 예를 들어 ㉮ 인성이 태왕하면 신강하더라도 비겁을 더하고 ㉯ 재성이 태왕하면 신약하더라도 관살을 더한다. 어느 오행이 태왕하면 이를 터뜨려야 사주가 바로 선다. 사실 오늘날의 사주학은 일간 위주로 모든 것을 판단하다시피 하는데 사주 전체가 내 자신이지 어찌 일간만이 내 자신이겠는가.

사주 풀이

일간이 辛인 경우 12

<table>
<tr><td>시</td><td>일</td><td>월</td><td>연</td></tr>
<tr><td>庚</td><td>辛</td><td>辛</td><td>壬</td></tr>
<tr><td>寅</td><td>酉</td><td>亥</td><td>申</td></tr>
</table>

<table>
<tr><td>己</td><td>戊</td><td>丁</td><td>丙</td><td>乙</td><td>甲</td><td>癸</td><td>壬</td></tr>
<tr><td>未</td><td>午</td><td>巳</td><td>辰</td><td>卯</td><td>寅</td><td>丑</td><td>子</td></tr>
</table>

억부와 조후   억부는 현실이고 조후는 이상이다.

◆ **억부** 다음의 세 가지를 가지고 일간의 강약을 추리한다.

득령 : 일간이 월지의 도움을 받고 있는가? 아니다.

득지 : 일간이 일지의 도움을 받고 있는가? 그렇다.

득세 : 간지가 1목·0화·0토·5금·2수의 분포이다.

◆ **조후** 다음의 내용을 가지고 일간과 기후의 조화를 살핀다.

亥월의 辛금은 우선 壬수를 쓰고 다음에 丙화를 쓴다. 壬수는 금백수청(金白水淸)의 작용을 하고, 丙화는 수난금온(水暖金溫)의 작용을 한다. 壬수와 丙화가 투간되면 대길하다. 水가 너무 많으면 戊토로 다스린다.

배합과 흐름

여기서 사주의 참모습을 파악한다.

　일간인 辛금이 일지의 酉금과 일심동체를 이루고 연지에도 뿌리를 내리고 있으며 투출한 辛금과 庚금의 도움을 받고 있다. 월지가 亥수이고 壬수가 투출했으며 시지가 寅목이다. 신왕하다. 壬亥수와 寅목 중 어느 하나를 용신으로 삼는다.

『적천수』

청나라 임철초는 이 사주를 다음과 같이 풀이했다.

　용신 : 시지의 寅목이다.
　이론 전개 : 금수상관(金水傷官)으로 비겁이 많아 비록 재성인 寅목을 용신으로 삼는다 하더라도 오히려 亥수가 金을 설하고 木을 생하는 것이 기쁘다. 亥수 때문에 비겁이 재성을 쟁탈하는 바람이 일어나지 않고 또 申과 寅이 寅申충을 이루지 않는다. 만약 亥수가 없다면 일생 동안 굴곡을 겪으며 편히 살지 못할 것이고 끝내 그림의 떡을 보는 것처럼 뜻을 이루지 못할 것이다. 亥수는 재성을 생하는 복신(福神)이다.
　길흉 판단 : -甲寅대운과 乙卯대운에는 자수성가하고 부자가 되었다.
　-후에 火운을 만나 전극(戰剋)이 일어나 조용하지 못했고 재성이 설기되어 생색도 나지 않았다. 巳운에 寅申巳亥의 사충(四沖)을 이루고 겁재가 또 생을 만나 불록(不祿, 더 이상 녹을 받지 못함)이 되었다.

석오 평주

필자인 석오가 자신의 의견을 덧붙였다.

　갑목맹아(甲木萌芽)란 亥월은 甲목이 싹이 트기 시작하여 甲목의 기(氣)가 있다는 말이다. 亥 중에는 戊토와 甲목 그리고 壬수가 있다. 그러나 戊토의 기는 미약하고 甲목의 기는 상당하다. 12운 이론에서 甲이 亥에서 장생을 이루므로 亥월을 소춘(小春)이라고도 부른다. 그러므로 사주를 볼 때에는 亥월 생이면 항상 亥 중 甲목을 염두에 두고 추리를 해야 한다. 다행히 이 사주에서는 힘이 있는 월지의 亥수가 천간과 지지의 金을 설함으로 말미암아 시지의 寅목이 금극목의 공포로부터 벗어날 수 있다. 이 사주는 水가 金을 설하고 나아가 水가 木을 생해야 金水木이 조화를 이룬다. 그래서 이 사주는 시지의 寅목을 용신으로 삼는다. 만약 월지의 亥수를 용신으로 삼는다면 金운이 금생수로 용신을 도와주니까 이 운이 좋다고 판단할 여지가 있다. 그러나 이 사주는 시지의 寅목을 극하거나 충하는 金운이 좋다고 판단해서는 안 된다. 이런 까닭으로 월지의 亥수를 그 큰 역할에 불구하고 희신으로 다룰 수밖에 없다. 그래서 임철초는 월지의 亥수를 '복신(福神)'이라고 했다.

FREE NOTE — 자유로운 이야기를 펼치다.

당나라 이백(李白)이 노래했다.

산중에서 나누는 술

둘이 마주 앉아 술 마시는데 산에 꽃이 피었네

한 잔 한 잔 또 한 잔

나 취하여 졸리니 이 사람아 돌아가게나

내일 생각 있거든 거문고를 안고 오시게

兩人對酌山花開　　一杯一杯復一杯
我醉欲眠卿且去　　明朝有意抱琴來

사주 풀이

시 일 월 연
甲 辛 庚 己
午 卯 午 卯

壬 癸 甲 乙 丙 丁 戊 己
戌 亥 子 丑 寅 卯 辰 巳

억부와 조후   억부는 현실이고 조후는 이상이다.

◆ **억부**   다음의 세 가지를 가지고 일간의 강약을 추리한다.

득령 : 일간이 월지의 도움을 받고 있는가? 아니다.

득지 : 일간이 일지의 도움을 받고 있는가? 아니다.

득세 : 간지가 3목·2화·1토·2금·0수의 분포이다.

◆ **조후**   다음의 내용을 가지고 일간과 기후의 조화를 살핀다.

午월은 관살인 火가 왕한 때이므로 우선 己土를 써서 신약함을 면하고, 다음으로 壬水를 쓴다. 壬水는 己土를 적셔 己土가 생금(生金)을 잘하도록 해주면서 辛金을 빛나게 해준다. 午월의 辛金한테는 지지에 辰丑의 土가 있으면 좋다. 午월의 辛金한테 壬水가 없고 癸水만 있다면 庚金으로 약한 癸水를 도와주어야 한다. 午월의 辛金은 己土와 壬水를 떠날 수 없지만, 己土와 壬水

159

는 떨어져 있어야 한다. 午월의 辛금은 戊토를 두려워한다.

배합과 흐름 　여기서 사주의 참모습을 파악한다.

일간인 辛금이 연간의 己토와 월간의 庚금의 도움을 받을 수 있다. 그러나 연간의 己토는 연지의 卯목으로부터 극을 받고 있고 월간의 庚금은 월지의 午화로부터 극을 받고 있다. 그런데 일간과 연간과 월간을 제외하면 나머지의 간지는 그 오행이 木이나 火이다. 신약하다. 이 사주는 일반격이 아니다.

『적천수』 　청나라 임철초는 이 사주를 다음과 같이 풀이했다.

용신 : 구체적인 언급이 없다.

이론 전개 : 일간인 辛금이 午월에 태어나고 지지에서 모두 재살(財殺)을 만나 金이 태쇠(太衰)하다.

길흉 판단 : ─己巳대운과 戊辰대운에는 불을 어둡게 하고 金을 생해서 명성을 얻는데 장애가 많았고 작은 일밖에 이루지 못했다.

─丁卯대운에는 木火가 함께 왕하니 마른 싹이 비를 맞은 것처럼 갑자기 발복하여 기러기의 털이 바람을 만난 듯 표연히 일어나서 가업이 풍유(豊裕)했다.

─丑운에 金을 생하고 火를 설하여 죽었다.

석오 평주 　필자인 석오가 자신의 의견을 덧붙였다.

태쇠(太衰)는 보통 이상으로 지나치게 쇠한 경우를 말한다. 일간이 태쇠한 경우에는 돕는 것보다 차라리 더 극하여 종을 시키는 것이 자연스러울 때가 많다. 이 사주는 지지와 시간이 木火로 이루어져 있고 연간의 土와 월간의 金이 무력해서 일간이 태쇠하다. 태쇠한 辛금을 土와 金으로 돕는 것이 좋을 것 같지만 보통 이상으로 지나치게 쇠한 경우이므로 그렇게 하지 않고 차라리 더 극하여 종을 시키는 것이 자연스럽다. 木火운을 기뻐한다. 용신을 찾는 일은 결코 쉽지 않다. 따라서 용신과 희신을 명확하게 구별할 수 없는 경우가 많다. 이런 경우에는 '희용신'이란 용어를 사용할 수 있다. 예를 들어 어느 사주가 金과 水를 모두 기뻐하지만 어느 것이 용신이고 어느 것이 희신이라고 명확하게 구별할 수 없으면 '金·水가 희용신이다'라고 표현할 수 있다. 이 사주는 木·火가 희용신이다.

FREE NOTE
자유로운 이야기를 펼치다.

송나라 진여의(陳與義)가 노래했다.

봄날

아침 녘 뜰 안 나무에서 새가 울고
울긋불긋 숲 속에 봄이 번지네
얼핏 눈앞에 멋진 시상 떠올랐는데
구법 따지다 보니 간 곳이 없네

朝來庭樹有鳴禽　　紅綠扶春上遠林
忽有好詩生眼底　　安排句法已難得

사주 풀이
일간이 辛인 경우 14

시	일	월	연
辛	辛	丙	癸
卯	卯	辰	酉

戊	己	庚	辛	壬	癸	甲	乙
申	酉	戌	亥	子	丑	寅	卯

억부와 조후 　　억부는 현실이고 조후는 이상이다.

◆ **억부**　다음의 세 가지를 가지고 일간의 강약을 추리한다.

　득령 : 일간이 월지의 도움을 받고 있는가? 그렇다.

　득지 : 일간이 일지의 도움을 받고 있는가? 아니다.

　득세 : 간지가 2목·1화·1토·3금·1수의 분포이다.

◆ **조후**　다음의 내용을 가지고 일간과 기후의 조화를 살핀다.

　辰월은 土가 왕한 때이므로 우선 甲목으로 제토(制土)한 다음 壬수를 쓴다. 일간 辛금이 丙화와 합을 이루어 자신을 빛나게 해줄 壬수를 저버리면 癸수로 丙화를 극하여 합을 깨뜨린다.

배합과 흐름 여기서 사주의 참모습을 파악한다.

천간의 2辛을 지지의 辰酉가 도와서 金이 강하다.

『사주첩경』 우리나라의 이석영은 이 사주를 다음과 같이 풀이했다.

용신 : 卯목이다.

이론 전개 : 배록축마(背祿逐馬)란 관(官)인 녹(祿)을 등지고 재(財)인 마(馬)를 내쫓는다는 말이다. 그러므로 배록축마이면 관과 재로 잘 이루어졌다가 이것이 깨지는 형상이므로 처음은 좋으나 나중은 나쁘다고 새긴다.

배록축마는 ㉠ 일간이 강하여 관으로 다스리고자 하나 ㉡ 관이 약해서 그렇게 하지 못하고 ㉢ 그 대신 관을 생하는 재를 용신으로 삼는데 ㉣ 비겁의 운이 와서 그만 용신을 극하는 경우에 성립이 된다.

배록축마이면 ㉠ 관이 부실하고 재가 불안해서 크게 부귀를 누리기가 어렵고 ㉡ 설혹 한때 아내·재물 등인 재로 인해 크게 부귀를 누리더라도 ㉢ 비겁의 운에는 형제·동료 등인 비겁이 재를 극하여 패가망신한다.

이 사주는 일간이 강하다. 그러나 관인 丙화는 癸수의 극을 받아 배록(背祿)이다. 그래서 관을 생하는 재인 卯목을 용신으로 삼는다. 하지만 辛과 庚의 비겁운은 용신을 극하는 축마(逐馬)이다.

길흉 판단 : -卯와 寅의 木운과 癸·壬·子·亥의 水운에는 크게 부귀를 누렸다.

-하지만 辛과 庚의 金운에는 패가망신하였다.

辛

① 이 사주는 丙辛합을 이루지 못한다. 왜냐하면 丙화는 辰土를 생하고 癸수의 극을 받기 때문이다.

② 이 사주는 일주와 시주가 똑같다. 혹시 아들은 아버지를 닮고 딸은 어머니를 닮지 않았을까?

FREE NOTE │ 자유로운 이야기를 펼치다.

일반적으로 인간은 녹마(祿馬)를 추구한다. 왜냐하면 녹(祿)은 귀(貴)이고 마(馬)는 부(富)이기 때문이다. 사주가 일간이 강하면서 녹마동향(祿馬同鄕, 투출한 관성과 재성이 같은 지지인 월지에 뿌리를 내려서 서로가 유정한 경우)이면 녹마가 활기차다. 필자의 사주에는 녹마가 없다. 그저 지장간으로 약간의 녹이 흐르고 있을 뿐이다. 그래서 인생이 거시기(?)하다. 다음은 보우(普愚) 스님의 「사세송(辭世頌)」이다.

인생은 물거품 부질없는 것,	人生命若水泡空
여든 몇 해 생애가 봄꿈 속이라.	八十餘年春夢中
죽음 임해 가죽 자루 벗어 던지니,	臨終如今放皮袋
한 덩이 붉은 해 서산에 지네.	一輪紅日下西峯

사주 풀이

일간이 辛인 경우 15

시	일	월	연
辛	辛	辛	辛
卯	丑	卯	巳

癸	甲	乙	丙	丁	戊	己	庚
未	申	酉	戌	亥	子	丑	寅

억부와 조후   억부는 현실이고 조후는 이상이다.

◆ **억부** 다음의 세 가지를 가지고 일간의 강약을 추리한다.

득령 : 일간이 월지의 도움을 받고 있는가? 아니다.

득지 : 일간이 일지의 도움을 받고 있는가? 그렇다.

득세 : 간지가 2목·1화·1토·4금·0수의 분포이다.

◆ **조후** 다음의 내용을 가지고 일간과 기후의 조화를 살핀다.

卯월은 木이 왕한 때이므로 우선 인비겁(印比劫)으로 辛금을 도운 다음 壬수로 辛금을 씻어준다. 戊己토가 너무 많으면 甲목으로 다스린다. 그러나 壬수가 너무 많으면 戊토가 있는 것이 길하다. 지지에 목국(木局)이 있으면 金으로 다스린다.

辛

천간의 4辛이 지지의 巳와 丑에 뿌리를 내리고 지지의 2卯를 극한다.

『사주첩경』   우리나라의 이석영은 이 사주를 다음과 같이 풀이했다.

용신 : 월지의 卯목이다.

이론 전개 : 천지교태(天地交泰)란 천과 지가 서로 크게 통한다는 뜻으로 다음의 경우를 가리키는 말이다.

① 사주가 천간이 모두 甲乙목이면서 지지가 亥卯未나 寅卯辰인 경우

② 사주가 천간이 모두 丙丁화이면서 지지가 寅午戌이나 巳午未인 경우

③ 사주가 천간이 모두 戊己토이면서 지지가 辰戌丑未인 경우

④ 사주가 천간이 모두 庚辛금이면서 지지가 巳酉丑이나 申酉戌인 경우

⑤ 사주가 천간이 모두 壬癸수이면서 지지가 申子辰이나 亥子丑인 경우

천지교태와 곡직격(曲直格)·염상격(炎上格)·가색격(稼穡格)·종혁격(從革格)·윤하격(潤下格)은 서로 다르다. 왜냐하면 천지교태는 천간의 오행이 모두 같아야 하지만 곡직격·염상격·가색격·종혁격·윤하격은 그렇지 않기 때문이다.

천지교태는 오행의 편중으로서 극과 극의 현상이 나타남을 가리킨다. 때문에 하루아침에 정상에서 밑바닥으로 굴러떨어진다.

천원일기(天元一氣)란 4개의 천간이 똑같다는 말이다. 이 사주는 천간이 4辛으로서 천원일기이다. 그리고 연지의 巳와 일지의 丑이 일간의 녹(祿)인 酉를 가상적으로 끼고 있다. 그 결과 사주의 천간과 지지가 모두 金으로 통한다. 이상을 종합하면 사주가 천간이 모두 金이면서 지지가 巳酉丑인 경우로 천지교태에 해당한다. 그래서 월지의 卯목을 용신으로 삼는다. 허나 이 사주는 천지교태에 해당하고 재성 이외에는 별로 다른 것이 없으므로 이 사주의

주인공은 재물밖에 모르고 그래서 반드시 재물 때문에 큰 불행을 당한다.

　　길흉 판단 : −乙운에는 군비쟁재(群比爭財)가 되어 재물로 인하여 실신하였다.

　　−酉운에 들어서 巳酉丑의 금국(金局)을 이루어 卯酉충하니 재물의 뿌리가 뽑혀 패가망신하고 죽었다.

　　이 사주는 금왕목쇠(金旺木衰)인데 酉운에 들어서 왕(旺)한 金이 쇠(衰)한 木의 뿌리를 뽑은 탓이다.

석오 평주　　필자인 석오가 자신의 의견을 덧붙였다.

　　연지의 巳와 일지의 丑이 일간의 녹(祿)인 酉를 가상적으로 끼고 있다는 이석영의 설명은 설득력이 있는가? 일단 巳와 丑의 사이에 월지의 卯가 현실적으로 버티고 있으므로 설득력이 없다. 그러나 천간의 4辛이 지지의 巳丑과 어울려 酉를 갈음할 수 있다면 설득력이 있다. 필자는 설득력이 있다고 본다.

　　참고로 지지에 寅戌이 모여 있고 천간에 丁화가 있는 경우, 지지에 申辰이 모여 있고 천간에 癸수가 있는 경우, 지지에 巳丑이 모여 있고 천간에 辛금이 있는 경우, 지지에 亥未가 모여 있고 천간에 乙목이 있는 경우에는 국(局)을 이룬다고 본다. 비록 지지 모두에서 제왕성이 빠져 있지만 천간의 丁은 곧 午, 癸는 子, 辛은 酉, 乙은 卯이라고 볼 수 있기 때문이다.

FREE NOTE　　자유로운 이야기를 펼치다.

　　사주의 어느 한 특징을 나타내기 위해서 격(格)이란 용어를 사용한다. 사주에는 여러 가지 특징이 있으므로 그에 따라 많은 격이 등장할 수 있고, 심지어 한 사주가 여러 개의 격을 가질 수 있다.

사주 풀이

일간이 辛인 경우 16

<table>
<tr><td>시</td><td>일</td><td>월</td><td>연</td></tr>
<tr><td>癸</td><td>辛</td><td>壬</td><td>庚</td></tr>
<tr><td>巳</td><td>酉</td><td>午</td><td>申</td></tr>
</table>

<table>
<tr><td>庚</td><td>己</td><td>戊</td><td>丁</td><td>丙</td><td>乙</td><td>甲</td><td>癸</td></tr>
<tr><td>寅</td><td>丑</td><td>子</td><td>亥</td><td>戌</td><td>酉</td><td>申</td><td>未</td></tr>
</table>

억부와 조후   억부는 현실이고 조후는 이상이다.

◆ **억부**   다음의 세 가지를 가지고 일간의 강약을 추리한다.

득령 : 일간이 월지의 도움을 받고 있는가? 아니다.

득지 : 일간이 일지의 도움을 받고 있는가? 그렇다.

득세 : 간지가 0목·2화·0토·4금·2수의 분포이다.

◆ **조후**   다음의 내용을 가지고 일간과 기후의 조화를 살핀다.

午월은 관살인 火가 왕한 때이므로 우선 己토를 써서 신약함을 면하고, 다음으로 壬수를 쓴다. 壬수는 己토를 직셔 己토가 생금(生金)을 잘하도록 해주면서 辛금을 빛나게 해준다. 午월의 辛금한테는 지지에 辰丑의 土가 있으면 좋다. 午월의 辛금한테 壬수가 없고 癸수만 있다면 庚금으로 약한 癸수를 도와주어야 한다. 午월의 辛금은 己토와 壬수를 떠날 수 없지만, 己토와 壬수는 떨어져 있어야 한다. 午월의 辛금은 戊土를 두려워한다.

배합과 흐름

여기서 사주의 참모습을 파악한다.

일간인 辛금이 일지의 酉금과 일심동체를 이루고 연주가 庚申이며 지지의 巳酉가 金을 돋운다. 壬수와 癸수가 둘 다 지지에 뿌리를 내리고 있다. 월지가 午화이고 시지가 巳화이다. 金水의 세력이 火의 세력을 없애 버리려고 한다. 그러나 이를 막아야 한다. 왜냐하면 이 사주에서는 월지가 午화이므로 火의 세력을 도와서 3세력이 조화를 이루도록 하는 것이 최선책이기 때문이다.

『적천수』

청나라 임철초는 이 사주를 다음과 같이 풀이했다.

용신 : 월지의 午화이다.

이론 전개 : 이 사주는 천간이 庚辛壬癸로 금수쌍청(金水雙淸)이고 지지가 申酉巳午로 火가 金을 단련시키는 공덕이 있다. 월령을 잡은 午화를 얻어서 용신으로 삼을 수 있으니 이치로 본다면 마땅히 명예와 이익을 아울러 누릴 수 있다 하겠다. 하지만 아깝게도 오행에 木이 없고 金이 비록 실령을 했어도 여러 개이며 火는 비록 당령을 했어도 도움을 받지 못하고 있다. 다시 싫게도 壬癸수가 午巳화를 덮고 있고 庚辛금이 壬癸수를 바짝 붙어서 돕고 있으며 壬수가 또 장생인 申금을 얻어 더욱 날뛰는 모습이다. 비록 시지의 巳화가 월지의 午화를 돕는다고는 하지만 이 巳화가 일지의 酉금과 巳酉의 반합(半合)을 이루어 金과 손을 맞잡으니 시지의 巳화가 없는 것과 같다. 午화의 세력은 틀림없이 외로운 모습이다.

길흉 판단 : –申과 酉의 두 운에는 애로가 너무 많았다.

–丙戌대운에는 용신을 도와서 일으켜 매우 좋은 때를 만났다.

–亥운에 壬수가 녹(祿)을 얻고 癸수가 왕(旺)에 임하여 화기(火氣)가 극을 받아 없어지니 가족은 흩어지고 자신은 죽었다.

석오 평주 　필자인 석오가 자신의 의견을 덧붙였다.

강대국인 金나라가 속국인 水나라를 돕고 속국인 水나라가 이에 힘입어 주권국가인 火나라를 없애 버리려고 한다. 그러나 이는 국제법에 어긋나는 행위이다. 이 사주에서도 그렇다. 시지의 巳화는 일지의 酉금과 巳酉의 반합(半合)을 이루고 있으니 이를 논외로 하자. 그러나 월지의 午화는 별다른 문제가 없다. 비록 월간의 壬수가 월지의 午화를 극하나 월지는 힘이 있고 나아가 壬과 午가 丁壬의 암합(暗合)을 이루어 정이 통한다. 사주에서는 월지가 인체의 심장과 같다. 이 사주에서는 월지의 午화를 없애 버리면 재앙이 따른다.

FREE NOTE 　자유로운 이야기를 펼치다.

제나라에 안영이란 유명한 재상이 있었다. 그는 재능이 뛰어났지만 생김새는 볼품없을 뿐더러 키도 몹시 작았다. 어느 해, 그가 초나라에 사신으로 갔을 때의 일이다. 안영이 비범한 인물이란 소문을 들었던 초나라의 임금은 그를 시험해 보고 싶었다. 그래서 안영을 보자마자 아래위로 훑어보며 비아냥대는 투로 말했다.

"당신처럼 키도 작고 볼품없게 생긴 사람을 사신으로 보낸 걸 보니 제나라에는 쓸 만한 인재가 없는 모양이구려."

하지만 안영은 태연하게 말했다.

"우리 제나라는 사신을 보낼 때 큰 나라에는 큰 사람을, 작은 나라에는 작은 사람을 보내는 원칙이 있지요. 저는 그 중에서도 가장 작은 사람에 속하기 때문에 초나라에 온 것입니다."

안영의 말에 초나라의 임금은 얼굴이 시뻘겋게 달아올라 어찌할 바를 몰랐다. 그때 마침 병사들이 죄수 한 명을 끌고 지나갔다. 초나라의 임금이 그들을 불러 세우고는 물었다.

"그 죄수는 어느 나라 출신이고 죄명이 무엇이냐?"

"이 죄수는 제나라 사람인데 도둑질을 했습니다."

그 말에 초나라의 임금은 슬며시 미소를 지으면서 안영에게 물었다.

"제나라 사람들은 도둑질을 잘하나 보군?"

그러자 안영이 태연하게 대답했다.

"회수 이남의 귤을 회수 이북 땅에 옮겨 심으면 탱자가 되지요. 이처럼 제나라 사람들은 도둑질이 무엇인지도 모르고 사는데, 초나라에 와서 도둑질하는 것을 보면 초나라 풍토 때문이 아니겠는지요!"

안영의 대답에 놀란 초나라의 임금은 곧장 사과를 하고 큰 잔치를 벌였다.

사주 풀이

일간이 辛인 경우 17

<table>
<tr><td>시</td><td>일</td><td>월</td><td>연</td></tr>
<tr><td>甲</td><td>辛</td><td>壬</td><td>庚</td></tr>
<tr><td>午</td><td>酉</td><td>午</td><td>申</td></tr>
</table>

庚	己	戊	丁	丙	乙	甲	癸
寅	丑	子	亥	戌	酉	申	未

억부와 조후 · 억부는 현실이고 조후는 이상이다.

◈ **억부**   다음의 세 가지를 가지고 일간의 강약을 추리한다.

득령 : 일간이 월지의 도움을 받고 있는가? 아니다.

득지 : 일간이 일지의 도움을 받고 있는가? 그렇다.

득세 : 간지가 1목·2화·0토·4금·1수의 분포이다.

◈ **조후**   다음의 내용을 가지고 일간과 기후의 조화를 살핀다.

午월은 관살인 火가 왕한 때이므로 우선 己土를 써서 신약함을 면하고, 다음으로 壬水를 쓴다. 壬水는 己土를 적셔 己土가 생금(生金)을 잘하도록 해주면서 辛금을 빛나게 해준다. 午월의 辛금한테는 지지에 辰丑의 土가 있으면 좋다. 午월의 辛금한테 壬水가 없고 癸水만 있다면 庚금으로 약한 癸水를 도와주어야 한다. 午월의 辛금은 己土와 壬水를 떠날 수 없지만, 己土와 壬水

는 떨어져 있어야 한다. 午월의 辛금은 戊토를 두려워한다.

배합과 흐름
여기서 사주의 참모습을 파악한다.

일간인 辛금이 일지의 酉금과 일심동체를 이루고 연주가 庚申이다. 壬수가 지지에 뿌리를 내리고 있다. 시간이 甲목이다. 월지와 시지가 둘 다 午화이다. 金水의 세력과 木火의 세력이 엇비슷해 보이나 전자가 후자를 능가한다. 왜냐하면 金水의 세력은 결속하였지만 木火의 세력은 분열되었기 때문이다. 이 사주는 강한 金을 다스릴 수 있는 午화를 가장 먼저 필요로 한다.

『적천수』
청나라 임철초는 이 사주를 다음과 같이 풀이했다.

용신 : 午화 속의 丁화이다.

이론 전개 : 살(殺)인 午 중 丁화를 용신으로 삼는다. 壬수가 위에서 午화를 덮고 있고 庚辛금이 바짝 붙어서 壬수를 생하고 있다. 그래도 반가운 것은 午시에 태어나서 午화가 도와준다는 것이다. 다시 묘한 것은 시간의 甲목이 시지의 午화를 덮어 주고 있다는 것이다. 즉, 火가 木의 도움을 받아 왕성해진다는 이야기이다. 또, 壬수가 甲목을 보면 탐생(貪生)하는 까닭에 火를 적으로 삼지 않아 사주가 상생하는 정은 있어도 쟁극(爭剋)의 바람이 없다.

길흉 판단 : 향시(鄕試)에 합격하여 벼슬이 관찰사에 이르렀으니, 앞의 사주와는 앞뒤로 다만 한 시간의 차이일 뿐인데, 운명은 엄청나게 달랐다. 소위 "터럭만큼의 차이가 나중에는 천리만큼이나 차이가 난다"는 말 그대로이다.

辛

석오 평주

필자인 석오가 자신의 의견을 덧붙였다.

　이 사주는 앞서 나온 사주 풀이(일간이 辛인 경우 16)의 사주와 시주만 다르다. 그럼에도 불구하고 실제로 나타난 결과는 엄청나게 차이가 많다. 그러므로 사주를 볼 때에는 출생시를 정확하게 파악해야 한다. 나아가 표준시와 출생 지역과 서머타임(summer time)을 감안하여 시주를 반듯하게 세워야 한다. 이렇게 시주를 반듯하게 세우지 않으면 일주·월주·연주까지 어긋날 수 있다. 이렇게 보면 지금까지 등장한 수많은 사주가 과연 틀림이 없을까 하는 의구심이 든다.

FREE NOTE

자유로운 이야기를 펼치다.

당나라 이백(李白)이 노래했다.

우정의 깊이

이백 이 사람이 배를 타고 떠나려는데
갑자기 언덕 위에 발 구르며 부르는 노랫소리 들리네
도화담 물 깊이가 천 척이나 된다지만
그대 왕륜이 나를 보내는 정만 하겠는가

李白乘舟將欲行　忽聞岸上踏歌聲
桃花潭水深千尺　不及汪倫送我情

사주 풀이

시 일 월 연
辛 壬 己 戊
亥 申 未 午

丁 丙 乙 甲 癸 壬 辛 庚
卯 寅 丑 子 亥 戌 酉 申

수
壬亥

금　申　목
　　辛
토　戊　화
　己未　　午

억부와 조후　　억부는 현실이고 조후는 이상이다.

◈ **억부**　다음의 세 가지를 가지고 일간의 강약을 추리한다.

득령 : 일간이 월지의 도움을 받고 있는가? 아니다.

득지 : 일간이 일지의 도움을 받고 있는가? 그렇다.

득세 : 간지가 0목·1화·3토·2금·2수의 분포이다.

◈ **조후**　다음의 내용을 가지고 일간과 기후의 조화를 살핀다.

　未월은 화기(火氣)가 남아 있는 때이므로 庚辛금의 도움을 받아 壬癸수로 화기를 식힌다. 또한 土가 왕한 때이므로 甲목으로 제토(制土)함이 필요하다. 그러나 未월은 화기(火氣)가 왕하여 목생화의 위험이 있다.

壬

일간인 壬수가 일지의 申금과 일심동체를 이루고 시지의 亥수와 투출한 辛금의 도움을 받고 있다. 월지가 未토이고 戊토와 己토가 투출했으며 연지가 午화이고 지지의 午未가 火를 돋운다. 金水의 세력이 약하고 火土의 세력이 강하다. 일지의 申금이 土를 설하여 水를 생하는 좋은 역할을 하고 있다.

용신 : 일지의 申금이다.

이론 전개 : 이 사주는 관살이 당령하여 함께 왕하다. 다행히도 일간이 장생 위에 앉아 있고 시에서 녹왕(祿旺)을 만나 족히 관살과 대적해서 겨룰 만하다. 앉은 자리의 인수는 재살(財殺)의 기(氣)를 끌어 통하게 한다.

길흉 판단 : ─서북의 金水운에는 소년의 몸으로 과거에 급제하여 경륜이 창고를 관리할 정도로 넉넉했다. 사람들이 그를 요직으로 밀었고 그는 조세를 거두어들임에 있어 사람들을 사랑으로 어루만졌으며 그의 문장의 빛남은 빼어났다.

─관살이 혼잡되어도 부귀하는 경우가 심히 많다. 한마디로 관살이 당령한 경우에는 반드시 앉은 자리에 인수가 있어야 한다. 그래야 관살의 기(氣)가 유통해서 생화유정(生化有情)하다. 혹 기가 생시에까지 통해 있다면 또한 족히 일간을 도와 살과 겨룰 수 있다. 만약 기가 생시에까지 통해 있지 않고 또 앉은 자리에 인수가 없다면 가난하지 않으면 천할 것이다. 참고로 관살이 당령하지 않은 경우에는 이렇게 논하지 않는다.

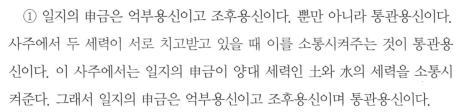

① 일지의 申금은 억부용신이고 조후용신이다. 뿐만 아니라 통관용신이다. 사주에서 두 세력이 서로 치고받고 있을 때 이를 소통시켜주는 것이 통관용신이다. 이 사주에서는 일지의 申금이 양대 세력인 土와 水의 세력을 소통시켜준다. 그래서 일지의 申금은 억부용신이고 조후용신이며 통관용신이다.

② 임철초는 관살혼잡을 관살이 당령한 경우로 국한시켜서 본다. 그러나 관살이 당령하지 않은 경우라도 관살이 힘이 있으면 이 또한 관살혼잡이다. 예외 없는 법은 없다. 임철초도 이를 부인하지 않으리라고 본다. 우리는 임철초가 이 기회에 다시 한번 월지의 중요성을 강조하고 있다고 보면 된다.

FREE NOTE 자유로운 이야기를 펼치다.

당나라 왕유(王維)가 노래했다.

전원 생활의 즐거움

복사꽃 분홍빛 함초롬히 간밤에 내린 비 머금었고
버드나무 연둣빛 자욱이 봄안개를 띠었구나
꽃잎 떨어졌는데도 아이는 쓸지 않고
꾀꼬리 우는데 산에 사는 사람은 아직도 꿈속

桃紅復含宿雨　柳綠更帶春烟
花落家僮未掃　鶯啼山客猶眠

사주 풀이

일간이 壬인 경우 02

시	일	월	연
庚	壬	戊	乙
戌	午	寅	酉

庚	辛	壬	癸	甲	乙	丙	丁
午	未	申	酉	戌	亥	子	丑

억부와 조후   억부는 현실이고 조후는 이상이다.

◆ **억부**   다음의 세 가지를 가지고 일간의 강약을 추리한다.

득령 : 일간이 월지의 도움을 받고 있는가? 아니다.

득지 : 일간이 일지의 도움을 받고 있는가? 아니다.

득세 : 간지가 2목·1화·2토·2금·1수의 분포이다.

◆ **조후**   다음의 내용을 가지고 일간과 기후의 조화를 살핀다.

寅월의 壬수는 실령(失令)이므로 水의 근원인 庚금으로 돕는다. 아울러 戊토로 생금제수(生金制水)하며 丙화로 조후한다. 寅 중 戊丙이 있으므로 庚금만 투간되면 상격이다. 지지가 화국(火局)이고 丙화가 투간되면 재다신약(財多身弱)이므로 인비겁(印比劫)의 도움을 얻어야 상격이다. 己토는 壬水를 탁하게 만든다.

배합과 흐름 · 여기서 사주의 참모습을 파악한다.

일간인 壬수가 연지의 酉금과 투출한 庚금의 도움을 받고 있다. 월지의 寅목과 일지의 午화와 시지의 戌토가 寅午戌의 화국(火局)을 이룬다. 천간의 乙목과 戊토가 지지에 뿌리를 내리고 있다. 신약하다. 酉금과 庚금 중 어느 하나를 용신으로 삼는다.

『적천수』 · 청나라 임철초는 이 사주를 다음과 같이 풀이했다.

용신 : 시간의 庚금이다.

이론 전개 : 일간인 壬수가 입춘 후 22일 만에 태어났으니 바야흐로 甲목의 진신이 사령할 때이다. 천간의 戊토와 庚금이 각각 지지의 戌토와 酉금에 통근했으니 이를 일러서 '진신실세(眞神失勢)하고 가신득국(假神得局)했다'고 한다. 庚금을 용신으로 삼아서 살을 화(化)해야 하니 가신(假神)으로 진신(眞神)을 삼는 모범으로서 그 순수함이 볼만하다. 비록 지지가 화국(火局)을 이루어 金을 극하고 水를 말리는 것은 못마땅하지만 기쁘게도 이 火가 투간하지 않았고 또 戊토의 생화(生化)함을 얻었다.

길흉 판단 : ─운이 서북으로 가니 일찍이 청운의 벼슬길을 갈 수가 있었고 벼슬이 연이어 올라 봉강(封疆)에 이르렀다.

─한마디로 못마땅하게도 화국(火局)이 병(病)이어서 이 때문에 벼슬길에서 굴곡이 많음을 면하지 못했다.

壬

석오 평주　　필자인 석오가 자신의 의견을 덧붙였다.

① "진신(眞神)으로 용신을 얻는다면 한평생 부귀가 보장되나 가신(假神)을 용신으로 삼는다면 끝내 별 볼 일 없이 된다." 이 말은 타당하다. 왜냐하면 월령을 잡은 글자 즉 진신은 힘이 있고 월령을 잡지 못한 글자 즉 가신은 힘이 없기 때문이다. 그러나 이 말을 전적으로 믿어서는 안 된다. 왜냐하면 사주의 상황으로 보아 가신이 진신보다 더 힘센 경우가 있기 때문이다.

② 용신인 시간의 庚금이 비록 연지의 酉금에 뿌리를 내리고 있으나 화국(火局)의 구성 요소인 戌토 위에 앉아서 좌불안석(坐不安席)이다. 좌불안석이란 앉아도 자리가 편안하지 않다는 뜻으로, 마음이 불안하거나 걱정스러워서 한군데에 가만히 앉아 있지 못하고 안절부절못하는 모양을 이르는 말이다.

③ 이 사주는 용신이 튼튼하지 못하지만 그래도 운을 잘 만나서 나름대로 좋은 결실을 맺었다.

FREE NOTE　　자유로운 이야기를 펼치다.

초나라의 한 사람이 배를 타고 강을 건너고 있었다. 그런데 그만 실수로 소중히 여기던 칼을 물에 빠뜨리고 말았다. 그러자 그는 황급히 뱃전에다 표시를 했다.

"내가 표시한 이곳이 칼을 떨어뜨린 자리야."

배가 강기슭에 닿자마자 그는 뱃전에 표시해 놓은 물 속으로 뛰어들어 칼을 찾았다. 하지만 이미 배는 칼이 떨어진 강 위를 멀리 지나왔기 때문에 칼이 있을 리가 없었다.

사주 풀이

일간이 壬인 경우 03

<table>
<tr><th>시</th><th>일</th><th>월</th><th>연</th></tr>
<tr><td>庚</td><td>壬</td><td>壬</td><td>壬</td></tr>
<tr><td>戌</td><td>戌</td><td>寅</td><td>午</td></tr>
</table>

<table>
<tr><td>庚</td><td>己</td><td>戊</td><td>丁</td><td>丙</td><td>乙</td><td>甲</td><td>癸</td></tr>
<tr><td>戌</td><td>酉</td><td>申</td><td>未</td><td>午</td><td>巳</td><td>辰</td><td>卯</td></tr>
</table>

억부와 조후

억부는 현실이고 조후는 이상이다.

◈ **억부** 다음의 세 가지를 가지고 일간의 강약을 추리한다.

득령 : 일간이 월지의 도움을 받고 있는가? 아니다.

득지 : 일간이 일지의 도움을 받고 있는가? 아니다.

득세 : 간지가 1목·1화·2토·1금·3수의 분포이다.

◈ **조후** 다음의 내용을 가지고 일간과 기후의 조화를 살핀다.

寅월의 壬수는 실령(失令)이므로 水의 근원인 庚금으로 돕는다. 아울러 戊토로 생금제수(生金制水)하며 丙화로 조후한다. 寅 중 戊丙이 있으므로 庚금만 투간되면 상격이다. 지지가 화국(火局)이고 丙화가 투간되면 재다신약(財多身弱)이므로 인비겁(印比劫)의 도움을 얻어야 상격이다. 己토는 壬水를 탁하게 만든다.

배합과 흐름　여기서 사주의 참모습을 파악한다.

　천간의 金水의 세력이 약하고 지지의 木火土의 세력이 강하다. 왜냐하면 천간의 세 壬수는 지지에 전혀 뿌리를 내리지 못하고 있으나 지지는 寅午戌의 화국(火局)을 이루고 있기 때문이다. 신약하다. 壬수와 庚금 중 어느 하나를 용신으로 삼는다.

『적천수』　청나라 임철초는 이 사주를 다음과 같이 풀이했다.

　용신 : 시간의 庚금이다.

　이론 전개 : 일간인 壬수가 寅월에 태어나고 지지가 완전히 화국(火局)이며 비록 연월에 비견이 나타나 있다 해도 모두 뿌리가 없다. 천간의 水는 쇠약하고 지지의 火는 왕성하니 庚금을 용(用)해서 水를 끌어내려야 한다. 아깝게도 운이 동남을 타고 흘러 밖에서 40년을 분주하게 뛰었으나 하나도 이루지 못했다.

　길흉 판단 : ─나이 50이 넘어서 戊申대운에는 庚금이 생왕(生旺)을 만나 뜻밖의 좋은 인연을 얻고 많은 돈을 벌었다.

　─장가를 들어 세 자식을 낳았는데 이때 나이는 육순이었다.

　─戌운에 삶을 마쳤다.

석오 평주　필자인 석오가 자신의 의견을 덧붙였다.

　지지삼합이란 3개의 지지가 하나로 뭉쳐 커다란 힘을 형성하는 것을 말한다. 그렇다면 예를 들어 寅午戌삼합의 경우 이들 지지가 하나로 뭉쳐 커다란 火로 변화하고 木과 土는 사라지는가? 이에 대하여는 여러 견해가 등장할 수 있겠다. 그러나 여럿이 하나로 뭉쳐 커다란 결속을 이루더라도 각기 다른 고유의 특성이 완전히 사라지기야 하겠는가. 이 사주가 寅午戌삼합을 이루어 지지가 전부 火로 변화한다고 보면 火를 극하는 水를 용신으로 삼아야 마땅하다. 그러나 실제의 결과를 보면 金을 용신으로 삼지 않을 수 없다. 그러니 이 사주가 寅午戌삼합을 이루어도 土는 그런대로 남아서 이러저러한 형태로 金을 돕는다고 볼 수밖에 없다. 근본적으로 이 사주의 지지는 木火土의 상생 관계를 이루고 있다.

FREE NOTE   자유로운 이야기를 펼치다.

명나라 이일화(李日華)가 노래했다.

난을 그리면서

얄미워라 다소곳하면서 고집 센 난초
꽃을 피움에 나와는 한마디 상의도 없네
코끝에 그 향기 살포시 스치기에
맘먹고 향 찾으니 향 뿜지 않네

懊恨幽蘭强主張　開花不與我商量
鼻端觸着成消受　着意尋香又不香

사주 풀이

일간이 壬인 경우 04

<table>
<tr><td>시</td><td>일</td><td>월</td><td>연</td></tr>
<tr><td>己</td><td>壬</td><td>戊</td><td>癸</td></tr>
<tr><td>酉</td><td>午</td><td>午</td><td>亥</td></tr>
</table>

<table>
<tr><td>庚</td><td>辛</td><td>壬</td><td>癸</td><td>甲</td><td>乙</td><td>丙</td><td>丁</td></tr>
<tr><td>戌</td><td>亥</td><td>子</td><td>丑</td><td>寅</td><td>卯</td><td>辰</td><td>巳</td></tr>
</table>

수 壬亥 癸

금 酉 목

토 戊 己 午午 화

억부와 조후

억부는 현실이고 조후는 이상이다.

◆ **억부** 다음의 세 가지를 가지고 일간의 강약을 추리한다.

득령 : 일간이 월지의 도움을 받고 있는가? 아니다.

득지 : 일간이 일지의 도움을 받고 있는가? 아니다.

득세 : 간지가 0목 · 2화 · 2토 · 1금 · 3수의 분포이다.

◆ **조후** 다음의 내용을 가지고 일간과 기후의 조화를 살핀다.

午월은 화기(火氣)가 극심한 때이므로 壬癸수로 화기를 식히고, 庚辛금으로 水를 돕는다. 壬癸수만 있고 庚辛금이 없다면 소나기에 불과하다. 午월의 壬수한테는 丁화가 투간되면 매우 나쁘다. 왜냐하면 비견인 壬수는 丁壬합이 되어 못 쓰고, 인수인 辛금은 녹아서 못 쓰기 때문이다.

배합과 흐름 여기서 사주의 참모습을 파악한다.

일간인 壬수가 연지의 亥수에 뿌리를 내리고 시지의 酉금의 도움을 받고 있으며 癸수가 투출했다. 월지와 일지가 둘 다 午화이고 戊토와 己토가 투출했다. 연간의 癸수와 월간의 戊토가 戊癸합을 이루지만 연지의 亥수 때문에 화(化)하지 않는다. 金水의 세력이 약하고 火土의 세력이 강하다. 신약하다. 金이나 水 중 어느 하나를 용신으로 삼아야 한다.

『적천수』 청나라 임철초는 이 사주를 다음과 같이 풀이했다.

용신 : 구체적인 언급이 없다.

이론 전개 : 이 사주는 왕한 살이 재성을 만나 더욱 왕하므로 살이 합을 이루면 좋다. 묘하게도 癸수가 왕한 지지에 임하여 합이불화(合而不化, 합을 이루어도 변화하지 않음)이므로 戊토가 壬수를 극하지 않는다. 만약 합이화(合而化, 합을 이루어 변화함)이면 무정하게도 화(化)한 火가 土를 생할 것이다. 이것으로 미루어 운의 길흉을 추리할 수 있다.

길흉 판단 : -동방의 木운에는 일찍이 청운의 뜻을 세웠다.

-북방의 水운에는 재성을 제거하고 인성을 보호하여 높은 자리로 날아올랐고 태양의 집에다 몸을 두었다.

석오 평주 필자인 석오가 자신의 의견을 덧붙였다.

이 사주의 용신은 시지의 酉금이다. 왜냐하면 연간의 癸수는 월간의 戊토

와 ノ戊癸합을 이루어서 미덥지 못하고 연지의 亥수는 너무 멀리 떨어져 있어서 별로 도움이 되지 않으나 시지의 酉금은 투출한 己토의 도움을 받아 그래도 금생수를 할 수 있기 때문이다.

FREE NOTE 자유로운 이야기를 펼치다.

『태평어람』에 이런 이야기가 실려 있다.

옛날, 어느 바닷가에 허옇고 긴 수염을 지닌 세 노인이 둘러앉았다. 세 노인은 나이를 따져 형과 아우를 정하기로 했다.

한 노인이 먼저 입을 열었다.

"내가 어렸을 때는 아직 반고가 나기 전이었다네."

그러자 두 번째 노인이 자기 나이를 밝혔다.

"나는 푸른 바다가 뽕나무밭으로 변할 때마다 산가지 하나씩을 놓았는데, 지금 그 산가지가 열 채의 집에 가득 찼다네."

마지막으로 세 번째 노인이 말했다.

"우리 스승님께서 반도를 드시고 그 씨앗을 곤륜산 아래에 묻었지. 거기서 싹이 자란 나무가 지금은 곤륜산보다 높고 크다네."

과연 어느 노인이 가장 나이가 많을까? 반고는 이 세상을 창조했다는 신이고, 산가지는 수를 헤아릴 때 쓰던 가느다란 나뭇가지 같은 것이며, 반도는 심은 지 3000년이 지나야 겨우 꽃이 피고 다시 3000년이 흘러야 열매가 맺힌다는 복숭아라고 한다.

사주 풀이

일간이 壬인 경우 05

시	일	월	연
丙	壬	丙	壬
午	子	午	子

甲	癸	壬	辛	庚	己	戊	丁
寅	丑	子	亥	戌	酉	申	未

억부와 조후   억부는 현실이고 조후는 이상이다.

◆ **억부** 다음의 세 가지를 가지고 일간의 강약을 추리한다.

　득령 : 일간이 월지의 도움을 받고 있는가? 아니다.

　득지 : 일간이 일지의 도움을 받고 있는가? 그렇다.

　득세 : 간지가 0목·4화·0토·0금·4수의 분포이다.

◆ **조후** 다음의 내용을 가지고 일간과 기후의 조화를 살핀다.

　午월은 화기(火氣)가 극심한 때이므로 壬癸수로 화기를 식히고, 庚辛금으로 水를 돕는다. 壬癸수만 있고 庚辛금이 없다면 소나기에 불과하다. 午월의 壬수한테는 丁화가 투간되면 매우 나쁘다. 왜냐하면 비견인 壬수는 丁壬합이 되어 못 쓰고, 인수인 辛금은 녹아서 못 쓰기 때문이다.

壬

연주와 일주가 둘 다 壬子이고 월주와 시주가 둘 다 丙午이다. 천간은 壬수가 丙화를 극하고 지지는 子와 午가 子午충을 이룬다. 월지가 午화이므로 이 사주는 신약하다. 그래서 이 사주는 비겁을 용신으로 삼아야 한다.

용신 : 구체적인 언급이 없다.

이론 전개 : 이 사주는 간지에서 水와 火가 서로 싸우고 있다. 火가 당령하고 水가 휴수(休囚)되었다. 기쁜 것은 土가 없어서 일주(日主)를 극하지 않는다는 것이다.

길흉 판단 : -丁未대운의 戊午년에는 천극지충(天剋地沖)하고 재(財)와 살(殺)이 둘 다 왕하여 부모가 함께 돌아가시고 거지가 되어 떠돌아다녔다.

-申운에는 좋은 인연을 만났다.

-己酉대운에는 큰돈을 벌어서 결혼하여 자식을 낳아 가정을 이루었다.

이 사주는 임철초가 말한 것처럼 간지에서 水와 火가 서로 싸우고 있다. 그래서 그런지 이 사주는 운에 따라 희비의 등락이 극심했다. 이 사주에서 궁금한 것은 木운은 어떨까이다. 수생목, 목생화로 이어지니 좋을까? 木운이 천간으로 오든 지지로 오든 어느 경우에나 결국 水木火로 이어져 午월의 壬수가 증발될 것이니 아름답지 못하다고 본다.

FREE NOTE 자유로운 이야기를 펼치다.

한 선비가 큰 뜻을 품고 공부를 하기 위해 산속으로 들어갔다. 하지만 산속에서 혼자 지내다 보니 너무 외롭고 쓸쓸해서 하루하루 견디기가 힘들었다.

"도저히 안 되겠다. 고향으로 돌아가서 다른 방법을 찾아봐야지."

선비는 짐을 꾸려 산 아래 마을로 내려가다가 한 할머니가 커다란 무쇠 절굿공이를 바위에 갈고 있는 것을 보았다.

"할머니, 그걸 갈아서 뭘 하시려는 겁니까?"

"바늘을 만들려고 그러지."

그 말에 선비는 깜짝 놀랐다.

"그렇게 큰 절굿공이를 어느 세월에 갈아서 바늘을 만든다는 겁니까?"

"도중에 그만두지 않고 계속 갈면 언젠가는 만들 수 있겠지."

할머니의 말을 들은 선비는 공부를 제대로 해 보지도 않고 포기한 자신이 부끄러워서 얼굴이 붉어졌다.

결국 선비는 발걸음을 되돌려 다시 산속으로 들어갔다.

사주 풀이

일간이 壬인 경우 06

```
시 일 월 연
壬 壬 壬 癸
寅 午 戌 巳


甲 乙 丙 丁 戊 己 庚 辛
寅 卯 辰 巳 午 未 申 酉
```

억부와 조후

억부는 현실이고 조후는 이상이다.

◈ **억부** 다음의 세 가지를 가지고 일간의 강약을 추리한다.

득령 : 일간이 월지의 도움을 받고 있는가? 아니다.

득지 : 일간이 일지의 도움을 받고 있는가? 아니다.

득세 : 간지가 1목 · 2화 · 1토 · 0금 · 4수의 분포이다.

◈ **조후** 다음의 내용을 가지고 일간과 기후의 조화를 살핀다.

　戌월은 戊土가 왕한 때이므로 壬水가 길게 뻗어 나가지 못한다. 따라서 우선 甲木으로 제토(制土)한 후, 丙火로 壬水를 빛내준다. 己土는 甲木을 무력하게 만들고 壬水를 탁하게 만든다. 甲木이 용신일 때 庚金이 나타나 있으면 丁火로 庚金을 다스린다. 戌월의 壬水한테 甲木이 없으면 살인상생이 가능하다.

배합과 흐름

여기서 사주의 참모습을 파악한다.

일간인 壬수가 연간의 癸수와 월간과 시간의 두 壬수의 도움을 받고 있다. 연지가 巳화이고 월지의 戌토와 일지의 午화와 시지의 寅목이 寅午戌의 화국(火局)을 이룬다. 천간의 4水가 지지에 전혀 뿌리를 내리지 못하고 있으므로 이 사주는 신약하다. 그래서 이 사주는 비겁을 용신으로 삼아야 한다.

『적천수』

청나라 임철초는 이 사주를 다음과 같이 풀이했다.

용신 : 구체적인 언급이 없다.

이론 전개 : 壬午일주가 戌월에 태어났다. 지지의 寅午戌이 화국(火局)이고 연지가 巳화이다. 천간은 전부 水이고 지지는 전부 火이므로 반드시 金운으로써 풀어야 한다.

길흉 판단 : —辛酉대운과 庚申대운에는 수화기제(水火旣濟)의 이룸을 바르게 얻어 사주의 재살(財殺)의 세력을 푸니 태양의 빛을 즐기게 되어 의식이 풍족했다.

—己未대운에는 많은 고통이 생겨났다.

—戊午대운에 재(財)와 살(殺)이 함께 왕하여 밖으로 나갔다가 강도를 만나서 죽었다.

석오 평주

필자인 석오가 자신의 의견을 덧붙였다.

이 사주에서 눈여겨볼 것은 과연 월지와 일지와 시지가 寅午戌삼합을 이루어 지지가 전부 火로 변하겠는가이다. 지지가 전부 火이면 酉운이나 申운은 바로 火에 녹아 버릴 수 있으므로 도리어 위험한 운이 될 수 있다. 임철초는 이 사주가 천간은 전부 水이고 지지는 전부 火이라고 하였지만 필자는 그렇게 보지 않는다. 왜냐하면 가장 비중이 큰 월지는 午화가 아니고 戌토이기 때문이다. 이 사주는 천간은 전부 水이지만 지지는 어디까지나 木火土의 상생 관계를 이루고 있다. 그래서 酉운과 申운에 발복할 수 있었다고 본다.

FREE NOTE 자유로운 이야기를 펼치다.

청나라 왕문청(王文淸)이 노래했다.

구름과 산

구름 떠나가니 산색 푸르고

구름 머무니 산색 하이얗네

떠나고 머무름을 구름은 알지 못하는데

빈산이 절로 색을 바꾸네

雲去山色靑　雲住山色白

去住雲不知　空山自成色

사주 풀이

일간이 壬인 경우 07

<table>
<tr><th>시</th><th>일</th><th>월</th><th>연</th></tr>
<tr><td>庚</td><td>壬</td><td>己</td><td>庚</td></tr>
<tr><td>子</td><td>辰</td><td>卯</td><td>辰</td></tr>
</table>

丁	丙	乙	甲	癸	壬	辛	庚
亥	戌	酉	申	未	午	巳	辰

억부와 조후　　억부는 현실이고 조후는 이상이다.

◈ **억부**　다음의 세 가지를 가지고 일간의 강약을 추리한다.

　득령 : 일간이 월지의 도움을 받고 있는가? 아니다.

　득지 : 일간이 일지의 도움을 받고 있는가? 壬이 辰에 뿌리를 내려서 수고
　　　　(水庫)의 도움을 받고 있으나 둘 사이는 토극수의 관계이다.

　득세 : 간지가 1목·0화·3토·2금·2수의 분포이다.

◈ **조후**　다음의 내용을 가지고 일간과 기후의 조화를 살핀다.

　卯월은 壬수의 설기가 극심한 때이므로 水의 근원인 庚辛금으로 돕는다.
아울러 戊토로 생금제수(生金制水)하며 丙화로 壬수를 비추어준다. 지지가 목
국(木局)을 이루고 庚금이 투간되면 부귀를 누리지만, 庚금이 감추어져 있다
면 운에서 뜻을 이룰 수 있다.

여기서 사주의 참모습을 파악한다.

일간인 壬수가 수고(水庫)인 일지의 辰토와 일심동체를 이루고 연지의 辰토에도 뿌리를 내리고 있으며 시지의 子수와 연간과 시간의 두 庚금의 도움을 받고 있다. 그리고 지지의 子辰이 水를 돋운다. 그래서 이 사주는 신왕하다. 木이나 土 중 어느 하나를 용신으로 삼아야 한다. 월지가 卯목이다. 그리고 지지의 卯辰이 木을 돋운다. 그래서 木은 水를 설할 힘이 있다. 지지의 두 辰토는 습토이다. 월간의 己토는 월지의 卯목으로부터 극을 받고 있다. 그래서 土는 水를 극할 힘이 없다. 이상을 종합해서 결론을 내리면 된다.

『적천수』 청나라 임철초는 이 사주를 다음과 같이 풀이했다.

용신 : 월지의 卯목이다.

이론 전개 : 壬수가 卯월에 태어나서 바로 수목상관격(水木傷官格)이다. 천간의 己토는 절지(絶地)에 임했다. 지지의 두 辰토는 木의 여기(餘氣)에 해당한다. 그리고 이 두 辰토 중 하나는 金을 생하고 하나는 水를 끼고 있다. 또 연간과 시간이 둘 다 庚금이다. 그러니 辰토가 水를 제어할 수 없을 뿐만 아니라 도리어 金을 생하고 水를 돕는다. 반드시 卯목을 용신으로 삼아야 한다. 한 글자를 용신으로 얻었으니 그 모양이 가볍지 않다고 하겠다.

길흉 판단 : -庚辰대운과 辛巳대운은 金의 왕지(旺地)이므로 이 두 대운에는 공명(功名)을 이룰 수 없었다.

-壬午대운에는 재(財)를 생하고 金을 제(制)하여 과거에 급제하였다.

-癸未대운에는 木을 생하고 합하였다.

-甲申대운은 사주와 申子辰의 수국(水局)을 이룬다. 그래서 이 대운에는 木

이 생조(生助)를 받으니 벼슬이 계속 올라가서 관찰(觀察) 등을 역임한 후 여덟 자리에 속하는 봉강(封疆)의 지위를 누렸다.

　-酉운에는 酉가 卯를 충파(冲破)하니 일을 그르쳐 낙직(落職)하였다. 이른 바 용신은 손상이 되지 않아야 한다는 말은 믿을 만하다.

석오 평주 　필자인 석오가 자신의 의견을 덧붙였다.

　이 사주는 金과 水의 합이 네 개이고 木과 土의 합이 네 개이면서 월지가 木이니까 신약이라고 논할 수 있다. 그러나 이는 잘못이다. 왜냐하면 이 사주에서는 지지의 두 辰토가 土의 역할만 하는 것이 아니기 때문이다. 각자 연지의 辰토와 일지의 辰토가 어떻게 변화하는지를 잘 연구해 보기 바란다. 이 사주의 일간의 강약을 바르게 기억하기 위해서 신살론의 괴강을 등장시켜 보는 것이 어떨까. 신살론에서는 일주가 壬辰·庚辰·庚戌·戊戌이면 이를 모두 괴강이라고 한다. 이 사주는 일주가 壬辰이므로 일주 壬辰이 괴강이다. 연주 庚辰은 일주가 아니므로 괴강은 아니나 庚辰 그 자체는 壬辰과 마찬가지로 천간이 지지의 도움을 받아 버티고 서 있는 육십갑자이다. 괴강에 관한 논평은 이를 생략한다.

FREE NOTE 　자유로운 이야기를 펼치다.

　노나라에 미생이란 선비가 살았다. 그는 약속을 하면 어떤 일이 있더라도 지키는 우직한 사람이었다. 그런 미생에게 사랑하는 여인이 생겼다.

　"미생 님, 내일 밤 다리 밑에서 만났으면 해요."

"네, 꼭 만나요."

미생은 어김없이 약속 시간에 맞춰 약속 장소로 나갔다. 그러나 어찌 된 일인지 기다리고 또 기다려도 여인은 나타나지 않았다. 미생은 기대를 저버리지 않고 다리 밑에서 여인을 기다렸다.

그때 갑자기 장대비가 내려 강물이 점점 불어나 미생에게 밀려왔다. 어느새 황톳물은 미생의 가슴까지 차올랐다. 미생은 세찬 물줄기에 목숨이 위태로웠지만 그곳을 떠날 수가 없었다.

'아, 그녀는 왜 이리 늦는단 말인가?'

그 순간에도 미생은 오지 않는 여인을 기다릴 뿐이었다.

물이 점점 차올라 머리까지 잠기자, 그제야 미생은 다리 기둥에 겨우 매달려 허우적거렸다. 하지만 세찬 물살에서 빠져나오지 못하고 그만 물에 빠져 죽었다.

사주 풀이

일간이 壬인 경우 08

시	일	월	연
癸	壬	辛	壬
卯	子	亥	子

己	戊	丁	丙	乙	甲	癸	壬
未	午	巳	辰	卯	寅	丑	子

억부와 조후

> 억부는 현실이고 조후는 이상이다.

◆ **억부** 다음의 세 가지를 가지고 일간의 강약을 추리한다.

득령 : 일간이 월지의 도움을 받고 있는가? 그렇다.

득지 : 일간이 일지의 도움을 받고 있는가? 그렇다.

득세 : 간지가 1목·0화·0토·1금·6수의 분포이다.

◆ **조후** 다음의 내용을 가지고 일간과 기후의 조화를 살핀다.

　亥월은 水가 왕한 때이므로 우선 戊토로 제수(制水)한다. 다음에 丙화로 따뜻하게 하며 戊토를 돕는다. 戊丙 대신 己丁을 쓰면 귀(貴)는 멀지만 부(富)는 누릴 수 있다. 戊토를 쓸 때 甲목이 나타나 있으면 庚금으로 甲목을 다스린다. 명(命)이 金水로만 이루어지면 성품은 청아하지만 가난하다. 지지가 목국(木局)을 이루고 甲목이 투간되어 있다면 설기가 너무 심하기 때문에 庚금으

197

로 패인(佩印)해야 귀격이 된다.

배합과 흐름　　여기서 사주의 참모습을 파악한다.

　일주와 연주가 둘 다 壬子이고 월지가 亥수이며 癸수가 투출했다. 지지의 亥子가 水를 돋운다. 월간의 辛금이 水를 돕는다. 水가 보통 이상으로 지나치게 왕하다. 시지의 卯목이 이를 해결할 수 있다.

『적천수』　　청나라 임철초는 이 사주를 다음과 같이 풀이했다.

　용신 : 시지의 卯목이다.

　이론 전개 : 여섯 개의 水가 월령을 잡고 있으니 그 세력이 범람한다. 오로지 卯목에 의지해서 水의 빼어난 기운을 설해야 한다.

　길흉 판단 : −水운에는 오히려 木이 생조(生助)를 얻어서 편안하고 허물이 없었다.

　−甲寅대운과 乙卯대운에는 바로 용신이 힘을 얻어서 공부도 하고 가솔과 재물도 더했다.

　−丙辰대운에 군비쟁재가 일어나 세 자식 중 두 자식을 잃고 부부가 모두 죽었다.

석오 평주　　필자인 석오가 자신의 의견을 덧붙였다.

　이 사주는 水가 보통 이상으로 지나치게 왕하다. 그럼에도 불구하고 水운에는 오히려 木이 생조(生助)를 얻어서 편안하고 허물이 없었다. 그러니까 일간의 강약보다 용신의 안위가 더 중요하다. 이 사주의 용신인 시지의 卯목은 약하지 않다. 왜냐하면 亥월은 甲목이 싹이 트기 시작하여 甲목의 기(氣)가 있기 때문이다. 이 사주의 천간은 丙丁운을 극하고 합한다. 그러니 丙丁운이 좋지 않다. 이 사주의 지지는 시지의 卯목이 목생화로 巳午운을 받쳐 주는가? 그렇다고 하자. 하지만 巳午운이 시지의 卯목의 기운을 빼앗는다. 이 사주의 지지는 巳午운과 충을 이룬다. 이것으로 말미암아 사주가 요동을 친다. 그리고 巳午운이 나가 떨어진다. 이 사주의 주인공은 丙辰대운을 잘 넘기지 못했다.

FREE NOTE 　자유로운 이야기를 펼치다.

당나라 곽진(郭震)이 노래했다.

별짓 다 하는 구름

허공 중에 모였다가 흩어지고 갔다간 되돌아오는데
야인은 한가한 터라 대지팡이에 몸 의지하고 바라다보네
본시 뿌리도 없는 몸임을 제가 모르고
달 가리고 별빛 막으며 별짓을 다 하네

聚散虛空去復還　野人閑處依筇看
不知身是無根物　蔽月遮星作萬端

사주 풀이

일간이 壬인 경우 09

	시	일	월	연
	辛	壬	甲	戊
	亥	子	子	辰

壬	辛	庚	己	戊	丁	丙	乙
申	未	午	巳	辰	卯	寅	丑

억부와 조후   억부는 현실이고 조후는 이상이다.

◈ **억부** 다음의 세 가지를 가지고 일간의 강약을 추리한다.

득령 : 일간이 월지의 도움을 받고 있는가? 그렇다.

득지 : 일간이 일지의 도움을 받고 있는가? 그렇다.

득세 : 간지가 1목·0화·2토·1금·4수의 분포이다.

◈ **조후** 다음의 내용을 가지고 일간과 기후의 조화를 살핀다.

子월은 양인(羊刃)월이므로 수기(水氣)가 사나우니 우선 戊토로 제수(制水)해야 한다. 다음에 丙화로 따뜻하게 하며 戊토를 돕는다. 지지에 未戌토가 있어서 土火의 뿌리가 되어주면 좋다. 만일 지지가 화국(火局)을 이루어 신약하면 金水운으로 흘러야 부를 누릴 수 있다.

배합과 흐름 　여기서 사주의 참모습을 파악한다.

　　일간인 壬수가 일지의 子수와 일심동체를 이루고 월지의 子수와 시지의 亥수와 시간의 辛금의 도움을 받고 있다. 지지의 子辰과 亥子가 각각 水를 돋운다. 연주가 戊辰이다. 甲목이 투출했다. 매우 신왕하다. 甲목이나 戊토나 辰토를 용신으로 삼아야 한다.

『적천수』　　청나라 임철초는 이 사주를 다음과 같이 풀이했다.

　　용신 : 월간의 甲목이다.

　　이론 전개 : 일간인 壬수가 한겨울에 태어나서 지지에서 제왕인 子수와 건록인 亥수를 만났으니 소위 곤륜(崑崙)의 물이다. 그러므로 순(順)할 수 있으나 역(逆)할 수 없다. 기쁘게도 지지의 子辰이 水를 돋우어 戊토의 뿌리가 튼튼하지 않은 상황이다. 월간의 甲목을 용신으로 삼아 사주에서 범람하는 水를 설하니 이것이 즉 국(局)에서 분발(奮發)의 기(機)가 나타난다는 것이다.

　　길흉 판단 : -丙寅대운과 丁卯대운에는 차가운 나무가 불을 얻어서 발영(發榮)하고 어둡고 차가운 金土를 제거하니 일찍이 과거에 급제하여 한원(翰苑)에서 이름이 높았다.

　　-戊辰대운에 水의 정(情)을 거슬러서 수명을 다하였다.

석오 평주　　필자인 석오가 자신의 의견을 덧붙였다.

　　이 사주는 水가 태왕(太旺)하다. 태왕이란 보통 이상으로 지나치게 왕(旺)한 경우를 말한다. 이 경우에는 극하는 것보다 설하는 것이 자연스럽다. 임철초가 설명하듯이 지지의 子辰이 水를 돋우어 戊토의 뿌리가 튼튼하지 않은 상황이다. 그러니 무리하게 연간의 戊토를 용신으로 삼으면 역효과를 야기한다. 연지의 辰토는 아예 용신 후보로 등장할 수 없다. 습토인 辰土를 가지고 水를 극한다는 이야기를 들어 보았는가. 이 사주는 월간의 甲목을 용신으로 삼아야 한다. 다만 월간의 甲목이 子월의 甲목이어서 생기가 있느냐가 문제이다. 그러나 월간의 甲목이 연지의 辰土와 시지의 亥水에 뿌리를 내리고 있으므로 따뜻한 寅卯운을 만나면 용신으로서의 역할을 할 수가 있다.

FREE NOTE 자유로운 이야기를 펼치다.

송나라 소식(蘇軾)이 노래했다.

거문고

거문고에서 거문고 소리가 난다면
갑 속에 담아 두면 어찌 소리가 나지 않을까
거문고 소리가 손가락 끝에서 나는 것이라면
어찌 그대 손가락 끝에서 그 소리 들리지 않을까

若言琴上有琴聲　　放在匣中何不鳴
若言聲在指頭上　　何不于君指上聽

사주 풀이

일간이 壬인 경우 10

<table>
<tr><td>시</td><td>일</td><td>월</td><td>연</td></tr>
<tr><td>庚</td><td>壬</td><td>壬</td><td>壬</td></tr>
<tr><td>子</td><td>辰</td><td>子</td><td>寅</td></tr>
</table>

<table>
<tr><td>庚</td><td>己</td><td>戊</td><td>丁</td><td>丙</td><td>乙</td><td>甲</td><td>癸</td></tr>
<tr><td>申</td><td>未</td><td>午</td><td>巳</td><td>辰</td><td>卯</td><td>寅</td><td>丑</td></tr>
</table>

억부와 조후   억부는 현실이고 조후는 이상이다.

◆ **억부**   다음의 세 가지를 가지고 일간의 강약을 추리한다.

득령 : 일간이 월지의 도움을 받고 있는가? 그렇다.

득지 : 일간이 일지의 도움을 받고 있는가? 壬이 辰에 뿌리를 내려서 수고 (水庫)의 도움을 받고 있으나 둘 사이는 토극수의 관계이다.

득세 : 간지가 1목·0화·1토·1금·5수의 분포이다.

◆ **조후**   다음의 내용을 가지고 일간과 기후의 조화를 살핀다.

子월은 양인(羊刃)월이므로 수기(水氣)가 사나우니 우선 戊토로 제수(制水)해야 한다. 다음에 丙화로 따뜻하게 하며 戊토를 돕는다. 지지에 未戌土가 있어서 土火의 뿌리가 되어주면 좋다. 만일 지지가 화국(火局)을 이루어 신약하면 金水운으로 흘러야 부를 누릴 수 있다.

배합과 흐름 여기서 사주의 참모습을 파악한다.

전체적으로 金은 水를 생하고 水는 木을 생한다. 辰은 土이나 水를 돕는다.

『사주첩경』 우리나라의 이석영은 이 사주를 다음과 같이 풀이했다.

용신 : 연지의 寅목이다.

이론 전개 : 천한지동(天寒地凍)이란 하늘은 차갑고 땅은 얼었다는 말이다. 壬癸 일주(日主)나 庚辛 일주가 천간에서 다시 金水의 차가운 기(氣)를 만나면 천한(天寒)이다. 지지가 丑월이면 동토(凍土)로서 지동(地凍)이다. 그러나 亥월이나 子월이라도 火의 기가 하나도 없으면 이를 지동이라고 한다.

천한지동이면 火가 필요한데 이 경우 丙丁 또는 巳午未戌의 火가 있다면 이 火는 참으로 귀엽고 사랑스러운 존재이므로 이를 동일가애(冬日可愛)라고 부른다. 그리고 비록 겨울의 동토일지라도 이 土가 火를 만나면 미온지토(微溫之土)가 되므로 이 土를 애용(愛用)할 수 있다. 천한지동의 사주는 火를 만나 미온(微溫)해지느냐의 여부에 따라 그 상황이 달라진다.

이 사주는 천간이 金水이고 지지가 子월이어서 일단 천한지동이다. 그러나 寅중 丙화가 동일가애이어서 木은 온목(溫木)이 되고 辰은 미온지토가 된다. 이 사주는 土로 왕세(旺勢)를 극하는 것보다 寅목으로 왕세를 설기(泄氣)시키는 것이 자연스러우므로 寅목을 용신으로 삼는다. 그런데 寅은 辰과 협조하여 가상관(假傷官)을 이룬다.

길흉 판단 : -甲寅대운과 乙卯대운에는 변호사시험에 합격하는 등 좋은 일이 많았다.

-丙辰대운 甲申년에 무자(無子, 자식이 없음)로 사망하였다.

사주가 너무 한습(寒濕)하면 화난(和暖)한 기운을 만나더라도 크게 꽃을 피울 수가 없다. 이 사주가 천간으로 甲목이나 丙화가 솟아 있다면 대격(大格)이다. 丙辰대운 甲申년에 사망한 것은 ㉮ 丙辰의 火土가 왕신(旺神)인 水를 거스르고 ㉯ 申년의 申이 용신을 충하면서 木의 절(絶)이며 ㉰ 辰은 水의 묘(墓)로서 이 운에 왕신이 수장(收藏)되기 때문이다. 무자(無子, 자식이 없음)인 것은 辰토가 무력하기 때문이다. 이 사주의 주인공이 자식을 둔다 해도 그 자식은 물에 빠져 죽는다고 새긴다. 왜냐하면 辰토가 왕양지수(汪洋之水)에 함몰되는 형상이기 때문이다.

석오 평주   필자인 석오가 자신의 의견을 덧붙였다.

① 辰은 좌우의 子와 子辰의 반합(半合)을 이루어 천간의 壬수를 돕는다. 따라서 辰은 미온지토(微溫之土)도 아니고 寅과 협조하여 가상관(假傷官)을 이루지도 않는다.

② 丙辰대운 甲申년은 대운의 辰과 연운의 申이 사주의 子와 申子辰의 수국(水局)을 이루어 수다목부(水多木浮, 물이 많으면 나무가 뜬다)의 화(禍)를 면할 수 없다.

FREE NOTE   자유로운 이야기를 펼치다.

홍수가 범람하면 호랑이[寅]를 타야 한다. 이때 호랑이는 위치에 상관없이 사주에 있거나 운에서 만나면 된다.

사주 풀이

일간이 壬인 경우 11

<table>
<tr><td>시</td><td>일</td><td>월</td><td>연</td></tr>
<tr><td>甲</td><td>壬</td><td>戊</td><td>戊</td></tr>
<tr><td>辰</td><td>辰</td><td>午</td><td>辰</td></tr>
</table>

<table>
<tr><td>丙</td><td>乙</td><td>甲</td><td>癸</td><td>壬</td><td>辛</td><td>庚</td><td>己</td></tr>
<tr><td>寅</td><td>丑</td><td>子</td><td>亥</td><td>戌</td><td>酉</td><td>申</td><td>未</td></tr>
</table>

수
壬
금 ——— 甲 ——— 목
戊戊辰辰辰
토 午 화

억부와 조후   억부는 현실이고 조후는 이상이다.

◈ **억부** 다음의 세 가지를 가지고 일간의 강약을 추리한다.

　득령 : 일간이 월지의 도움을 받고 있는가? 아니다.

　득지 : 일간이 일지의 도움을 받고 있는가? 壬이 辰에 뿌리를 내려서 수고
　　　　(水庫)의 도움을 받고 있으나 둘 사이는 토극수의 관계이다.

　득세 : 간지가 1목·1화·5토·0금·1수의 분포이다.

◈ **조후** 다음의 내용을 가지고 일간과 기후의 조화를 살핀다.

　午월은 화기(火氣)가 극심한 때이므로 壬癸수로 화기를 식히고, 庚辛금으
로 水를 돕는다. 壬癸수만 있고 庚辛금이 없다면 소나기에 불과하다. 午월의
壬수한테는 丁화가 투간되면 매우 나쁘다. 왜냐하면 비견인 壬수는 丁壬합이
되어 못 쓰고, 인수인 辛금은 녹아서 못 쓰기 때문이다.

배합과 흐름 　여기서 사주의 참모습을 파악한다.

2戊3辰의 5土가 午화의 생을 받아 대세를 장악하고 있다. 그렇다고 해서 3 辰토의 도움을 받고 솟아 있는 壬수와 甲목을 버릴 수가 없다.

『사주첩경』 　우리나라의 이석영은 이 사주를 다음과 같이 풀이했다.

용신 : 어느 것이 용신인지 분명하지가 않다. 水木을 희용신으로 보는 것 같기도 하고 시간의 甲목을 용신으로 보는 것 같기도 하다.

이론 전개 : 축수양목(蓄水養木)이란 내부에 물을 저장하고서 나무를 기른 다는 말이다. 축수(蓄水)란 물을 저장한다는 말인데 지지 중 이와 관련이 있 는 것은 子·丑·辰·申·亥이다. 그러나 子와 亥는 水로서 외부로 물이 나타나 있으니 이는 축수가 아니다. 그리고 申은 金으로서 금극목하니 축수가 아니 나 예외적으로 申 중 壬수가 투출하여 木을 생하면 그때는 申을 축수라고 할 수 있다. 그러므로 지지 중 丑과 辰이 축수이다. 양목(養木)이란 나무를 기른 다는 말인데 그 목적은 ㉮ 관살을 다스리거나 ㉯ 재성으로 활용하거나 ㉰ 일 간을 보강하는 것 등이다. 그러므로 반드시 수생목이 필요한 경우 외부에는 물이 없으나 다행히 丑과 辰 중 癸수가 있으면 기뻐하여 이를 축수양목이라 고 한다. 이 경우 癸수는 매우 소중한 존재이다.

이 사주는 일간인 壬수와 시간의 甲목을 제외하면 모두가 火土이어서 종 살이 될 것 같다. 그러나 그렇지 않다. 그 이유는 다음과 같다. ㉮ 일간인 壬 수는 양간(陽干)으로서 좀처럼 종하지 않는데 더구나 일지를 포함한 3辰토의 癸수와 통하여 활기가 있다. ㉯ 시간의 甲목이 시지를 포함한 3辰토의 乙목 과 통하여 종살을 방해한다. ㉰ 여기에다 3辰토가 癸수를 저장하여 甲목을 기르니 축수양목으로서 그 역할이 크다.

　　길흉 판단 : −壬운과 癸亥대운에는 대과(大科)에 급제하여 크게 귀한 몸이 되었다.

　　−그러나 子운에 태왕한 토살(土殺)을 생하는 午궁을 충하니 토살이 역공을 가하여 그만 불록지객(不祿之客)이 되었다.

석오 평주 　　필자인 석오가 자신의 의견을 덧붙였다.

　　① 일주인 壬辰은 그 자체로서 주체성이 있다. 왜냐하면 辰은 수고(水庫)이기 때문이다. 그래서 일주인 壬辰은 괴강이다. 괴강은 본인이 강해서 무섭게 돌진할 수 있는 형상이므로 좀처럼 좋하지 않는다. 필자는 이 사주의 용신은 甲목이 아니라 일지의 辰 중 癸수라고 본다. 甲목이 용신이라면 庚申대운과 辛酉대운에 난리가 나야 마땅하다. 필자는 甲목은 용신의 병인 土를 다스리는 약신(藥神)인 동시에 희신일 따름이라고 본다.

　　『삼국지연의』에서 장비는 장판교를 필기단마로 지키며 철수개화(鐵樹開花)의 계책으로 조조의 대군을 물리쳤다. 철수개화란 쇠나무가 꽃을 피운다는 뜻으로 형세에 따라 위세를 떨치면 작은 세력이라도 큰 세력처럼 꾸밀 수 있다는 계책을 가리키는 말이다. 이계책은 삼십육계 가운데 29번째 계책이다. 이 계책으로 근본적인 문제를 해결할 수 없다. 장비는 소수의 병사들로 하여금 말꼬리에 나뭇가지를 매달고 숲 속을 이리저리 달리게 하였다. 그로 인해 먼지가 자욱하게 일어 멀리서 보면 마치 대군이 몰려오는 것처럼 보였다. 식신 제살격과 철수개화의 세책은 상통하는 바가 있다.

　　② 이석영이 子운을 설명한 내용이 무척 재미가 있다. 그러나 子는 午와 충이지만 3辰과 子辰의 반합(半合)이다. 충만 논하고 합을 논하지 않으면 설득

력이 없다. 필자는 子운이 子午충과 子辰의 반합으로 지지의 火土를 돌변시켜서 천간의 2戊까지 허물어 버리는 매우 불안스러운 운이라고 본다. 아무리 좋고 기뻐하는 운이라도 이것이 세력을 갖추어 급격한 형태로 기존 질서를 파괴하면 바로 죽음으로 이어질 수 있다.

FREE NOTE 자유로운 이야기를 펼치다.

손자가 말했다.

적을 알고 나를 알면 백 번 싸워도 백 번 다 위태롭지 않다.
적을 알지 못하고 나만 알면 한 번은 지고 한 번은 이기게 된다.
적을 알지 못하고 나도 알지 못하면 싸울 때마다 반드시 위태롭게 된다.

지피지기(知彼知己) 백전불태(百戰不殆)
부지피이지기(不知彼而知己) 일승일부(一勝一負)
부지피부지기(不知彼不知己) 매전필태(每戰必殆)

지(知)란 사전에 허실을 제대로 파악하는 것이고 부지(不知)란 사전에 허실을 제대로 파악하지 못하는 것이다. 전쟁에서는 지와 부지가 승패를 가른다.

壬

사주 풀이

일간이 壬인 경우 12

시	일	월	연
甲	壬	乙	丁
辰	辰	巳	巳

丁	戊	己	庚	辛	壬	癸	甲
酉	戌	亥	子	丑	寅	卯	辰

억부와 조후　　억부는 현실이고 조후는 이상이다.

◆ **억부**　다음의 세 가지를 가지고 일간의 강약을 추리한다.

득령 : 일간이 월지의 도움을 받고 있는가? 아니다.

득지 : 일간이 일지의 도움을 받고 있는가? 壬이 辰에 뿌리를 내려서 수고 (水庫)의 도움을 받고 있으나 둘 사이는 토극수의 관계이다.

득세 : 간지가 2목·3화·2토·0금·1수의 분포이다.

◆ **조후**　다음의 내용을 가지고 일간과 기후의 조화를 살핀다.

巳월은 火가 성하는 때이므로 壬癸수로 제화(制火)하고, 庚辛금으로 水를 생한다. 壬수 대신 癸수를 쓸 때 戊癸합을 이루면 甲목으로 戊토를 극하여 합을 깨뜨린다. 만일 지지에 申酉亥子 등 金水가 많아 신약하지 않다면 巳 중 戊토와 丙화가 귀하게 쓰일 수 있다.

배합과 흐름 여기서 사주의 참모습을 파악한다.

乙목은 1丁2巳의 3火를 생하고 3火는 2辰토를 생한다. 그 결과 火土의 세력이 매우 강하다. 그렇다고 해서 2辰토 위에 함께 앉아 있는 壬수와 甲목을 버릴 수가 없다.

『사주첩경』 우리나라의 이석영은 이 사주를 다음과 같이 풀이했다.

용신 : 어느 것이 용신인지 분명하지가 않다. 시간의 甲목을 용신으로 보는 것 같기도 하고 水木을 희용신으로 보는 것 같기도 하다.

이론 전개 : 이 사주는 丁화가 투출하고 지지가 전부 火土이어서 종살이 될 것 같다. 그러나 그렇지 않다. 그 이유는 다음과 같다. ㉮ 일간인 壬수는 양간(陽干)으로서 좀처럼 종하지 않는데 더구나 일지를 포함한 2辰토의 癸수와 통하여 윤기가 있다. ㉯ 시간의 甲목이 시지를 포함한 2辰토의 乙목과 통하여 종살을 저지한다. ㉰ 여기에다 2辰토가 癸수를 저장하여 甲목을 기르니 축수양목(蓄水養木)으로서 그 역할이 상당하다.

길흉 판단 : −癸卯대운과 壬寅대운에는 대과(大科)에 급제하여 아름다운 명성을 떨쳤다.

−辛丑대운과 庚子대운의 金水운에는 크게 귀한 몸이 되었다.

−그러나 亥운에 亥가 2辰의 도움을 얻어 왕한 토살(土殺)을 생하는 2巳를 충하니 토살이 반격을 가하여 그만 불록지객(不祿之客)이 되었다.

① 일주인 壬辰은 그 자체로서 주체성이 있다. 왜냐하면 辰은 수고(水庫)이기 때문이다. 그래서 일주인 壬辰은 괴강이다. 괴강은 본인이 강해서 무섭게 돌진할 수 있는 형상이므로 좀처럼 종하지 않는다. 필자는 이 사주의 용신은 甲목이 아니라 일지의 辰 중 癸수라고 본다. 甲목이 용신이라면 辛운과 庚운 그리고 己운에 문제가 생겨야 마땅하다. 필자는 甲목은 용신의 병인 土를 다스리는 약신(藥神)인 동시에 희신일 따름이라고 본다.

수상개화(樹上開花)란 나무 위에 꽃을 피운다는 뜻으로 본래 꽃을 피울 수 없는 나무에 조화(造花)를 진짜 꽃처럼 장식하여 상대방을 속일 수 있다는 계책을 가리키는 말이다. 이 수상개화는 철수개화(鐵樹開花)가 전화(轉化)한 것이다. 철수개화란 쇠나무가 꽃을 피운다는 뜻으로 형세에 따라 위세를 떨치면 작은 세력이라도 큰 세력처럼 꾸밀 수 있다는 계책을 가리키는 말이다. 수상개화·철수개화의 계책은 중국의 대표적 병법의 하나인 삼십육계에서는 병전계(併戰計, 동맹 등을 맺어 함께 싸울 때의 계략)에 속하는 29번째 계책이다. 식상제살격을 다룰 때 수상개화·철수개화의 계책을 잘 음미할 필요가 있다.

② 이석영이 亥운을 설명한 내용이 무척 재미가 있다. 어떻든 아무리 좋고 기뻐하는 운이라도 이것이 세력을 갖추어 급격한 형태로 기존 질서를 파괴하면 바로 죽음으로 이어질 수 있다.

FREE NOTE   자유로운 이야기를 펼치다.

손자가 말했다.

적을 알고 나를 알면 승리는 곧 위태롭지 않다.
하늘을 알고 땅을 알면 승리는 곧 온전할 수 있다.

지피지기(知彼知己) 승내불태(勝乃不殆)
지천지지(知天知地) 승내가전(勝乃可全)

지피지기와 지천지지는 손자가 말하는 병법론의 최종 결론이다. 여기서 지(知)란 사전에 적장의 심리와 주변국의 정황 그리고 지형 등 전쟁을 둘러싼 모든 상황을 제대로 파악하는 것이다. 여기의 모든 상황에는 나의 상황이 포함됨을 간과해서는 안 된다.

사주 풀이

일간이 壬인 경우 13

시	일	월	연
甲	壬	壬	壬
辰	午	寅	申

庚	己	戊	丁	丙	乙	甲	癸
戌	酉	申	未	午	巳	辰	卯

억부와 조후   억부는 현실이고 조후는 이상이다.

◈ **억부** 다음의 세 가지를 가지고 일간의 강약을 추리한다.

득령 : 일간이 월지의 도움을 받고 있는가? 아니다.

득지 : 일간이 일지의 도움을 받고 있는가? 아니다.

득세 : 간지가 2목·1화·1토·1금·3수의 분포이다.

◈ **조후** 다음의 내용을 가지고 일간과 기후의 조화를 살핀다.

寅월의 壬수는 실령(失令)이므로 水의 근원인 庚금으로 돕는다. 아울러 戊토로 생금제수(生金制水)하며 丙화로 조후한다. 寅 중 戊丙이 있으므로 庚금만 투간되면 상격이다. 지지가 화국(火局)이고 丙화가 투간되면 재다신약(財多身弱)이므로 인비겁(印比劫)의 도움을 얻어야 상격이다. 己토는 壬水를 탁하게 만든다.

배합과 흐름 | 여기서 사주의 참모습을 파악한다.

일간을 포함한 세 개의 壬수가 시지의 辰토에 뿌리를 내리고 있으며 연지의 申금의 도움을 받고 있다. 월지가 寅목이고 시간의 甲목이 시지의 辰토에 뿌리를 내리고 있으며 월지의 寅목의 도움을 받고 있다. 일지가 午화이다. 월지의 寅목이 연지의 申금과는 寅申충을 이루고 일지의 午화와는 寅午의 반합(半合)을 이룬다. 시지가 습토인 辰토이다. 이 사주는 寅申충으로 말미암아 목생화의 따사로운 분위기가 깨뜨려지고 금생수의 냉기류가 감도는 것이 문제이다. 그래서 이 사주는 시간의 甲목이나 월지 寅목이나 일지의 午화를 용신으로 삼아야 한다.

『적천수』 | 청나라 임철초는 이 사주를 다음과 같이 풀이했다.

용신 : 구체적인 언급이 없다.

이론 전개 : 일간인 壬수가 寅월에 태어났으나 연월에 두 개의 비견이 투출했고 지지의 申금이 천간의 水를 생하니 水의 세력이 통원(通源)했다. 또 이른 봄의 나무가 충을 만났으니 아름답지 못한 것처럼 보인다. 그러나 기쁘게도 일간이 앉은 자리의 午화가 능히 봄의 추위를 녹이니 木이 발생(發生)을 얻고 金 역시 제(制)를 당한다. 다시 묘하게도 시간의 甲목이 원신발로(元神發露)이다. 그래서 천간의 水 역시 돌아갈 곳이 있다.

길흉 판단 : −火운에는 생화(生化)의 정은 있고 쟁전(爭戰)의 근심은 없으니 이로 인해 무과에 급제한 후 좋은 장소로 부임하였다.

−申운에 두 개의 申금이 寅목과 충을 이루어 불록(不祿, 더 이상 녹을 받지 못함)이 되었다.

병약용신과 관련해서 전해 내려오는 다음과 같은 내용이 있다. "병이 있어도 약이 있으면 귀하게 될 것이다. 그러나 병만 있고 약이 없으면 흉하다고 할 수 있다. 병도 없고 약도 없으면 그저 평범한 사주일 뿐이다." 이 사주는 寅申충을 이루는 연지의 申금이 병이고 화극금하는 일지의 午화가 약이다. 그래서 이 사주는 일지의 午화가 병약용신이다.

FREE NOTE 　자유로운 이야기를 펼치다.

　　송나라 유반(劉攽)이 노래했다.

　맑게 개인 날

　이끼 온통 파랗고 모처럼 개인 날
　숲 속에 사람 없어 낮잠 자다가 꿈도 꾸네
　그런데 남풍이 제가 나를 아는가
　문 살짝 열고 들어와 책장을 넘기네

　　靑苔滿地初晴後　　綠樹無人晝夢餘
　　惟在南風舊相識　　偸開門戶又翻書

사주 풀이

일간이 壬인 경우 14

시	일	월	연
癸	壬	乙	丙
卯	午	未	辰

癸	壬	辛	庚	己	戊	丁	丙
卯	寅	丑	子	亥	戌	酉	申

억부와 조후   억부는 현실이고 조후는 이상이다.

◆ **억부** 다음의 세 가지를 가지고 일간의 강약을 추리한다.

　득령 : 일간이 월지의 도움을 받고 있는가? 아니다.

　득지 : 일간이 일지의 도움을 받고 있는가? 아니다.

　득세 : 간지가 2목·2화·2토·0금·2수의 분포이다.

◆ **조후** 다음의 내용을 가지고 일간과 기후의 조화를 살핀다.

　未월은 화기(火氣)가 남아 있는 때이므로 庚辛금의 도움을 받아 壬癸수로 화기를 식힌다. 또한 土가 왕한 때이므로 甲목으로 제토(制土)함이 필요하다. 그러나 未월은 화기(火氣)가 왕하여 목생화의 위험이 있다.

배합과 흐름　　여기서 사주의 참모습을 파악한다.

2水가 지지에 뿌리를 내리고 있으나 천간과 지지의 木火를 통해 2土로 귀결한다. 그리고 지지의 목생화가 천간의 목생화를 돕고 지지의 午未가 火를 돋운다. 나아가 월지가 土이다. 그러므로 일간인 壬수가 비록 양간(陽干)이지만 버틸 능력이 없을 정도로 약하다. 이 사주는 종격이다.

『적천수』　　청나라 임철초는 이 사주를 다음과 같이 풀이했다.

용신 : 구체적인 언급이 없다.

이론 전개 : 火土가 월령을 잡고 있는데 또 木의 도움을 만났으며 오행에서 金이 없으니 水가 태쇠(太衰)하다.

길흉 판단 : －丙申대운과 丁酉대운에는 천간의 火가 지지의 金을 극하여 金이 水를 생하지 못하게 하니 재물과 기쁨이 함께 왕했다.

－戊戌대운에는 가업이 넉넉했다.

－己亥대운에는 土가 뿌리가 없어서 그 역할을 다하지 못하지만 도리어 지지가 목국(木局)을 이루는 것이 기쁘다. 그래서 비록 파모(破耗)는 있었으나 크게 근심할 정도는 아니었다.

－庚子대운에 집이 망하고 사람이 죽었다.

석오 평주　　필자인 석오가 자신의 의견을 덧붙였다.

이 사주는 종세격(從勢格)이다. 종세격이란 식상과 재성과 관살의 세력이 모두 엇비슷하고 일간이 버틸 능력이 없을 정도로 약한 경우이다. 종세격은 이를 종살격(從殺格)의 형태로 볼 수 있다. 왜냐하면 종세격의 경우 대부분 기운이 모이는 곳은 관살이기 때문이다. 종세격을 종살격의 형태로 볼 수 있다고 해서 두 격을 똑같이 다룰 수 없다. 왜냐하면 종세격은 식상과 재성과 관살이 사이가 좋아서 식상운을 반기지만 종살격은 관살을 극하는 식상운을 꺼리기 때문이다. 이 사주 풀이의 길흉 판단을 잘 살펴보기 바란다.

FREE NOTE   자유로운 이야기를 펼치다.

조선의 이옥봉(李玉峰)이 노래했다.

칠월칠석

만나고 또 만나고 수없이 만나는데 걱정은 무슨 걱정
뜬구름 같은 우리 삶에 이별 있음과는 견줄 것도 아니라네
하늘 위에서는 아침저녁 만나는 것을
사람들은 일 년에 한 번이라고 호들갑을 떠네

無窮會合豈愁思　　不比浮生有別離
天上却成朝暮會　　人間謾作一年期

사주 풀이

일간이 壬인 경우 15

시	일	월	연
甲	壬	丁	己
辰	午	卯	卯

己	庚	辛	壬	癸	甲	乙	丙
未	申	酉	戌	亥	子	丑	寅

억부와 조후   억부는 현실이고 조후는 이상이다.

◈ **억부** 다음의 세 가지를 가지고 일간의 강약을 추리한다.

득령 : 일간이 월지의 도움을 받고 있는가? 아니다.

득지 : 일간이 일지의 도움을 받고 있는가? 아니다.

득세 : 간지가 3목·2화·2토·0금·1수의 분포이다.

◈ **조후** 다음의 내용을 가지고 일간과 기후의 조화를 살핀다.

卯월은 壬수의 설기가 극심한 때이므로 水의 근원인 庚辛금으로 돕는다. 아울러 戊토로 생금제수(生金制水)하며 丙화로 壬수를 비추어준다. 지지가 목국(木局)을 이루고 庚금이 투간되면 부귀를 누리지만, 庚금이 감추어져 있다면 운에서 뜻을 이룰 수 있다.

배합과 흐름 여기서 사주의 참모습을 파악한다.

일간인 壬수가 월간의 丁화와 丁壬합을 이룬다. 월지와 연지의 두 卯목과 투출한 甲목이 적극적으로 정임합화목(丁壬合化木)을 돕는다. 일지의 午화가 일간인 壬수와 정임암합(丁壬暗合)을 이루어 은밀하게 정임합화목을 돕는다. 시지의 辰토와 투출한 己토가 둘 다 그 오행이 金이 아니므로 화기(化氣) 오행을 극하지 않는다. 이 사주는 화격(化格)이다. 사주가 화격인 경우 화기가 왕하면 이를 설하는 것을 용신으로 삼고 화기가 부족하면 이를 생하는 것을 용신으로 삼는다.

『적천수』 청나라 임철초는 이 사주를 다음과 같이 풀이했다.

용신 : 일지의 午화이다.

이론 전개 : 일간인 壬수가 卯월에 태어났으니 화(化)하는 형상이 진실하다. 가장 기쁜 것은 甲목 원신(元神)이 투출하여 화기(化氣)가 남아도는 것이다. 그래서 마땅히 설하니 이로 말미암아 화신(化神)이 빼어나게 된다. 기쁜 것은 일지가 午화인 것이다. 午화가 辰토를 생하여 수기(秀氣)가 유행(流行)한다.

길흉 판단 : —소년 시절에 과거에 급제하여 한원(翰苑)에서 이름이 높았다.

—아깝게도 중간의 운이 水가 왕한 땅이라 능력을 다 발휘하지 못하고 끝내 벼슬이 현재(縣宰)에 머물고 말았다.

석오 평주 필자인 석오가 자신의 의견을 덧붙였다.

화격(化格)도 종격(從格)과 마찬가지로 지나치게 강한 오행을 따라 종용신(從

用神)하는 경우인데, 다만 합화(合化)라는 절차를 거쳐 이루어진다. 화격은 이를 화기격(化氣格)이라고도 한다. 화격을 이루는 요건은 ㉮ 일간이 바로 인접해 있는 월간이나 시간과 합을 이룰 것 ㉯ 월지 오행이나 지지삼합 오행이 화기(化氣) 오행과 같을 것 ㉰ 일간이 투합하거나 쟁합하지 않고 화기 오행을 극하는 오행이 없을 것 등이다.

FREE NOTE 자유로운 이야기를 펼치다.

당나라 백거이(白居易)가 노래했다.

학

사람은 저마다 좋아하는 바가 있고
사물에는 애당초 꼭 그래야만 하는 법도 없어
누가 너를 일러 춤 잘 춘다 하는가
한가롭게 서 있을 때만 못한 것을

人有各所好　物固無常宜
誰謂爾能舞　不如閑立時

사주 풀이

일간이 壬인 경우 16

시	일	월	연
乙	壬	辛	己
巳	午	未	巳

癸	甲	乙	丙	丁	戊	己	庚
亥	子	丑	寅	卯	辰	巳	午

억부와 조후   억부는 현실이고 조후는 이상이다.

◆ **억부**　다음의 세 가지를 가지고 일간의 강약을 추리한다.

　득령 : 일간이 월지의 도움을 받고 있는가? 아니다.

　득지 : 일간이 일지의 도움을 받고 있는가? 아니다.

　득세 : 간지가 1목·3화·2토·1금·1수의 분포이다.

◆ **조후**　다음의 내용을 가지고 일간과 기후의 조화를 살핀다.

　未월은 화기(火氣)가 남아 있는 때이므로 庚辛금의 도움을 받아 壬癸수로 화기를 식힌다. 또한 土가 왕한 때이므로 甲목으로 제토(制土)함이 필요하다. 그러나 未월은 화기(火氣)가 왕하여 목생화의 위험이 있다.

배합과 흐름   여기서 사주의 참모습을 파악한다.

일간인 壬수가 무기력한 월간의 辛금으로부터 생을 받을 수 있을는지 불분명하고 더구나 지지에 전혀 뿌리를 내리지 못하고 있다. 시간이 乙목이고 지지의 巳午未가 남방 화국(火局)을 이루며 연간의 己토가 지지에 뿌리를 내리고 있다. 일간인 壬수가 일지의 午화 속의 丁화와 암합(暗合)을 이룬다. 이 사주는 종재격(從財格)이다. 그러나 월간의 辛금 때문에 가종(假從)이다.

『적천수』   청나라 임철초는 이 사주를 다음과 같이 풀이했다.

용신 : 일지의 午화 속의 丁화이다.

이론 전개 : 지지가 巳午未이고 火가 당령하는 未월이니 지지가 극도로 왕하다. 火는 넘치고 土는 건조하다. 약한 金으로 水의 근원을 돕기가 어렵다. 천간이 지극히 쇠약하다. 그러므로 일간의 정(情)이 辛금에 있지 않고 일간의 의향이 반드시 午 중 丁화에 있어서 합(合)하여 종(從)한다.

길흉 판단 : ─己巳대운과 戊辰대운에는 金을 생하고 火를 설해서 고생이 대단했다.

─丁卯대운과 丙寅대운에는 木火가 함께 왕해서 辛금을 극해 버리니 사업을 경영해서 큰돈을 벌었다.

석오 평주   필자인 석오가 자신의 의견을 덧붙였다.

연간의 己토가 월간의 辛금을 생하고, 월간의 辛금이 일간인 壬수를 생하며, 일간인 壬수가 시간의 乙목을 생하고, 시간의 乙목이 시지의 巳화를 생하며, 시지의 巳화가 巳午未로 통하고, 巳午未가 연간의 己토로 뻗어 오른다. 그렇다고 해서 이 사주가 일반격일 수 없다. 왜냐하면 지지가 워낙 뜨거워서 천간이 그 작용을 다할 수 없기 때문이다. 이 사주는 종재격(從財格)이다. 그러나 월간의 辛금 때문에 가종(假從)이다. 이 사주는 火운이 용신운이고 木운이 희신운이다.

명나라 왕수인(王守仁)이 노래했다.

산에서 보는 달

산이 가깝고 달이 먼지라 달이 작게 느껴져
사람들은 산이 달보다 크다 말하네
만일 하늘처럼 큰 눈 가진 이가 있다면
산이 작고 달이 더 큰 것을 볼 수 있을 텐데

山近月遠覺月小　便道此山大於月
若人有眼大如天　還見山小月更闊

사주 풀이

일간이 壬인 경우 17

시	일	월	연
戊	壬	癸	己
申	申	酉	亥

乙	丙	丁	戊	己	庚	辛	壬
丑	寅	卯	辰	巳	午	未	申

억부와 조후 억부는 현실이고 조후는 이상이다.

◆ **억부** 다음의 세 가지를 가지고 일간의 강약을 추리한다.

득령 : 일간이 월지의 도움을 받고 있는가? 그렇다.

득지 : 일간이 일지의 도움을 받고 있는가? 그렇다.

득세 : 간지가 0목·0화·2토·3금·3수의 분포이다.

◆ **조후** 다음의 내용을 가지고 일간과 기후의 조화를 살핀다.

酉월은 순금(純金)이라 金이 왕하니 자연 壬수도 왕하다. 왕하면 설기시킴
이 좋으므로 우선 甲목을 쓴다. 다음에 丙丁의 화기(火氣)로 온기를 더해준다.
만일 金水가 너무 많으면 木이 뿌리가 튼튼하지 않는 한 부목(浮木)이 되므로,
이때는 戊토로 제수(制水)하며 火로 생토(生土)해주면 좋다. 酉월의 壬수한테
는 甲목과 庚금이 붙어 있으면 좋지 않다.

배합과 흐름 `여기서 사주의 참모습을 파악한다.`

일간인 壬수가 지지의 3金1水와 투출한 癸수의 도움을 받아 강왕하다. 火 와 土가 있어서 火는 金을 극하고 土는 水를 극하여 균형을 이룰 수 있으면 좋겠지만 무기력한 2土만 있다. 운을 기다릴 수밖에 없다.

『적천수』 `청나라 임철초는 이 사주를 다음과 같이 풀이했다.`

용신 : 土이다.

이론 전개 : 관살이 함께 나타나 있으나 뿌리가 없고 金水가 태왕(太旺)하 니 사주가 순수하지 못하다. 기쁘게도 대운이 남방의 火土로 달려서 정(精)이 족(足)하고 신(神)이 왕(旺)하다.

길흉 판단 : -未운에는 일찍이 최고 명문 대학에서 공부를 하였다.

-午운에는 과거에 급제하여 벼슬이 연이어 올랐다.

-己巳대운과 戊辰대운에는 벼슬길이 빛나고 형통하였다.

-사주가 좋지 않아도 잘될 수 있다. 인생은 실제의 운이 사주를 어떻게 보 완하느냐에 따라 달라진다고 볼 수 있다.

석오 평주 `필자인 석오가 자신의 의견을 덧붙였다.`

이 사주에서는 연간의 己토와 시간의 戊토가 무기력해 보인다. 그래서 土 가 용신이 아니고 다른 것이 용신이라고 볼 수 있겠다. 그러나 실제의 결과를 보면 土가 용신이다. 이 사주 풀이를 염두에 두고 사주 간명을 할 때 어느 것

壬

이 무기력해 보인다고 해서 이를 함부로 버리는 일이 없도록 해야겠다.

FREE NOTE 자유로운 이야기를 펼치다.

조선의 박문규(朴文逵)가 노래했다.

홀로 지새는 밤

등불 하나 가물가물 홀로 지새는 밤
서녘 바람 차갑게 나뭇잎에 불어오네
가을벌레 제가 시인의 마음 헤아렸음일까
달빛 어린 창가에서 나를 따라 읊조리네

一穗寒燈獨夜心　西風吹葉冷森森
秋蟲似解詩人意　凉月虛窓伴苦吟

사주 풀이

일간이 壬인 경우 18

시	일	월	연
己	壬	己	庚
酉	申	卯	午

丁	丙	乙	甲	癸	壬	辛	庚
亥	戌	酉	申	未	午	巳	辰

억부와 조후 | 억부는 현실이고 조후는 이상이다.

◆ **억부** 다음의 세 가지를 가지고 일간의 강약을 추리한다.

득령 : 일간이 월지의 도움을 받고 있는가? 아니다.

득지 : 일간이 일지의 도움을 받고 있는가? 그렇다.

득세 : 간지가 1목·1화·2토·3금·1수의 분포이다.

◆ **조후** 다음의 내용을 가지고 일간과 기후의 조화를 살핀다.

卯월은 壬수의 설기가 극심한 때이므로 水의 근원인 庚辛금으로 돕는다. 아울러 戊토로 생금제수(生金制水)하며 丙화로 壬수를 비추어준다. 지지가 목국(木局)을 이루고 庚금이 투간되면 부귀를 누리지만, 庚금이 감추어져 있다면 운에서 뜻을 이룰 수 있다.

일주가 壬申이고 시지가 酉금이며 庚금이 투출해서 金水는 세력이 있다. 월지가 卯목이고 연지가 午화이어서 木火도 세력이 있다. 천간의 2土가 세력이 없다. 그렇다고 해서 투출한 2土를 버릴 수가 없다.

『적천수』 청나라 임철초는 이 사주를 다음과 같이 풀이했다.

용신 : 관성이다.

이론 전개 : 壬수가 卯월에 생하여 수목상관(水木傷官)이다. 기쁘게도 관성과 인성이 통근하고 연지가 재성이며 상관도 있어서 제(制)하고 화(化)한다. 일간이 생왕(生旺)하니 족히 관성을 용신으로 삼는다.

길흉 판단 : ─巳운에는 관성이 왕지(旺地)에 임하니 최고 명문 대학에서 공부를 하고 과거에 급제하였다.

─壬午대운과 癸未대운은 남방의 화지(火地)이므로 이 기간에는 이름난 두 곳에서 벼슬을 하고 주목(州牧)으로 영전하였다.

─甲申대운과 乙酉대운에는 金이 득지(得地)하고 木이 절지(絶地)에 임하여 비록 벼슬길에서는 물러났으나 평온하게 거문고와 책을 즐겼으니 그 즐거움이 마음과 같았다.

석오 평주 필자인 석오가 자신의 의견을 덧붙였다.

월간과 시간의 근토가 각각 연지의 午화에 뿌리를 내리고 있다. 그러므로 이 2土를 부인할 수 없는 현실적인 존재로 받아들여야 한다. 건강한 사람도 있고 병약한 사람도 있다. 병약한 사람도 건강한 사람과 마찬가지로 엄연한 생명체이다. 병약한 사람을 도와서 함께 생의 축복을 누려야 한다. 이 사주는 행운이 천간의 2土를 도와야 한다.

FREE NOTE   자유로운 이야기를 펼치다.

송나라 소식(蘇軾)이 노래했다.

사람 살아가는 모습

사람 살아가는 모습 무엇 같을까

큰 기러기 하늘 날다 눈 위에 내려섰음 같으리라

진흙 위에 우연히 발자국 남겼으되

기러기 하늘을 날음에 어찌 동서를 가렸으랴

나이 든 스님 이미 세상 떠나 새로 탑이 하나 섰고

허물어진 벽에 옛날 써 놓았던 글씨 찾아볼 길 없네

지난날 기구했던 일 지금도 기억하는지

길 멀고 사람 지친 데다 당나귀 절름거리며 그리도 울던 것을

人生到處知何似　　應似飛鴻踏雪泥

泥上偶然留指爪　　鴻飛那復計東西

老僧已死成新塔　　壞壁無由見舊題

往日崎嶇還記否　　路長人困蹇驢嘶

사주 풀이

일간이 癸인 경우 01

시	일	월	연
癸	癸	甲	辛
亥	卯	午	巳

丙	丁	戊	己	庚	辛	壬	癸
戌	亥	子	丑	寅	卯	辰	巳

억부와 조후   억부는 현실이고 조후는 이상이다.

◈ **억부** 다음의 세 가지를 가지고 일간의 강약을 추리한다.

   득령 : 일간이 월지의 도움을 받고 있는가? 아니다.

   득지 : 일간이 일지의 도움을 받고 있는가? 아니다.

   득세 : 간지가 2목·2화·0토·1금·3수의 분포이다.

◈ **조후** 다음의 내용을 가지고 일간과 기후의 조화를 살핀다.

   午월은 丁화가 왕한 때이므로 癸수를 보호하려면 庚辛금뿐만 아니라 壬癸
수까지 있어야 한다. 巳午월의 癸수는 庚辛壬癸가 살려주지 않으면 시력을 다
치거나 요절하는 경우가 많다.

배합과 흐름

여기서 사주의 참모습을 파악한다.

金水의 세력은 월지를 차지하지 못하고 金과 水가 떨어져 있다. 나아가 3水는 2木을 생하고 있다. 木火의 세력은 월지를 차지하고 木과 火가 모여 있다. 나아가 지지의 亥卯와 巳午가 각각 木과 火를 돋운다. 金水의 세력이 약하고 木火의 세력이 강하다. 신약하다. 인성을 용신으로 삼는다.

『적천수』

청나라 임철초는 이 사주를 다음과 같이 풀이했다.

용신 : 연간의 辛금이다.

이론 전개 : 癸卯일주가 亥시에 태어났다. 그러니 일간의 기(氣)가 이미 통해 있다. 관성이 없어서 기쁘다. 왜냐하면 재성이 왕하여 스스로 능히 관성을 생하기 때문이다. 다시 묘하게도 巳亥의 요충(遙沖)이 火를 내몰고 金을 살려낸다. 그래서 인성을 용신으로 얻으니 木火가 다스려져서 체(體)와 용(用)이 상하지 않고 사주가 중화(中和)를 이루어 순수하다. 사람됨이 지식이 매우 깊고 그릇이 형산(荊山)의 박옥(璞玉)처럼 품위가 있으며 재주가 탁월하여 감수(鑑水)의 구슬처럼 빛이 감돈다.

길흉 판단 : 庚운에는 辛금을 돕고 甲목을 제(制)하여 스스로 높은 지위에 올랐고 밝고 아름다운 빛이 비치어 좌의정이 되었으니 조정에서 환하게 떠오르는 인물이었다. 약간 싫은 것은 시지와 일지가 亥卯의 반합(半合)을 이루는 것인데 木이 왕하면 金이 쇠하게 되니 무자식(無子息)의 어려움을 면하지 못하였다.

석오 평주

필자인 석오가 자신의 의견을 덧붙였다.

　연간의 辛금이 연지의 巳화 때문에 과연 얼마나 힘을 쓸 수 있겠느냐가 관심사이다. 연지의 巳화가 월지의 午화와 가까운 사이어서 연간의 辛금을 녹여 버리지나 않을까 걱정이다. 그러나 연지의 巳화 속의 丙화가 연간의 辛금과 丙辛합을 이루고 있으므로 연지의 巳화가 연간의 辛금을 녹여 버리려고 하지 않는다. 더구나 연지의 巳화 속에는 庚금이 있고 戊토가 있다. 그러니 연간의 辛금이 쓸모없는 존재라고 속단해서는 안 된다.

FREE NOTE

자유로운 이야기를 펼치다.

조선의 백승창(白承昌)이 노래했다.

달

자다 일어나 들창문 열어 보니
겨울이 아닌데 뜰에 온통 눈
아이 불러 급히 마당 쓸라 하니
웃으며 손가락으로 하늘의 달 가리키네

睡起推窓看　非冬滿地雪
呼童急掃庭　笑指碧天月

사주 풀이

일간이 癸인 경우 02

```
시 일 월 연
戊 癸 丙 己
午 未 子 酉


戊 己 庚 辛 壬 癸 甲 乙
辰 巳 午 未 申 酉 戌 亥
```

억부와 조후   억부는 현실이고 조후는 이상이다.

◈ **억부**   다음의 세 가지를 가지고 일간의 강약을 추리한다.

  득령 : 일간이 월지의 도움을 받고 있는가? 그렇다.

  득지 : 일간이 일지의 도움을 받고 있는가? 아니다.

  득세 : 간지가 0목·2화·3토·1금·2수의 분포이다.

◈ **조후**   다음의 내용을 가지고 일간과 기후의 조화를 살핀다.

  子월은 한랭한 때이므로 丙화로 따뜻하게 해준다. 丙화는 통근(通根)이 필요하다. 丙화를 쓰는데 壬癸수가 나타나면 안 된다. 천지(天地)에 水가 왕하여 戊토로 다스릴 때에도 丙화가 없으면 큰 인물이 될 수 없다.

癸

金水의 세력이 약하고 火土의 세력이 강하다. 왜냐하면 일간이 火土에 둘러싸이고 시간과 천간합을 이루고 있으며 지지의 午未가 火를 돋우기 때문이다. 그래도 金水의 세력이 월지를 차지하고 있으니 이 사주는 종격이나 화격이 아니다. 따라서 이 사주는 火나 土를 용신으로 삼으면 안 된다. 이 사주는 金水운을 기뻐한다.

『적천수』   청나라 임철초는 이 사주를 다음과 같이 풀이했다.

용신 : 구체적인 언급이 없다.

이론 전개 : 일간인 癸수가 子월에 태어나서 왕상(旺相)한 것 같지만 그렇지 않다. 왜냐하면 재살(財殺)이 태중(太重)하여 왕(旺)한 가운데 약(弱)으로 변했기 때문이다. 사주에 木이 없어서 혼탁하고 맑지 못하니 속으로는 음험하고 겉으로는 양명한 형상이라고 하겠다. 월간에 재성이 투출하였으니 그 마음과 뜻이 반드시 사랑을 하고자 할 것이고 시간에서 관성을 만났으니 그 마음에 품은 의지가 반드시 합을 하고자 할 것이다. 이른바 권력을 도모함이 보통 사람과 달랐으며 재주와 계략이 남보다 앞섰다. 출신이 본래 미미해서 심술(心術)이 단정하지 못했다.

길흉 판단 : -癸酉대운에는 좋은 인연을 만났고 이로 말미암아 좌이(佐貳)에서 관찰사로 벼슬이 올라 사치와 호화를 누리면서 좋은 길로만 나아갔다.

-未운에 이르자 재앙을 면하지 못했는데, 소위 욕심을 버리지 못하고 등불을 향해서 달려드는 나방이 자기 몸을 스스로 불사르듯 그렇게 삶을 마쳤다.

석오 평주 | 필자인 석오가 자신의 의견을 덧붙였다.

이 사주의 용신과 희신에 관하여는 ㉮ 월지가 연지보다 힘이 있기 때문에, 용신은 월지의 子수이고 희신은 연지의 酉금이라고 보는 견해와 ㉯ 용신은, 연간의 己토를 설하여 월지의 子수를 생하는, 연지의 酉금이고 희신은 월지의 子수라고 보는 견해가 있을 수 있다. 未운에 발생한 끔찍한 일을 보면, 용신은 월지의 子수이고 희신은 연지의 酉금이라고 보는 견해가 설득력이 있다고 하겠다.

FREE NOTE | 자유로운 이야기를 펼치다.

송나라 조충지(晁冲之)가 노래했다.

밤길

나이 들면서 공명심도 시들해져
홀로 야윈 말 타고 먼 길을 나섰네
외로운 마을 새벽까지 불 켜진 집 있는데
밤 새워 누군가 책을 읽고 있는 게로군

老去功名意轉疏　獨騎瘦馬取長途
孤村到曉猶燈火　知有人家夜讀書

사주 풀이

일간이 癸인 경우 03

```
시 일 월 연
癸 癸 戊 庚
丑 未 寅 戌


丙 乙 甲 癸 壬 辛 庚 己
戌 酉 申 未 午 巳 辰 卯
```

```
              수
              癸癸
   ─────────────────────
금                        목
         庚        寅
   ─────────────────────
토   未丑                  화
     戊戌
```

억부와 조후 억부는 현실이고 조후는 이상이다.

◆ **억부** 다음의 세 가지를 가지고 일간의 강약을 추리한다.

　득령 : 일간이 월지의 도움을 받고 있는가? 아니다.

　득지 : 일간이 일지의 도움을 받고 있는가? 아니다.

　득세 : 간지가 1목·0화·4토·1금·2수의 분포이다.

◆ **조후** 다음의 내용을 가지고 일간과 기후의 조화를 살핀다.

　寅월은 癸수의 설기가 심하고 아직 추위가 남아있는 때이므로 庚辛금으로 癸수를 돕고, 丙화로 따뜻하게 한다. 寅월의 癸수한테는 丙화는 없어도 되지만 庚辛금은 있어야 한다. 辛금과 丙화는 떨어져 있어야 한다. 지지가 화국(火局)이면 辛금은 녹아내려 쓰지 못하므로, 이때는 壬수가 나타나 화기(火氣)를 식히면서 辛금을 구해주면 좋다.

배합과 흐름
여기서 사주의 참모습을 파악한다.

천간의 金水가 지지의 丑未충과 寅戌의 반합(半合)으로 말미암아 그 뿌리를 상실했다. 金水의 세력이 약하다. 월지가 木이다. 연월일시에 각각 土가 하나씩 있고 寅戌의 반합이 화생토를 지향한다. 土의 세력이 강하다. 이러한 상황에서 일간인 癸수가 월간의 戊토와 사랑을 하고 있다. 그렇다고 이 사주가 종격이나 화격은 아닌 것 같다. 연간의 庚금을 용신으로 삼는다.

『적천수』
청나라 임철초는 이 사주를 다음과 같이 풀이했다.

용신 : 연간의 庚금이다.

이론 전개 : 癸수가 입춘 후 26일에 태어났으니 바로 甲목 진신(眞神)이 사령할 때이다. 천간에 土金이 함께 나타나서 이들이 지지의 丑戌에 통근하였다. 상관이 비록 당령하였으나 관살의 세력이 거침없이 설치고 있다. 그래서 상관으로 관살의 세력을 제어하려고 해도 오히려 일간의 기운이 유출당한다. 그러니 상관으로 관살의 세력을 제어하기가 어려운 상황이다. 庚금이 비록 가신(假神)이라고는 하지만 일간이 가(假)를 사랑하고 진(眞)을 미워하므로 庚금을 용신으로 삼으니 두 가지의 묘함이 있다. 그 하나는 관살의 강함을 화(化)하는 것이고, 또 하나는 본인인 일간을 생하는 것이다. 시간의 비견이 일간을 도와주고 또 능히 촉촉한 土가 金을 기른다.

길흉 판단 : ―남방운에는 살(殺)을 생하고 인(印)을 무너뜨려 분주하기만 하고 좋은 때를 만나지 못하였다.

―甲申대운이 되어 서방운으로 바뀌자 용신이 득지하여 군(軍)에서 공을 세워 지현(知縣)으로 날아올랐다.

-乙酉대운에는 다시 아름다워서 벼슬이 주목(州牧)에 이르렀다.

-한번 丙운으로 바뀌니 庚금 인성을 무너뜨려 죽었다.

석오 평주   필자인 석오가 자신의 의견을 덧붙였다.

어느 사주나 일간과 비겁이 어느 정도 힘이 있어야 일간과 비겁이 식상을 도와서 식상이 관살을 공격하게 할 수 있다. 이 사주는 상관이 일간의 기운을 빼앗을 뿐 도움이 안 된다. 더구나 이 사주는 월지의 寅목이 연지의 戌土와 寅戌의 반합(半合)을 이루어 일간을 곤경으로 몰아넣는다. 이 사주는 상관이 좋은 역할을 하지 못한다.

FREE NOTE   자유로운 이야기를 펼치다.

조선의 송익필(宋翼弼)이 노래했다.

산길

산길을 가다 보면 쉬는 것을 잊고 앉아서 쉬다 보면 가는 것을 잊네
소나무 그늘 아래 말을 세우고 짐짓 물소리를 듣기도 하네
뒤따라오던 사람 몇이 나를 앞질러 가기로손
제각기 갈 길 가는 터 또 무엇을 다툴 것이랴

山行忘坐坐忘行　歇馬松陰聽水聲
後我幾人先我去　各歸其止又何爭

사주 풀이

일간이 癸인 경우 04

시 일 월 연
甲 癸 甲 癸
寅 亥 寅 亥

丙 丁 戊 己 庚 辛 壬 癸
午 未 申 酉 戌 亥 子 丑

수
癸癸
亥亥

금 ——————————— 목
甲甲寅寅

토 ——————————— 화

억부와 조후 억부는 현실이고 조후는 이상이다.

◆ **억부** 다음의 세 가지를 가지고 일간의 강약을 추리한다.

득령 : 일간이 월지의 도움을 받고 있는가? 아니다.

득지 : 일간이 일지의 도움을 받고 있는가? 그렇다.

득세 : 간지가 4목·0화·0토·0금·4수의 분포이다.

◆ **조후** 다음의 내용을 가지고 일간과 기후의 조화를 살핀다.

寅월은 癸수의 설기가 심하고 아직 추위가 남아있는 때이므로 庚辛금으로 癸수를 돕고, 丙화로 따뜻하게 한다. 寅월의 癸수한테는 丙화는 없어도 되지만 庚辛금은 있어야 한다. 辛금과 丙화는 떨어져 있어야 한다. 지지가 화국(火局)이면 辛금은 녹아내려 쓰지 못하므로, 이때는 壬수가 나타나 화기(火氣)를 식히면서 辛금을 구해주면 좋다.

배합과 흐름　여기서 사주의 참모습을 파악한다.

　연주와 일주가 똑같이 癸亥이고 월주와 시주가 똑같이 甲寅이다. 육합 이론을 따르면 지지가 인해합화목(寅亥合化木, 寅과 亥가 합하면 木이 된다)이다. 육합 이론을 따르지 않고 寅과 亥의 지장간을 보아도 木이 강해진다. 水나 木 중 어느 하나를 용신으로 삼아야 한다.

『적천수』　청나라 임철초는 이 사주를 다음과 같이 풀이했다.

　용신 : 겁재이다.

　이론 전개 : 수목상관(水木傷官)으로 기쁘게도 재성이 없다. 그래서 공부를 계속하였다. 싫게도 지지의 寅亥가 木으로 화(化)하여 상관이 태중(太重)하니 청운의 뜻을 이루기 어려웠다.

　길흉 판단 : -辛운에는 최고 명문 대학에서 공부를 하였다.

　-亥운에는 창고를 넓혔다.

　-庚戌대운에는 돈을 내고 벼슬에 나아갔다.

　-己酉대운과 戊申대운의 20년 동안에는 土金이 생화(生化)하여 어그러지지 않았으니 벼슬이 별가(別駕)에 이르렀고 벼슬로 인한 수입이 풍성하였다.

석오 평주　필자인 석오가 자신의 의견을 덧붙였다.

　사주의 어느 한 특징을 나타내기 위해서 격(格)이란 용어를 사용한다. 사주에는 여러 가지 특징이 있으므로 그에 따라 많은 격이 등장할 수 있고, 심지어 한 사주가 여러 개의 격을 가질 수 있다. 양신성상격(兩神成象格)이란 사주가 두 가지의 오행으로 나뉘어져 있고 그 밖의 다른 오행의 기는 전혀 섞이지 않은 경우로서 양기성상격(兩氣成象格)과 같은 말이다. 여기에는 상생오국(相生五局)과 상성오국(相成五局)이 있다. 상생오국이란 두 가지의 오행이 각각 네 개씩 나뉘어 있으면서 상생관계인 경우이다. 상성오국이란 두 가지의 오행이 각각 네 개씩 나뉘어 있으면서 상극관계인 경우이다. 양신성상격은 출생월이나 합충관계 등에 따라 차이가 발생할 수 있다. 그리고 양신성상격이라고 해서 무조건 부귀를 누릴 수 있는 것도 아니다. 임철초는 이 사주를 양신성상격으로 다루지 않는다. 왜냐하면 이 사주가 두 亥수의 변화로 水와 木의 분포가 확 달라지기 때문이다. 임철초는 이 사주를 상관용겁격(傷官用劫格)으로 다룬다. 상관용겁격이란 좁게는 상관이 왕하여 겁재를 용신으로 삼는 격이고 넓게는 식상이 왕하여 비겁을 용신으로 삼는 격이다. 임철초는 이 사주의 용신은 겁재라고 하나 여기의 겁재는 비겁 즉 水이다. 상관용겁격은 인성운을 가장 기뻐한다. 왜냐하면 인성운은 식상을 극함과 동시에 일간을 생하는 두 가지 역할을 한꺼번에 하여 이 운에는 사주가 반듯이 설 수 있기 때문이다. 비겁운은 용신운이지만 비겁을 돕는 동시에 식상을 생하여 그 역할이 온전하지 못하다.

FREE NOTE　　자유로운 이야기를 펼치다.

'경주 최부자'는 400년 넘게 12대 만석꾼, 9대째 진사를 배출한 집안이다. 지금도 솟을대문과 50여 칸 남은 집(원래는 89칸)이 옛 풍채를 전한다.

이 집안의 독특한 '부자 정신'에서 현대 자본주의의 양극화 문제 해법과 상생 경영의 지혜를 모색할 수 있는데 이 '부자 정신'은 다음의 가문 6훈(六訓)에 잘 나타나 있다.

① **진사 이상의 벼슬을 하지 말라.**

양반 신분은 유지했지만 정치에는 나서지 않았다. 오늘날 '정경분리'의 선구였다.

② **만석 이상의 재산은 사회에 환원하라.**

1년 소작료 수입을 만석으로 미리 정하고 초과분에 대해서는 소작료를 깎아 주었다. 이른바 '목표초과 이익분배제'다.

③ **흉년에는 땅을 늘리지 말고 파장 때의 물건은 사지 말며 값을 깎지 말라.**

사악하게 치부하지 말라는 뜻이다. '공정 경쟁'의 실천이었다.

④ **과객을 후하게 대접하라.**

사랑채를 개방하고 1년에 쌀 2,000가마니를 과객 접대에 썼다. 500인을 독상으로 대접할 수 있는 놋그릇과 반상이 구비돼 있었다. 오늘날 '소통 경영'과 연결된다.

⑤ **주변 100리 안에 굶어 죽는 사람이 없게 하라.**

'100리'는 자신의 경제력 내에서 돌볼 수 있는 범위다. '복지 경영'이다.

⑥ **시집 온 며느리는 3년간 무명옷을 입어라.**

신혼 초 서민의 옷인 무명옷을 입게 해 '근검절약'을 익히게 했다. 이와 는 별도로 '은비녀 이상의 패물을 갖고 오지 말라'고 해 혼수품절제도 본을 보였다.

사주 풀이

일간이 癸인 경우 05

시	일	월	연
丙	癸	庚	戊
辰	酉	申	申

戊	丁	丙	乙	甲	癸	壬	辛
辰	卯	寅	丑	子	亥	戌	酉

수
癸

금 酉
庚申申 **목**

토 戊辰 丙 **화**

억부와 조후

> 억부는 현실이고 조후는 이상이다.

◆ **억부** 다음의 세 가지를 가지고 일간의 강약을 추리한다.

득령 : 일간이 월지의 도움을 받고 있는가? 그렇다.

득지 : 일간이 일지의 도움을 받고 있는가? 그렇다.

득세 : 간지가 0목·1화·2토·4금·1수의 분포이다.

◆ **조후** 다음의 내용을 가지고 일간과 기후의 조화를 살핀다.

申월은 庚금이 왕한 때이므로 丁화로 제금(制金)하고 甲목으로 丁화를 돕는다. 丁화는 있는데 甲목이 없다면 壬癸수가 투간되지 말아야 조금의 부귀라도 누릴 수 있다.

배합과 흐름 여기서 사주의 참모습을 파악한다.

　　4금이 2토의 생을 받아 전권을 장악하고 있으며 丙화는 홀로 허탈하고 辰
토와 일심동체를 이루고 있다.

『사주첩경』 우리나라의 이석영은 이 사주를 다음과 같이 풀이했다.

　　용신 : 水이다.

　　이론 전개 : 금실무성(金實無聲)이란 두터운 쇳덩이는 아무리 두들겨도 소리
가 나지 않는다는 말이다. 그러한 이치로 말미암아 금왕(金旺)한 사주는 火를
만나 제련되거나 아니면 水를 만나 설정(泄精)하면 명성을 나타내지만 그렇지
못하면 그만 무명인사에 그친다고 새긴다.

　　금실(金實)은 일간이 金인 경우에만 이루어지는 것은 아니고 일간 이외의
식상·재성·관성·인성의 경우에도 이루어진다. 그러나 종격 또는 화격으로서
금왕한 사주는 이를 금실이라고 할 수 없다.

　　이 사주는 인성인 金이 왕(旺)하여 금실이다. 왕금(旺金)을 火로 제련하고자
하면 丙화는 辰토를 생하고 辰토는 酉금을 생하여 뜻을 이룰 수 없다. 부득
이 왕금을 水로 설정해야 한다.

　　길흉 판단 : 亥·子 운에 천고명성(千古名聲)을 얻었다. 그것은 亥·子로 미약
한 水를 도와 金의 강하고 예리한 기운을 충분히 빼 주었기 때문이다. 만약
亥·子 운이 없었더라면 금실무성이 되었을 것이다.

석오 평주

필자인 석오가 자신의 의견을 덧붙였다.

① 이 사주는 신강하지만 재성·관살·식상을 용신으로 삼을 수 없는 경우이다.

② 고전 사주학은 이 사주를 모자멸자(母慈滅子, 어머니의 정이 지나치면 자식을 멸망시킨다) 또는 순모지리(順母之理, 왕한 인성이 생하는 것을 비겁이 나누어 받는 이치)로 다룬다.

③ 이 사주는 오행의 생극작용상 금다수체(金多水滯, 쇠가 많으면 물이 막혀서 통하지 않는다)·금다수탁(金多水濁, 쇠가 많으면 물이 탁해진다)이다.

FREE NOTE

자유로운 이야기를 펼치다.

① 설정(泄精)이란 넘치는 오행을 다음 오행으로 흘려보낸다는 말이다. 설정과 설기(泄氣)는 그 의미가 같다. 참고로 도기(盜氣)란 자신의 기운이 약한 상황에서 다음 오행으로 흘러간다는 말이다.

② 사주 풀이를 할 때 일간의 강약에 얽매이지 말고 木·火·土·金·水의 어느 오행이 태왕(太旺)하면 이를 설(泄)하는 것이 자연스럽다. 설이란 기운을 유출시킨다는 말이다. 설(泄)과 설(洩)은 그 의미가 같다. 특히 일간이 음간(陰干)인 경우에는 일간이 자신의 신약을 두려워하지 않고 설이 사주의 응어리를 풀어서 사주 전체가 화평해지는 것을 기뻐한다.

사주 풀이

일간이 癸인 경우 06

시	일	월	연
癸	癸	戊	乙
丑	酉	寅	酉

庚	辛	壬	癸	甲	乙	丙	丁
午	未	申	酉	戌	亥	子	丑

억부와 조후   억부는 현실이고 조후는 이상이다.

◆ **억부**   다음의 세 가지를 가지고 일간의 강약을 추리한다.

득령 : 일간이 월지의 도움을 받고 있는가? 아니다.

득지 : 일간이 일지의 도움을 받고 있는가? 그렇다.

득세 : 간지가 2목·0화·2토·2금·2수의 분포이다.

◆ **조후**   다음의 내용을 가지고 일간과 기후의 조화를 살핀다.

寅월은 癸수의 설기가 심하고 아직 추위가 남아있는 때이므로 庚辛금으로 癸수를 돕고, 丙화로 따뜻하게 한다. 寅월의 癸수한테는 丙화는 없어도 되지만 庚辛금은 있어야 한다. 辛금과 丙화는 떨어져 있어야 한다. 지지가 화국(火局)이면 辛금은 녹아내려 쓰지 못하므로, 이때는 壬수가 나타나 화기(火氣)를 식히면서 辛금을 구해주면 좋다.

배합과 흐름　　　여기서 사주의 참모습을 파악한다.

　지지의 酉丑이 金을 돋운다. 지지의 丑토가 습토로서 水를 지원한다. 위의 요인들이 金水의 세력을 확장시킨다. 그래서 水가 힘이 있다. 水를 설하는 木은 어떠한가? 천간과 지지의 木이 金으로부터 극을 받는다. 그래서 木이 힘이 없다. 水를 극하는 土는 어떠한가? 천간의 土가 木으로부터 극을 받는다. 그래서 土가 힘이 없다. 이 사주는 신왕하다. 水를 설하는 木이나 水를 극하는 土 가운데서 어느 하나를 용신으로 삼아야 한다. 일간인 癸수가 월간의 戊토와 천간합을 이룬다고 해서 상처투성이인 월간의 戊토를 용신으로 삼을 수 없다. 그래도 월지의 寅목이 다소간 힘이 있으므로 월지의 寅목을 용신으로 삼아야 한다.

『적천수』　　　청나라 임철초는 이 사주를 다음과 같이 풀이했다.

　용신 : 월지의 寅목이다.

　이론 전개 : 癸수가 寅월에 생하니 바로 수목상관(水木傷官)이다. 지지에는 인성이 함께 왕하고 酉丑이 金으로 합하니 반드시 寅목을 용신으로 삼아야 한다. 그래서 재능이 넘쳤다.

　길흉 판단 : −乙亥대운에는 木이 생왕(生旺)을 만나니 향방(鄕榜)에 합격하였다.

　−甲戌대운과 癸운에는 현령(縣令)으로 벼슬길에 나아갔다.

　−酉운에는 지지가 세 개의 酉금을 만나 나무는 어린데 金이 많아 일을 그르쳐서 낙직하였다. 이 사주는 火가 적으니 병은 있으나 약은 없는 셈이다. 만약 火가 있었더라면 비록 금지(金地)로 갔더라도 또한 큰 근심은 없었을 것이다.

석오 평주 　필자인 석오가 자신의 의견을 덧붙였다.

　연지와 일지의 두 酉금이 용신인 월지의 寅목을 극하므로 金이 용신의 병이다. 金이 용신의 병이므로 사주에 火가 있으면 이 火를 약으로 사용할 수 있다. 그러나 이 사주에는 월지의 寅목 속의 丙화가 있을 뿐 겉으로 드러난 火가 없다. 만약 이 사주에 겉으로 드러난 火가 있었더라면 이 사주의 주인공이 보다 나은 삶을 누렸을 것이다.

FREE NOTE 　자유로운 이야기를 펼치다.

　청나라 원매(袁枚)가 노래했다.

　노인과 모란꽃

　성성한 백발 어깨 위에 서리처럼 드리우고
　이 봄 보내는 아쉬운 마음
　밤 이슥토록 모란꽃 지켜보는 것은
　반은 지는 꽃 가여워 반은 내 모습 가여워서라네

　白髮蕭蕭霜滿肩　　送春未免意留連
　牡丹看到三更盡　　半爲憐花半自憐

사주 풀이

	시	일	월	연
	乙	癸	丙	甲
	卯	亥	子	子

甲	癸	壬	辛	庚	己	戊	丁
申	未	午	巳	辰	卯	寅	丑

억부와 조후   억부는 현실이고 조후는 이상이다.

◈ **억부**   다음의 세 가지를 가지고 일간의 강약을 추리한다.

득령 : 일간이 월지의 도움을 받고 있는가? 그렇다.

득지 : 일간이 일지의 도움을 받고 있는가? 그렇다.

득세 : 간지가 3목 · 1화 · 0토 · 0금 · 4수의 분포이다.

◈ **조후**   다음의 내용을 가지고 일간과 기후의 조화를 살핀다.

子월은 한랭한 때이므로 丙화로 따뜻하게 해준다. 丙화는 통근(通根)이 필요하다. 丙화를 쓰는데 壬癸수가 나타나면 안 된다. 천지(天地)에 水가 왕하여 戊토로 다스릴 때에도 丙화가 없으면 큰 인물이 될 수 없다.

배합과 흐름   여기서 사주의 참모습을 파악한다.

일간인 癸수가 일지를 비롯한 3水의 도움을 받고 있으며 지지의 亥子가 水를 돋운다. 시주가 乙卯이고 甲목이 투출했으며 지지의 亥卯가 木을 돋운다. 월간이 丙화이다. 신왕하다. 4水가 3木을 생하고 연간의 甲목이 월간의 丙화를 생한다. 월간의 丙화를 용신으로 삼는다.

『적천수』   청나라 임철초는 이 사주를 다음과 같이 풀이했다.

용신 : 월간의 丙화이다.

이론 전개 : 癸亥일주이고 연월의 지지가 子수이니 왕함을 가히 알겠다. 가장 기쁜 것은 卯시로 그 맑은 기운을 설하니 속에서 밖으로 발(發)하는 것이다. 木의 기운이 넉넉하니 火가 허해도 이 火를 용신으로 삼을 수 있으니 정(精)이 족하고 신(神)이 왕하다고 하겠다. 기쁜 것은 사주에 土金의 혼잡이 없는 것이다. 사주에 土가 있으면 火를 土가 설하고 土가 水를 멈추게 할 수 없으니 오히려 土가 木과 불화하게 된다. 사주에 金이 있으면 木을 金이 손상하고 다시 金이 넘치는 水를 돕게 된다. 일생 동안 재앙이 없었던 것은 土金의 혼잡이 없었기 때문이다. 나이가 들어도 식욕이 왕성해 더욱 건장하고 귀와 눈이 총명하며 걸음걸이도 강건해 보는 사람들이 50이 넘었다는 것을 의아해하였다.

길흉 판단 : 명리(名利)를 함께 누리고 자손이 많았다.

석오 평주

필자인 석오가 자신의 의견을 덧붙였다.

어느 오행이 왕(旺)하면 이 오행을 극하는 것이 자연스러울 때가 많다. 어느 오행이 태왕(太旺)하면 이 오행을 설하는 것이 자연스러울 때가 많다. 태왕이란 보통 이상으로 지나치게 왕한 경우를 말한다. 어느 오행이 극왕(極旺)하면 이 오행을 생하는 것이 자연스러울 때가 많다. 극왕이란 태왕보다 더욱 왕하여 그 정도가 극에 이르러 더 이상 왕할래야 왕할 수 없는 경우를 말한다. 어느 오행이 쇠(衰)하면 이 오행을 생하는 것이 자연스러울 때가 많다. 어느 오행이 태쇠(太衰)하면 이 오행을 극하는 것이 자연스러울 때가 많다. 태쇠란 보통 이상으로 지나치게 쇠한 경우를 말한다. 어느 오행이 극쇠(極衰)하면 이 오행을 설하는 것이 자연스러울 때가 많다. 극쇠란 태쇠보다 더욱 쇠하여 그 정도가 극에 이르러 더 이상 쇠하려야 쇠할 수 없는 경우를 말한다.

FREE NOTE

자유로운 이야기를 펼치다.

당나라 엄운(嚴惲)이 노래했다.

봄은 어디로 가는가

봄볕 아장아장 어디로 가는가
새삼 꽃 앞에서 술잔을 들었네
종일토록 꽃에게 물어도 꽃은 말이 없는데
꽃은 정녕 누구를 위하여 피고 지는가

春色冉冉歸何處　　更向花前把一杯
盡日問花花不語　　爲誰零落爲誰開

사주 풀이

일간이 癸인 경우 08

시	일	월	연
癸	癸	丙	甲
亥	亥	子	申

甲	癸	壬	辛	庚	己	戊	丁
申	未	午	巳	辰	卯	寅	丑

수
癸癸子
亥亥
금 ─── 申 ──── 甲 목
토 ─────────── 화
丙

억부와 조후   억부는 현실이고 조후는 이상이다.

◆ **억부** 다음의 세 가지를 가지고 일간의 강약을 추리한다.

득령 : 일간이 월지의 도움을 받고 있는가? 그렇다.

득지 : 일간이 일지의 도움을 받고 있는가? 그렇다.

득세 : 간지가 1목·1화·0토·1금·5수의 분포이다.

◆ **조후** 다음의 내용을 가지고 일간과 기후의 조화를 살핀다.

子월은 한랭한 때이므로 丙화로 따뜻하게 해준다. 丙화는 통근(通根)이 필요하다. 丙화를 쓰는데 壬癸수가 나타나면 안 된다. 천지(天地)에 水가 왕하여 戊토로 다스릴 때에도 丙화가 없으면 큰 인물이 될 수 없다.

배합과 흐름 　여기서 사주의 참모습을 파악한다.

　일간인 癸수가 일지를 비롯한 4水와 연지의 申금의 도움을 받고 있으며 지지의 申子가 水를 돋운다. 연간의 甲목이 일지와 시지의 두 亥수에 뿌리를 내리고 있다. 월간이 丙화이다. 신왕하다. 연지의 申금이 다소 문제를 일으키나 전체적으로는 5水가 연간의 甲목을 생한다. 그래서 연간의 甲목이 월간의 丙화를 생한다. 연간의 甲목과 월간의 丙화 중 어느 하나를 용신으로 삼는다.

『적천수』 　청나라 임철초는 이 사주를 다음과 같이 풀이했다.

　용신 : 연간의 甲목이다.

　이론 전개 : 癸수가 子월에 태어나서 왕지(旺支)를 셋이나 만났으니 그 세력이 왕양(汪洋)하다. 기쁘게도 甲목이 투출하고 월간이 丙화이며 연주인 甲申이 절처봉생(絕處逢生)이다. 水木火가 서로 호위하고 金이 유통함을 얻었으며 水가 따스함을 얻었고 木이 빼어남을 얻었으며 火가 생부(生扶)를 얻었다. 용신은 반드시 甲목이니 그래서 분발의 기틀이 된다.

　길흉 판단 : −戊寅대운에는 운이 바로 솟아올랐다.

　−己卯대운에는 일찍이 벼슬길에 올라 영광을 누렸다.

　−庚辰대운과 辛巳대운에는 비록 제화(制化)의 정이 있으나 도리어 생부의 의향이 없어서 벼슬길에서 미끄러지고 크게 발전할 수가 없었다.

석오 평주 　필자인 석오가 자신의 의견을 덧붙였다.

　이 사주는 용신이 연간의 甲목이고 희신이 월간의 丙화이다. 이와는 달리

이 사주는 용신이 월간의 丙화이고 희신이 연간의 甲목이라고 보면 안 되는가? 안 된다. 왜냐하면 이 사주는 수다(水多)가 병이고 水의 기운을 설해 주는 木이 약인데 木의 기운이 넉넉하지 못하므로 아직은 火를 용신으로 등장시킬수 없기 때문이다. 사실 월간의 丙화에다 초점을 맞추면 이 사주는 군비쟁재(群比爭財)·군겁쟁재(群劫爭財)에 가깝다. 군비쟁재·군겁쟁재란 많은 비겁들이 재성을 서로 차지하려고 다툰다는 말이다. 그러니 이 사주는 천간으로 오는火운은 이를 반기지만 지지로 오는 火운은 이를 꺼린다고 본다. 절처봉생(絕處逢生)이란 천간이 지장간의 조화로 말미암아 지지의 극에서 벗어나 생을 누리는 경우인데, 甲申·戊寅·庚寅·癸丑·庚午가 여기에 속한다.

FREE NOTE 자유로운 이야기를 펼치다.

조선의 고의후(高義厚)가 노래했다.

국화 앞에서

꽃 있고 술 없으면 한심스럽고

술 있고 친구 없으면 또한 딱한 일

세상일 하염없으니 따질 것 무엇이랴

꽃 보고 술잔 들고 한바탕 노래나 부르세

有花無酒可堪嗟　有酒無人亦奈何

世事悠悠不須問　看花對酒一長歌

사주 풀이

일간이 癸인 경우 09

시	일	월	연
癸	癸	辛	丁
亥	亥	亥	丑

癸	甲	乙	丙	丁	戊	己	庚
卯	辰	巳	午	未	申	酉	戌

억부와 조후   억부는 현실이고 조후는 이상이다.

◆ **억부** 다음의 세 가지를 가지고 일간의 강약을 추리한다.

 득령 : 일간이 월지의 도움을 받고 있는가? 그렇다.

 득지 : 일간이 일지의 도움을 받고 있는가? 그렇다.

 득세 : 간지가 0목·1화·1토·1금·5수의 분포이다.

◆ **조후** 다음의 내용을 가지고 일간과 기후의 조화를 살핀다.

 亥월은 월지 亥 중에 甲목이 있어서 일간 癸水가 강중약(强中弱)이다. 水가 왕한데 壬水까지 투간되면 戊토로 제수(制水)한다. 지지가 목국(木局)이면 庚辛금으로 다스리며 癸수를 생한다. 이때 丁화가 庚辛금을 위협하면 癸수로 丁화를 극한다. 천지(天地)에 金이 많아 癸수가 생왕(生旺)하면 한습(寒濕)이 매우 심하다. 따라서 丁화로 제금(制金)하고 丙화로 조후한다. 이때는 편재와 정재를 모두 기뻐한다.

배합과 흐름   여기서 사주의 참모습을 파악한다.

일간인 癸水가 일지를 비롯한 4水와 투출한 辛金의 도움을 받고 있으며 지지의 亥丑이 水를 돋운다. 연간의 丁화가 지지에 전혀 뿌리를 내리지 못하고 있다. 매우 신왕하다. 연간의 丁화를 용신으로 삼을 수 있을까?

『적천수』   청나라 임철초는 이 사주를 다음과 같이 풀이했다.

용신 : 연간의 丁화이다.

이론 전개 : 지지가 세 개의 亥水와 한 개의 丑토이다. 천간에는 두 개의 癸水와 한 개의 丁화가 있다. 음탁(陰濁)한 기운이 지극하다. 연간의 丁화가 비록 포장될 수는 없으나 허약하고 불꽃이 없으므로 亥水 속의 甲목이 여러 水를 이끌어서 이 丁화를 도와주는 시중을 들지 못한다.

길흉 판단 : 기쁘게도 그 운이 남방의 양명한 땅으로 달리고 또 丙午와 丁未의 유년(流年)을 만나자 과거에 급제하여 벼슬이 연이어 올라 관찰사에 이르렀다.

석오 평주   필자인 석오가 자신의 의견을 덧붙였다.

임철초는 연간의 丁화가 비록 포장될 수는 없으나 허약하고 불꽃이 없으므로 亥水 속의 甲목이 여러 水를 이끌어서 이 丁화를 도와주는 시중을 들지 못한다고 한다. 그렇다면 연간의 丁화가 용신이 될 수 없다는 이야기이다. 임철초는 사주의 용신을 분명하게 밝히지 않은 채 운의 흐름만 가지고 얼렁뚱땅 넘어간다. 그러면 안 된다. 용신이 있어야 운의 흐름을 논할 수 있지 않겠는가. 결과를 놓고 보면 이 사주는 연간의 丁화가 용신이다. 그 까닭을 이론적으로 잘 설명해 줄 수 있어야 한다. 갑목맹아(甲木萌芽)란 亥월은 甲목이 싹이 트기 시작하여 甲목의 기(氣)가 있다는 말이다. 亥 중에는 戊토와 甲목 그리고 壬수가 있다. 그러나 戊토의 기는 미약하고 甲목의 기는 상당하다. 12운 이론에서 甲이 亥에서 장생을 이루므로 亥월을 소춘(小春)이라고도 부른다. 그러므로 우리나라의 이석영은 사주를 볼 때에는 亥월생이면 항상 亥 중 甲목을 염두에 두고 추리를 해야 한다고 한다. 만약 이 사주의 주인공이 중기생이어서 亥수 속의 甲목이 주권신이라면 이 사주의 용신이 연간의 丁화임을 깔끔하게 설명할 수 있을 것이다.

FREE NOTE 자유로운 이야기를 펼치다.

당나라 소덕언(蕭德言)이 노래했다.

춤추는 사람

몸 굽히니 뎅그렁 옥패 울리고
소매 쳐드니 비단자락 펄럭이네
처마 끝에 나르는 제비런가
눈 위에 흩날리는 꽃잎이런가

低身鏗玉佩　　擧手拂羅依
對檐疑燕起　　映雪似飛花

癸

사주 풀이

일간이 癸인 경우 10

<table>
<tr><td>시</td><td>일</td><td>월</td><td>연</td></tr>
<tr><td>壬</td><td>癸</td><td>辛</td><td>癸</td></tr>
<tr><td>戌</td><td>丑</td><td>酉</td><td>亥</td></tr>
</table>

<table>
<tr><td>癸</td><td>甲</td><td>乙</td><td>丙</td><td>丁</td><td>戊</td><td>己</td><td>庚</td></tr>
<tr><td>丑</td><td>寅</td><td>卯</td><td>辰</td><td>巳</td><td>午</td><td>未</td><td>申</td></tr>
</table>

억부와 조후　　억부는 현실이고 조후는 이상이다.

◆ **억부**　다음의 세 가지를 가지고 일간의 강약을 추리한다.

득령 : 일간이 월지의 도움을 받고 있는가? 그렇다.

득지 : 일간이 일지의 도움을 받고 있는가? 癸가 丑에 뿌리를 내려서 金의 도움을 받고 있으나 둘 사이는 토극수의 관계이다.

득세 : 간지가 0목·0화·2토·2금·4수의 분포이다.

◆ **조후**　다음의 내용을 가지고 일간과 기후의 조화를 살핀다.

酉월은 순금(純金)이 왕한 때이므로 癸수 또한 왕해진다. 더 이상의 생조(生助)는 필요 없다. 그러나 너무 차갑고 습하기 때문에 丙화로 金과 水를 따뜻하게 해준다. 丁화를 쓰면 辛금이 녹으므로 丙화를 쓴다. 만일 천지(天地)에 壬癸수가 많다면 戊토를 쓰는데, 癸수는 壬수가 투간되지 않으면 웬만해서는

260

戊土를 쓰지 않는다.

배합과 흐름   여기서 사주의 참모습을 파악한다.

일간인 癸수가 일지의 丑토에 뿌리를 내리고 있다. 월주가 辛酉로서 2金이고 지지의 酉丑이 金을 돋운다. 연주가 癸亥로서 2水이고 壬수가 투출했다. 일지가 丑토이고 시지가 戊토이다. 매우 신왕하다. 습토(濕土)인 일지의 丑토는 이를 용신으로 삼을 수 없다. 그렇다면 조토(燥土)인 시지의 戊토를 용신으로 삼아야 할까?

『적천수』   청나라 임철초는 이 사주를 다음과 같이 풀이했다.

용신 : 시지의 戊토 속의 丁화이다.

이론 전개 : 癸수가 酉월에 태어나서 지지에는 酉亥丑이 모여 있으니 음탁(陰濁)이 되었다. 천간에는 3水와 1辛이 있으면서 戊시를 만나니 음탁하면서 火를 간직하고 있다. 亥수 속의 습목(濕木)이 불꽃이 없는 火를 생할 수 없다.

길흉 판단 : 기쁘게도 그 운이 동남의 양명한 땅으로 달려서 포장된 기운을 유통시키니 영의정의 신분으로 본래의 뜻을 발휘하였다.

석오 평주   필자인 석오가 자신의 의견을 덧붙였다.

이 사주는 수다(水多)가 병이므로 조토(燥土)인 시지의 戊토를 용신으로 삼기 쉽다. 그러나 임철초는 그렇게 하지 않고 겉으로 드러나지 않은 지장간을 용신으로 삼았다. 그 까닭은 결과론적으로 火운뿐만 아니라 조토인 시지의 戌土를 극하는 木운까지 좋았기 때문이다. 그러니 이 사주의 용신을 미리 정확하게 집어내기가 쉽지 않다. 만약 이 사주의 주인공이 중기생이어서 연지의 亥水 속의 甲목과 시지의 戌土 속의 丁화가 각각 주권신이라면 이 사주의 용신을 미리 집어내기가 한결 수월하리라고 본다.

FREE NOTE　　자유로운 이야기를 펼치다.

송나라 범중엄(范仲淹)이 노래했다.

고기잡이

강 위를 오가는 사람들
농어 맛 즐길 줄만 아는데
그대들 보시게나 작은 배 하나
거센 파도 속에 출렁대고 있음을

江上往來人　　但愛鱸魚美
君看一葉舟　　出沒風波裏

사주 풀이

일간이 癸인 경우 11

시	일	월	연
丙	癸	壬	丁
辰	卯	寅	卯

甲	乙	丙	丁	戊	己	庚	辛
午	未	申	酉	戌	亥	子	丑

억부와 조후
억부는 현실이고 조후는 이상이다.

◆ **억부** 다음의 세 가지를 가지고 일간의 강약을 추리한다.

득령 : 일간이 월지의 도움을 받고 있는가? 아니다.

득지 : 일간이 일지의 도움을 받고 있는가? 아니다.

득세 : 간지가 3목·2화·1토·0금·2수의 분포이다.

◆ **조후** 다음의 내용을 가지고 일간과 기후의 조화를 살핀다.

寅월은 癸수의 설기가 심하고 아직 추위가 남아있는 때이므로 庚辛금으로 癸수를 돕고, 丙화로 따뜻하게 한다. 寅월의 癸수한테는 丙화는 없어도 되지만 庚辛금은 있어야 한다. 辛금과 丙화는 떨어져 있어야 한다. 지지가 화국(火局)이면 辛금은 녹아내려 쓰지 못하므로, 이때는 壬수가 나타나 화기(火氣)를 식히면서 辛금을 구해주면 좋다.

癸

丁壬의 천간합과 寅卯辰의 지지방합이 어울려서 합화목(合化木)이다. 이것이 寅 중 丙화를 생한다. 寅 중 丙화는 천간으로 밝음을 토하고 있다.

용신 : 시간의 丙화이다.

이론 전개 : 아우생아(兒又生兒)란 아이가 또 아이를 낳았다는 말이다. 아(兒)란 내가 낳은 아이 즉 일간이 생한 식상이다. 그러므로 아우생아란, 아(兒)인 식상이 또 아이를 생한 것으로서, 일간에게는 식상에 이어 재성까지 이루어진 것이다.

아우생아격(兒又生兒格)은 그 끝이 되는 재성이 열매이므로 재성이 용신이다. 따라서 희신은 식상이고 기신은 비겁이며 구신은 인성이다. 사주가 종아격(從兒格)이 되었다 하여 격(格)이 곧 용신이 되는 것은 아니고 격과 용신은 별개로 다루어진다.

참고로 사주가 종재격(從財格)이면서 재성이 관살을 생하는 경우, 재성은 처(妻)이고 관살은 처의 아이므로, 이 경우를 처우생아(妻又生兒)라고 한다. 처우생아격(妻又生兒格)은 그 끝이 되는 관살이 열매이므로 관살이 용신이다.

이 사주는 癸수가 寅월에 출생하고 천간의 丁과 壬이 지지의 寅卯辰과 어울려서 木으로 화(化)하므로 종아격이다. 그러나 이 木이 시간의 丙화를 생하므로 아우생아이다.

길흉 판단 : ─일찍이 亥子丑의 水운에는 수생목하고 목생화하여 과거에 급제해서 크게 귀한 몸이 되었다.

－그러나 申운에, 木은 절(絶)하고, 丙화는 그 뿌리가 끊어지며 申에 병(病)
하여, 불록지객(不祿之客)이 되었다.

석오 평주　　필자인 석오가 자신의 의견을 덧붙였다.

① 亥子丑의 水운은 기신운이다. 그러나 지지로 오는 운이어서 이것이 지
지의 寅卯辰과 어긋나지 않았다. 水운이 천간으로 오면 水가 용신인 丙화를
극한다.

② 戊戌대운은 사주의 일주와 戊癸합과 卯戌합을 이루어 천지덕합(天地德
合)이다. 그러나 卯戌합은 육합 이론으로서 오늘날 재검토의 필요성이 있다.
戊戌대운의 戌은 사주의 寅과 寅戌의 반합(半合)을 이루어 火를 도울 수 있다.

③ 酉운은 사주의 辰과 辰酉합을 이루면서 사주의 2卯와 卯酉충을 이룬
다. 辰酉합은 육합 이론을 떠나 토생금의 관계이다. 酉운에는 좋지 않은 일이
많았으리라고 본다.

FREE NOTE　　자유로운 이야기를 펼치다.

사주는 어느 오행이 태왕(太旺)하면 종격이라도 이를 설하는 것이 아름답
다. 왜냐하면 사주의 기상이 힘차게 뭉쳤다가 다시 새로운 경지를 펼쳐야 차
원이 높아지기 때문이다.

사주 풀이

일간이 癸인 경우 12

<table>
<tr><td>시</td><td>일</td><td>월</td><td>연</td></tr>
<tr><td>甲</td><td>癸</td><td>壬</td><td>丙</td></tr>
<tr><td>寅</td><td>巳</td><td>辰</td><td>戌</td></tr>
</table>

<table>
<tr><td>庚</td><td>己</td><td>戊</td><td>丁</td><td>丙</td><td>乙</td><td>甲</td><td>癸</td></tr>
<tr><td>子</td><td>亥</td><td>戌</td><td>酉</td><td>申</td><td>未</td><td>午</td><td>巳</td></tr>
</table>

억부와 조후	억부는 현실이고 조후는 이상이다.

◆ **억부** 다음의 세 가지를 가지고 일간의 강약을 추리한다.

득령 : 일간이 월지의 도움을 받고 있는가? 癸가 辰에 뿌리를 내려서 수고 (水庫)의 도움을 받고 있으나 둘 사이는 토극수의 관계이다.

득지 : 일간이 일지의 도움을 받고 있는가? 아니다.

득세 : 간지가 2목·2화·2토·0금·2수의 분포이다.

◆ **조후** 다음의 내용을 가지고 일간과 기후의 조화를 살핀다.

辰월은 土가 왕한 때이므로 우선 甲목으로 제토(制土)한다. 다음 庚辛금으로 癸수를 돕는다. 지지가 목국(木局)이면 庚辛금으로 제목생수(制木生水)를 해야 한다. 지지가 수국(水局)이면 己토로 제수(制水)하고 丙화로 己토를 돕는다. 이때 甲목이 나타나면 안 된다. 지지에 土가 많은데 이를 다스리는 甲

목이 없다면 庚辛금이 있어서 살인상생을 한다 해도 크게 부귀를 누릴 수는 없다.

배합과 흐름 — 여기서 사주의 참모습을 파악한다.

일간인 癸수가 월지에 뿌리를 내리고 있으며 투출한 壬수의 도움을 받고 있다. 그러나 월지와 연지가 辰戌충을 이룬다. 이 때문에 천간의 2水가 무기력하다. 이 2水가 시주인 甲寅으로 향하고 이 甲寅의 2木이 일지의 巳화를 생한다. 연간의 丙화가 辰戌충을 이룬 연지 이외에도 일지와 시지에 뿌리를 내리고 있다. 일지와 연간의 2火가 지지의 2土를 생한다. 이 사주는 종격이다.

『적천수』 — 청나라 임철초는 이 사주를 다음과 같이 풀이했다.

용신 : 관성이다.

이론 전개 : 癸수가 辰월에 태어나고 사주에 재성과 관성과 상관의 삼자가 모두 왕하다. 인성은 숨어서 기운이 없고 일간은 휴수(休囚)하면서 무근(無根)하며 오직 관성이 당령하니 반드시 관성의 세력을 따라야 한다. 기쁘게도 일지가 재성이어서 상관의 기운을 유통시킨다.

길흉 판단 : -甲午대운에는 지지의 寅午戌이 화국(火局)을 이루어 관성을 생하니 벼슬길로 바로 올라갔다.

-乙未대운에는 벼슬이 올랐다.

-申운과 酉운에는 각각 천간이 丙과 丁이어서 벼슬길이 평탄하였다.

-戊戌대운에는 벼슬이 관찰사에 이르렀다.

-亥운에 亥가 일간을 돕고 巳화를 충거(沖去)하여 죽었다. 이른바 약함이 극에 달한 자는 이를 도와줄 수가 없다는 말과 같다.

석오 평주

필자인 석오가 자신의 의견을 덧붙였다.

이 사주는 종세격(從勢格)이다. 종세격이란 식상과 재성과 관성의 세력이 모두 엇비슷하고 일간이 버틸 능력이 없을 정도로 약한 경우이다. 종세격은 이를 종관격(從官格)의 형태로 볼 수 있다. 왜냐하면 종세격의 경우 대부분 기운이 모이는 곳은 관성이기 때문이다. 종세격을 종관격의 형태로 볼 수 있다고 해서 두 격을 똑같이 다룰 수 없다. 왜냐하면 종세격은 식상과 재성과 관성이 사이가 좋아서 식상운을 반기지만 종관격은 관성을 극하는 식상운을 꺼리기 때문이다. 이 사주 풀이의 길흉 판단을 잘 살펴보면 이 사주는 종관격이 아니고 종세격이다.

FREE NOTE

자유로운 이야기를 펼치다.

후한 말, 태구현의 현감이었던 진식은 백성들을 잘 돌보고 일을 공정하게 처리하여 사람들에게 존경을 받았다. 하지만 나라 안은 흉년이 심하게 들어 백성들이 고통을 받고 있었다. 어느 날 저녁, 진식이 대청마루에 앉아서 책을 읽고 있는데, 도둑이 슬며시 숨어들었다. 도둑이 대들보 위에 몸을 숨긴 것을 알아챈 진식은 시치미를 뚝 떼고 아들과 손자들을 대청으로 불러 모아 책을 읽게 했다. 그리고는 큰 소리로 말했다.

"사람은 누구나 애써 노력하지 않으면 안 된다. 아무리 나쁜 사람이라도 처음부터 나쁜 마음은 없었느니라. 잘못된 습성을 못 버리다가 나중에 큰 죄인이 되느니라. 지금 저 대들보 위에 계신 군자도 그러한 경우이니라."

진식이 말을 마치자 대들보 위에 숨어 있던 도둑이 쿵 하고 떨어졌다. 도둑은 진식에게 무릎을 꿇고 용서를 빌었다.

"소인이 죽을죄를 지었습니다. 어린 것들이 배고프다고 보채는 바람에 이성을 잃고 도둑이 되었습니다."

"이 흉년에 배를 곯는 이가 그대들뿐이겠는가. 그렇더라도 나쁜 마음을 먹어서는 안 되네. 오늘 일은 아무도 모르는 일이니 돌아가 열심히 살게."

진식의 넓고 깊은 마음씨에 도둑은 다시 한번 넙죽 절을 올렸다. 진식은 도둑에게 양식과 옷감을 주어서 돌려보냈다.

사주 풀이

일간이 癸인 경우 13

시	일	월	연
壬	癸	壬	癸
子	未	戌	亥

甲	乙	丙	丁	戊	己	庚	辛
寅	卯	辰	巳	午	未	申	酉

억부와 조후 억부는 현실이고 조후는 이상이다.

◈ **억부** 다음의 세 가지를 가지고 일간의 강약을 추리한다.

득령 : 일간이 월지의 도움을 받고 있는가? 아니다.

득지 : 일간이 일지의 도움을 받고 있는가? 아니다.

득세 : 간지가 0목·0화·2토·0금·6수의 분포이다.

◈ **조후** 다음의 내용을 가지고 일간과 기후의 조화를 살핀다.

戌월은 土가 왕한 때이므로 자칫 癸수가 막혀 절수(絕水)될까 두렵다. 甲목으로 제토(制土)하고 辛금으로 생수(生水)한다. 이때 지지에서 수기(水氣)가 甲목을 돕거나 癸수가 투간되면 좋다. 甲목은 있고 癸수와 辛금이 모두 없으면 평범한 명이다. 지지가 화국(火局)이면 비겁으로 다스려 부(富)를 누릴 수 있다.

6수와 2토의 관계이나 2토가 조토(燥土)로서 서로 이웃하여 돕고 있으므로 수다토류(水多土流, 물이 많으면 흙이 떠내려간다)·수다토산(水多土散, 물이 많으면 흙이 흩어진다)은 아니다.

용신 : 월지의 戌토이다.

이론 전개 : 이 사주는 득령과 득지를 못하였지만 득세를 하였다. 그 결과 일간이 중강(中强)은 되므로 월지의 戌토를 용신으로 삼는다.

길흉 판단 : 己未대운 이후 火土로 용신을 생조(生助)하여 재상의 자리에까지 올라 부귀영화를 누리면서 오래도록 살았다.

① 일간의 강약을 계량하는 여러 가지의 방법이 있다. 그러나 정답이 없다. 일반적으로 다음과 같은 방법으로 일간의 강약을 계량한다.

㉮ 일간이 월지에서 비겁이나 인성을 얻어 득령하였는가.

㉯ 일간이 자신의 지지, 즉 일지에 통근하여 득지하였는가.

㉰ 일간이 기타의 간지로부터 생조(生助), 즉 인성과 비겁의 도움을 받아 득세하였는가.

위와 같은 방법으로 일간의 강약을 계량해도 그 구체적인 적용은 다를 수 있다. 이석영은 이 사주의 일간이 중강(中强)은 된다고 계량하였다. 그렇다면 일간은 득령과 득지 그리고 득세 중 득세 하나만으로 그 강약이 좌우될 수 있다는 이야기이다. 만약 이 사주가 초기생이어서 월지의 戌土 중 辛금이 주권신이라면 일간인 癸수의 강약을 계량하기가 수월하리라고 본다.

② 이 사주의 주인공은 己未대운 이후 火土로 용신을 생조하여 재상의 자리에까지 올라 부귀영화를 누리면서 오래도록 살았다고 한다. 그러나 ㉮ 丁巳대운은 대운의 천간과 지지가 힘을 합쳐 사주의 왕신(旺神)을 충하므로 위험한 운이고 ㉯ 丙辰대운은 사주의 천간이 대운의 천간을 극하고 대운의 지지가 용신을 충하므로 위험한 운이다. 하기야 충이 무조건 다 나쁜 것은 아니다. 경우에 따라서는 대부대귀(大富大貴)해지는 전환의 계기가 될 수도 있다. 실제로 인성과 비겁이 많은 사주는 충이 좋은 역할을 할 때가 많다. 지나치게 자기 본위의 사고에 젖어 있다가 외부로부터 신선한 충격을 받고 혁신을 도모할 수 있는 형상이 되기 때문이다. 하지만 행운이 용신을 충하면 결코 좋을 리가 없다고 본다.

FREE NOTE 자유로운 이야기를 펼치다.

① 사주를 그림의 형태로 형상화시켜 볼 수 있다. 이 사주는 해저(海底)의 용궁(龍宮)을 연상시킨다. 왜냐하면 ㉮ 6水가 2土를 감싸고 ㉯ 천간은 壬癸와 壬癸의 파도를 이루었으며 ㉰ 연주와 시주는 깊은 바다이고 ㉱ 戌과 未는 크고 작은 궁궐이기 때문이다.

② 양간부잡격(兩干不雜格)이란 연간·월간·일간·시간에서 예를 들어 甲·癸·甲·癸나 丁·丁·戊·戊의 경우처럼 같은 천간이 2개씩 나뉘어 이루어진 경우이다. 사주의 모양새가 있어서 귀격을 이룰 수 있다. 그러나 양간부잡격이 무조건 귀격은 아니다. 사주 전체의 구성에 따라 상반되는 운명이 될 수 있다.

사주 풀이

사주의 본바탕과 운명 01

시 일 월 연
乙 癸 庚 戊
卯 亥 申 戌

戊 丁 丙 乙 甲 癸 壬 辛
辰 卯 寅 丑 子 亥 戌 酉

억부와 조후   억부는 현실이고 조후는 이상이다.

◆ **억부**   다음의 세 가지를 가지고 일간의 강약을 추리한다.

득령 : 일간이 월지의 도움을 받고 있는가? 그렇다.

득지 : 일간이 일지의 도움을 받고 있는가? 그렇다.

득세 : 간지가 2목·0화·2토·2금·2수의 분포이다.

◆ **조후**   다음의 내용을 가지고 일간과 기후의 조화를 살핀다.

申월은 庚금이 왕한 때이므로 丁화로 제금(制金)하고 甲목으로 丁화를 돕는다. 丁화는 있는데 甲목이 없다면 壬癸수가 투간되지 말아야 조금의 부귀라도 누릴 수 있다.

배합과 흐름
여기서 사주의 참모습을 파악한다.

연주가 戊戌로서 2土이고 월주가 庚申으로서 2金이며 일주가 癸亥로서 2水이고 시주가 乙卯로서 2木이다. 지지의 亥卯와 申戌이 각각 木과 金을 돈운다.

『적천수』
청나라 임철초는 이 사주를 다음과 같이 풀이했다.

용신 : 구체적인 언급이 없다.

이론 전개 : 이 사주는 土가 金을 생하고 金이 水를 생하며 水가 木을 생하면서 천간과 지지가 같이 흘러 상생의 정(情)이 있다. 그러니 싸움과 질투의 바람이 없이 戊土 속의 재성으로 기운이 돌아가서 관성도 청(淸)하고 인성도 바르며 식신은 빼어난 기상을 펼치면서 생을 만난다.

길흉 판단 : 향방(鄕榜) 출신으로 벼슬이 황당(黃堂)에 이르렀다. 1처와 2첩을 거느렸고 13명의 자식이 있었다. 자식들이 잇따라 과거에 급제하였고 부(富)가 엄청났다. 수명이 90을 넘겼다.

석오 평주
필자인 석오가 자신의 의견을 덧붙였다.

① 이 사주는 신강하므로 식신을 용신으로 삼아야 한다.

② 무재사주(無財四柱)란 사주에 재성이 하나도 없음을 이르는 말로서 지장간에도 재성이 없는 경우를 가리킨다. 이 사주는 연지의 戊土 속에 재성인 丁화가 있으므로 무재사주가 아니다. 이 사주의 연지의 戊土는 재고(財庫)이다.

FREE NOTE

자유로운 이야기를 펼치다.

송나라 왕안석(王安石)이 노래했다.

매화

담 모서리 몇 가지 매화
추위를 이기고 스스로 피었네
멀리서도 그것이 눈이 아님을 알겠나니
그윽이 번져 오는 향기 있음에

墙角數枝梅　　凌寒獨自開
遙知不是雪　　爲有暗香來

사주 풀이

사주의 본바탕과 운명 02

시 일 월 연
辛 己 丙 甲
未 巳 寅 子

甲 癸 壬 辛 庚 己 戊 丁
戌 酉 申 未 午 巳 辰 卯

억부와 조후 　　억부는 현실이고 조후는 이상이다.

◆ **억부** 다음의 세 가지를 가지고 일간의 강약을 추리한다.

득령 : 일간이 월지의 도움을 받고 있는가? 아니다.

득지 : 일간이 일지의 도움을 받고 있는가? 그렇다.

득세 : 간지가 2목·2화·2토·1금·1수의 분포이다.

◆ **조후** 다음의 내용을 가지고 일간과 기후의 조화를 살핀다.

　寅월은 아직 논밭이 풀리지 않은 때이므로 우선 丙화로 해동시키고, 그 다음으로는 甲목으로 丙화를 돕는다. 癸수는 丙丁화가 많을 때에나 쓴다. 壬수는 해가 되므로 壬수가 있으면 戊토로 다스려야 한다. 甲목이 많으면 庚금으로 다스리는데 庚금이 없으면 丁화로 설한다. 土가 많으면 甲목으로 다스리는데 乙목만 많이 있으면 소인(小人)이다.

배합과 흐름
여기서 사주의 참모습을 파악한다.

연지의 水가 연간과 월지의 木을 생하고 이들 木이 각각 월간과 일지의 火를 생하며 이들 火가 각각 일간과 시지의 土를 생하고 이들 土가 각각 시간의 辛금을 생한다. 그리고 연월일시의 지지가 각각 천간을 생한다.

『적천수』
청나라 임철초는 이 사주를 다음과 같이 풀이했다.

용신 : 구체적인 언급이 없다.

이론 전개 : 천간은 목생화, 화생토, 토생금이고, 지지는 수생목, 목생화, 화생토, 토생금이다. 또 모든 간지는 지지가 천간을 생한다. 지지를 따라가 보면 연지의 子수가 寅목을 생하는 것으로부터 시작하여 시간의 辛금에 이르러 끝이 나고, 천간을 따라가 보면 역시 연지의 子수가 甲목을 생하는 것으로부터 시작하여 시간의 辛금에 이르러 끝이 난다. 천지가 함께 흐름을 타고 있으니 이것이 바로 소위 '시작할 곳에서 시작하여 멈출 곳에서 멈추는 것'에 해당한다.

길흉 판단 : 과거에 급제하여 벼슬이 연이어 올라 극품에 이르렀다. 부부가 서로 공경하였고 자손이 번창하였으며 과거 출신의 자손이 끊이지 않았다. 수명은 90에 이르렀다.

석오 평주
필자인 석오가 자신의 의견을 덧붙였다.

이 사주는 인성을 용신으로 삼아야 한다. 왜냐하면 인성이 억부와 조후를 아울러 만족시켜 줄 수 있기 때문이다. 그러면 월간의 丙화와 일지의 巳화 중 어느 것을 용신으로 삼아야 할까. 월간의 丙화를 용신으로 삼아야 한다고 본 다. 왜냐하면 월간의 丙화가 월지의 寅목과 일심동체를 이루고 연간의 甲목 의 도움을 받아 일지의 巳화보다 힘이 있기 때문이다.

FREE NOTE   자유로운 이야기를 펼치다.

조선의 진익중(秦益重)이 노래했다.

눈이 온 날

백발 영감 몰골로 눈 보기가 부끄러워

아침 내내 문밖을 나서지 않았더니

아이 놈은 내가 병이나 들었나 하여

창밖에서 방 뜨시냐고 묻네

白髮羞看雪　終朝不啓門

家僮疑我病　窓外問寒溫

사주 풀이

사주의 본바탕과 운명 03

시	일	월	연
癸	癸	乙	癸
丑	丑	丑	丑

丁	戊	己	庚	辛	壬	癸	甲
巳	午	未	申	酉	戌	亥	子

억부와 조후 　　억부는 현실이고 조후는 이상이다.

◆ **억부**　다음의 세 가지를 가지고 일간의 강약을 추리한다.

　득령 : 일간이 월지의 도움을 받고 있는가? 癸가 丑에 뿌리를 내려서 金의
　　　　도움을 받고 있으나 둘 사이는 토극수의 관계이다.

　득지 : 일간이 일지의 도움을 받고 있는가? 癸가 丑에 뿌리를 내려서 金의
　　　　도움을 받고 있으나 둘 사이는 토극수의 관계이다.

　득세 : 간지가 1목·0화·4토·0금·3수의 분포이다.

◆ **조후**　다음의 내용을 가지고 일간과 기후의 조화를 살핀다.

　丑월은 천지가 얼어붙고 癸수가 스스로 흐름을 멈추는 때이므로 우선 丙
화로 해동시킨 다음, 甲목으로 동토(凍土)를 제압하며 丙화를 돕는다. 丙화는
뿌리가 튼튼해야 한다. 지지가 금국(金局)을 이루면 丁화로 제금(制金)하고 丙

화로 조후하여, 이른바 금온수난(金溫水暖)의 아름다운 격(格)을 만든다. 丑월에 丙화로 조후하는데 癸수가 나타나면 안 된다. 또한 辛금이 나타나 丙辛합을 이루어도 안 된다. 丙辛합을 이루면 丁화로 辛금을 극한다.

배합과 흐름 　여기서 사주의 참모습을 파악한다.

천간의 세 개의 癸수가 지지의 네 개의 丑토에 뿌리를 내리고 있다. 너무 한습(寒濕)하다. 월간의 乙목이 어떠한 역할을 할 수 있을까?

『적천수』　청나라 임철초는 이 사주를 다음과 같이 풀이했다.

용신 : 구체적인 언급이 없다.

이론 전개 : 천간은 세 개의 癸수가 삼총사이고 지지는 네 개의 丑토가 일기(一氣)이다. 식신이 맑게 나타나 있으니 살인상생(殺印相生)이라. 모두 명리(名利)가 양전(兩全)한 격(格)이라고들 말한다. 그러나 癸수가 지음(至陰)이고 또 丑월생이라 지지가 모두 습토이어서 土가 습하고 水가 약하니 도랑과 같음을 몰라서 그렇게 말한다. 또 水土가 서로 얼어 있으니 음기가 서리고 습기가 정체되어 생기발랄한 기운이 없다. 그러니 명리가 모두 공허하다. 무릇 부귀한 사주는 춥고 더움이 적절하고 정신이 분발하며 음한(陰寒)하고 습체(濕滯)한 편고(偏枯)의 상(象)이 아니다. 그래서 능히 부귀할 수 있는 것이다.

길흉 판단 : ─壬申년에 이르러 부모가 모두 돌아가시고 독서를 하였지만 통하지도 못하였을 뿐더러 또 부모의 유업을 지키지 못하였다.

─사람 또한 음약(陰弱)하여 하나도 이루는 일이 없더니 마침내는 비렁뱅이가 되었다.

석오 평주   필자인 석오가 자신의 의견을 덧붙였다.

4개의 지지가 똑같은 경우를 지지일자격(地支一字格)이라고 한다. 이 격은 사주의 모양새가 있어서 귀격을 이룬다. 그러나 이 격이 무조건 귀격은 아니다. 사주 전체의 구성과 행운(行運)에 따라 상반되는 운명이 될 수 있다. 임철초는 식신이 맑게 나타나 있으니 살인상생(殺印相生)이라고 한다. 그렇다면 丑토 속의 辛금을 꺼내서 이를 가지고 살인상생이라고 하는가. 아니면 식신을 인성으로 착각하고 있는가. 이 사주는 너무 한습(寒濕)하므로 火운이 오더라도 월간의 乙목이 꽃을 피우기가 어렵다고 본다.

FREE NOTE   자유로운 이야기를 펼치다.

조선의 이안눌(李安訥)이 노래했다.

부모님전상서

고향에 띄우는 편지에 객지에서의 고생 털어놓으려다가

백발의 어버이 걱정하실까봐

북녘 땅 산에 눈이 천 길이나 쌓였는데도

금년 겨울은 봄날처럼 따뜻하다고 아뢰네

欲作家書說辛苦　恐敎愁殺白頭親

陰山積雪深千丈　却報今冬暖似春

사주 풀이

사주의 본바탕과 운명 04

시	일	월	연
丁	丙	乙	癸
酉	午	卯	未

丁	戊	己	庚	辛	壬	癸	甲
未	申	酉	戌	亥	子	丑	寅

억부와 조후   억부는 현실이고 조후는 이상이다.

◈ **억부** 다음의 세 가지를 가지고 일간의 강약을 추리한다.

득령 : 일간이 월지의 도움을 받고 있는가? 그렇다.

득지 : 일간이 일지의 도움을 받고 있는가? 그렇다.

득세 : 간지가 2목·3화·1토·1금·1수의 분포이다.

◈ **조후** 다음의 내용을 가지고 일간과 기후의 조화를 살핀다.

卯월의 丙화는 양기(陽氣)가 강왕(强旺)하므로 우선 壬수를 쓰고 庚금이나 辛금으로 壬수를 돕는다. 壬수는 丁화가 가까이 있으면 합을 이루어 본분을 망각한다. 壬수가 너무 많으면 戊토로 다스린다. 壬수가 없다면 己토로 화기(火氣)를 설하는 것도 나빠지는 않다. 목국(木局)은 丙화의 눈을 가리므로 庚금으로 제벌(制伐)해야 한다.

배합과 흐름

여기서 사주의 참모습을 파악한다.

일간인 丙화가 일지의 午화와 일심동체를 이루고 연지의 未토에도 뿌리를 내리고 있으며 월주인 乙卯와 투출한 丁화의 도움을 받고 있다. 지지의 午가 양인이고 지지의 卯未가 木을 돋운다. 木火의 세력이 대세를 장악하고 있다. 그렇다고 이 사주가 강왕격은 아닌 것 같다. 왜냐하면 이 사주가 土와 金과 水를 가지고 있기 때문이다. 다소나마 사주의 균형을 바로 잡기 위해서는 연지의 未토나 시지의 酉금이나 연간의 癸수를 용신으로 삼을 수밖에 없다. 이것이 과연 어느 정도나 가능할지는 의문이다.

『적천수』

청나라 임철초는 이 사주를 다음과 같이 풀이했다.

용신 : 구체적인 언급이 없다.

이론 전개 : 丙午일주가 卯월에 태어나고 사주에 木火가 모두 왕하다. 관성은 상관 위에 앉아 있고 한 점의 재성은 겁재로 말미암아 탈진되어 있으니 소위 '재성은 이를 겁재에게 빼앗기고 관성은 이를 상관이 겁탈한다'라는 말에 해당한다.

길흉 판단 : -壬운에는 비록 작은 벼슬을 했지만 가난함을 참을 수가 없었다.

-子운에는 충을 만나고 또 未토의 파(破)를 당해서 아내를 극했다.

-辛운에는 丁화의 겁재를 만나서 자식을 극했다.

-亥운에 목국(木局)을 이루어 火를 생해서 죽었다.

석오 평주   필자인 석오가 자신의 의견을 덧붙였다.

　　이 사주는 卯未의 반합(半合)으로 말미암아 사실상 木火의 세력과 金水의 세력으로 나누어 볼 수 있다. 그러나 이 경우 木火의 세력이 金水의 세력보다 워낙 강해서 현실적으로 金水가 각각 木火를 극할 수 있느냐가 관심사이다. 하지만 亥운에 목국(木局)을 이루어 火를 생해서 죽었다니까 이 사주의 용신은 火의 희생양인 시지의 酉금이라고 볼 수 있다. 그렇다면 연간의 癸수는 배우자인 연지의 未토와 함께 木을 돕는 데 관심이 있다고 볼 수 있다.

FREE NOTE   자유로운 이야기를 펼치다.

　　송나라 장유(張兪)가 노래했다.

누에 치는 아낙네

어제 도성에 갔었더라네
돌아와 수건에 흠뻑 눈물 적셨더라네
온 몸에 칭칭 비단 걸친 사람들
그들은 누에 치는 사람들이 아니었더라네

昨日入城市　　歸來淚滿巾
遍身羅綺者　　不是養蠶人

사주 풀이

사주의 본바탕과 운명 05

시	일	월	연
辛	丙	癸	丁
卯	戌	卯	丑

乙	丙	丁	戊	己	庚	辛	壬
未	申	酉	戌	亥	子	丑	寅

억부와 조후   억부는 현실이고 조후는 이상이다.

◆ **억부** 다음의 세 가지를 가지고 일간의 강약을 추리한다.

　　득령 : 일간이 월지의 도움을 받고 있는가? 그렇다.

　　득지 : 일간이 일지의 도움을 받고 있는가? 丙이 戌에 뿌리를 내려서 화고
　　　　　　(火庫)의 도움을 받고 있으나 둘 사이는 화생토의 관계이다.

　　득세 : 간지가 2목·2화·2토·1금·1수의 분포이다.

◆ **조후** 다음의 내용을 가지고 일간과 기후의 조화를 살핀다.

　　卯월의 丙화는 양기(陽氣)가 강왕(强旺)하므로 우선 壬수를 쓰고 庚금이나
辛금으로 壬수를 돕는다. 壬수는 丁화가 가까이 있으면 합을 이루어 본분을
망각한다. 壬수가 너무 많으면 戊토로 다스린다. 壬수가 없다면 己토로 화기
(火氣)를 설하는 것도 나쁘지는 않다. 목국(木局)은 丙화의 눈을 가리므로 庚

금으로 제벌(制伐)해야 한다.

배합과 흐름 · 여기서 사주의 참모습을 파악한다.

木火土金水가 다 있다. 월지가 木이고 일지가 조열토(燥熱土)이다. 신강 내지 신왕하다. 월간의 癸수를 용신으로 삼는다. 일간인 丙화가 시간의 辛금과 천간합을 이룬다.

『적천수』 · 청나라 임철초는 이 사주를 다음과 같이 풀이했다.

용신 : 월간의 癸수이다.

이론 전개 : 丙화가 卯월에 태어났다. 인성은 바르고 관성은 청(淸)하다. 일간이 생왕(生旺)하므로 충분히 관성을 용신으로 삼을 수 있다. 꺼리는 바는 丙辛이 하나로 합하여 일간이 용신의 도움을 돌아보지 아니함이다. 辛금은 유연하지만 丙화가 辛금을 만나면 겁을 낸다. 부드러움이 강함을 제어한다. 丙화가 辛금에 연연하여 그 정을 떨쳐 버리지 못하고 뭔가 하려는 뜻을 잊게 된다. 다시 싫은 것은 卯戌이 합을 이루어 겁재로 화하는 것이다.

길흉 판단 : 어려서는 한 번 보고 글을 다 외웠다. 후에는 술과 여자에 빠져서 공부를 버리고 재산을 날렸다. 마침내는 술과 여자로 자신의 몸을 상하고 아무것도 이룬 것이 없었다.

석오 평주
필자인 석오가 자신의 의견을 덧붙였다.

천간합이란 천간에서 이루어지는 합이다. 이 합은 남녀 간의 사랑을 뜻한다. 한쪽이 다른 한쪽을 극하지만 서로의 음양이 다르기 때문에 유정하여 포옹하고 껴안는 관계이다. 그래서 천간합은 이를 남녀가 서로 만나 사랑하는 것으로 파악한다. 일단 천간이 합이 되면 해당 천간은 사랑에 빠져 자신의 본래 역할을 망각한다. 길성(吉星)은 길성대로, 흉성(凶星)은 흉성대로 자신이 하던 작용을 멈춘다. 이는 천간합이 이미 사주 내에서 이루어져 있을 경우는 물론이고 사주와 대운의 천간이 어우러져 합을 이루는 경우도 마찬가지다. 또 대운과 세운의 천간이 어우러져 합을 이루는 경우도 마찬가지다.

FREE NOTE
자유로운 이야기를 펼치다.

『해동죽지(海東竹枝)』에 실린 노래이다.

널뛰기

봄날 쿵당쿵당 뛰고 또 뛰며
예쁜 화장 젊은 아낙 지칠 줄도 모르네
비단 치마는 나르는 두 마리 새의 날개런가
제비 하나 낮게 날면 제비 하나 높게 나네

春日聲聲跳復跳　　紅粧少婦不知勞
羅裙恰似雙飛翼　　一燕低時一燕高

사주 풀이

사주의 본바탕과 운명 06

<table>
<tr><td>시</td><td>일</td><td>월</td><td>연</td></tr>
<tr><td>丁</td><td>戊</td><td>庚</td><td>乙</td></tr>
<tr><td>巳</td><td>戊</td><td>辰</td><td>亥</td></tr>
</table>

壬	癸	甲	乙	丙	丁	戊	己
申	酉	戌	亥	子	丑	寅	卯

토
戊辰戊

화 — 巳 庚 금
丁

목 — 乙 亥 수

억부와 조후   억부는 현실이고 조후는 이상이다.

◈ **억부** 다음의 세 가지를 가지고 일간의 강약을 추리한다.

득령 : 일간이 월지의 도움을 받고 있는가? 그렇다.

득지 : 일간이 일지의 도움을 받고 있는가? 그렇다.

득세 : 간지가 1목·2화·3토·1금·1수의 분포이다.

◈ **조후** 다음의 내용을 가지고 일간과 기후의 조화를 살핀다.

辰월은 戊土가 자왕(自旺)하므로 우선 甲목으로 제토(制土)한다. 다음으로
癸수와 丙화를 취한다. 木이 너무 많으면 庚금으로 다스린다. 庚금이 없으면
火를 써서 살인상생을 만들어주면 좋다.

배합과 흐름
여기서 사주의 참모습을 파악한다.

木火土金水가 다 있다. 일주와 월지가 土이고 시주가 火이다. 신왕하다. 金水木 중 어느 하나를 용신으로 삼아야 한다. 천간에는 乙庚합이 있고 지지에는 辰戌충이 있다.

『적천수』
청나라 임철초는 이 사주를 다음과 같이 풀이했다.

용신 : 구체적인 언급이 없다.

이론 전개 : 戊戌일주가 辰월의 巳시에 태어났다. 木은 퇴기(退氣)이고 土는 월령을 잡았다. 인수를 겹치기로 만났다. 乙목을 용신으로 삼으려니 乙목이 庚금에게 합이 되어 무너진다. 庚금을 용신으로 삼으려니 乙목이 또 이를 방해한다. 그리고 火가 또 金을 극하니 亥수를 용신으로 삼을 수가 없다. 또 巳화가 멀리서 亥수를 충하고 아울러 亥수가 당령이 아니다. 만약 亥수가 庚금을 맞아들여서 생조(生助)를 받으려고 해도 庚금이 乙목과의 합을 탐하여 생을 잊고 또 멀리 떨어져 있어서 무정하다.

길흉 판단 : 일어났다 거꾸러졌다를 몇 번인가 한 끝에 다행히 재성과 관성이 아직 남은 기(氣)가 있어 乙亥대운에 이르러 재성과 관성을 일으켜 세워서 약간 먹고 살 만했다.

석오 평주
필자인 석오가 자신의 의견을 덧붙였다.

임철초는 천간의 乙庚합과 지지의 巳亥충을 다루면서 지지의 辰戌충을 거

론하지 않았다. 지충이란 지지에서 이루어지는 충이다. 극하는 관계이면서 서
로 음양이 동일하다. 辰戌충은 같은 土끼리의 충(沖)이므로 이를 붕충(朋沖)이
라고 한다. 辰의 지장간에는 乙·癸·戊가 있고 戌의 지장간에는 辛·丁·戊가
있다. 지장간을 대조해 보면 서로가 상처를 입는다. 월간의 庚금은 자신의 지
지인 월지의 辰토가 충으로 말미암아 요동치는 상태에서 연간의 乙목을 사랑
한다. 연간의 乙목은 불안한 상태에서 월간의 庚금을 사랑하나 그래도 자신
의 지지인 연지의 亥수의 도움으로 이성을 잃지 않고 있다. 그래서 이 사주의
주인공은 乙亥대운에 이르러 약간 먹고 살 만했다. 이 사주의 용신은 월지의
주권신이 무엇이냐에 따라서 달라질 수 있다고 본다. 참고로 이 사주에서는
시지의 巳화가 일지의 戌토를 생하고 있으므로 지지의 巳亥충을 다룰 필요가
없다.

FREE NOTE 자유로운 이야기를 펼치다.

청나라 원매(袁枚)가 노래했다.

봄을 모르는 아이

반쯤 핀 매화 반가워
대지팡이 짚고 한가로이 바라보는데
아이는 봄을 알지 못하고
풀이 어째서 푸르냐고 묻네

偶尋半開梅　閑倚一竿竹
兒童不知春　問草何故綠

사주 풀이

사주의 본바탕과 운명 07

시 일 월 연
丙 辛 壬 丁
申 巳 子 丑

庚 己 戊 丁 丙 乙 甲 癸
申 未 午 巳 辰 卯 寅 丑

억부와 조후   억부는 현실이고 조후는 이상이다.

◈ **억부**   다음의 세 가지를 가지고 일간의 강약을 추리한다.

득령 : 일간이 월지의 도움을 받고 있는가? 아니다.

득지 : 일간이 일지의 도움을 받고 있는가? 아니다.

득세 : 간지가 0목·3화·1토·2금·2수의 분포이다.

◈ **조후**   다음의 내용을 가지고 일간과 기후의 조화를 살핀다.

　子월은 辛금을 얼어붙게 할 수 있는 때이므로 우선 丙화로 조후한다. 丙화가 약한 때이니 甲목으로 丙화를 생해주면 좋다. 다음에 壬수로 辛금을 씻어준다. 수다(水多)한 때이므로 戊토로 제수(制水)한다. 지지가 수국(水局)을 이루고 癸수가 투간되면 하나의 戊토로는 제수(制水)하기 어렵고 2개의 戊토가 있어야 균형을 이룰 수 있다. 丙화로 조후하는데 癸수가 나타나면 태양빛을 비

가 가리는 형상이다.

배합과 흐름   여기서 사주의 참모습을 파악한다.

일간이 월지와 일지의 도움을 받고 있지 아니하고 土와 金의 합계가 水와 火의 합계보다 적다. 신약하다. 火를 설해 金을 생하면서 水를 극하는 土를 용신으로 삼아야 한다. 천간에는 丁壬합과 丙辛합이 있고 지지에는 子丑합과 巳申합이 있으며 일주인 辛巳는 천간의 辛과 지장간의 丙이 丙辛의 암합(暗合)을 이룬다.

『적천수』   청나라 임철초는 이 사주를 다음과 같이 풀이했다.

용신 : 구체적인 언급이 없다.

이론 전개 : 壬수가 丁화의 살을 합거(合去)하고 丙화의 관성이 일지에 녹(祿)을 얻어 아름다운 것 같다. 그래서 뼈대 있는 집안에서 태어났고 또 미모가 빼어나고 자태가 아름다워서 주변 사람들이 양귀비가 다시 태어났다고 칭송하였을 정도이었다.

길흉 판단 : ─네다섯 살에 미목이 수려하고 열서너 살에는 아리따움을 더하여 마치 그림 속의 사람 같았다.

─열여덟 살이 되어 사대부 집안의 선비와 결혼을 하였다. 그 선비는 본래 사람이 진국이고 소박하며 부지런하고 학문을 좋아하였으나 아내에게 빠져서 사랑 놀음으로 날이 가는 줄을 모르다가 몇 년 사이에 학문을 집어치우더니 마침내 과색(過色)으로 병이 들어 죽고 말았다.

－남편이 죽고 난 후 음욕을 억제하지 못하다가 몸도 망치고 명예도 더럽혀져 한 몸을 의지할 곳이 없자 스스로 목을 매어 죽었다. 이렇게 된 까닭은 이 사주가 합이 많기 때문이다. 무릇 10간의 합 중 유독 丙辛합은 정관을 상관으로 화(化)하니 이른바 탐합망관(貪合忘官)이다. 또 巳申합 역시 상관으로 화(化)한다. 丁壬합은 재성으로 암화(暗化)하니 그 의중에는 장차 丙화를 두고서도 달리 생각하는 남자가 있었음이 분명하다. 그 정이 반드시 丁壬합의 한 쪽을 향하므로 간지가 다 합인 상황이나 의중의 사람이 없어서 한 남성에게 정을 두지 않았다.

석오 평주　　필자인 석오가 자신의 의견을 덧붙였다.

화두(話頭)란 선원에서 참선 수행을 위한 실마리를 이르는 말이다. 불교 선종(禪宗)의 조사들이 만들어 낸 화두의 종류로는 1,700여 가지가 있다. '구자무불성'은 무자화두(無字話頭)라고도 하는데, 우리나라의 고승들이 이 화두를 참구하고 가장 많이 도를 깨달았다고 한다. 한 승려가 조주(趙州) 스님을 찾아가서 "개에게도 불성이 있는가?"를 물었을 때 "무(無)"라고 답하여 이 화두가 생겨났다. 부처님은 일체중생에게 틀림없이 불성이 있다고 하였는데, 조주 스님은 왜 없다고 하였을까? '이 무엇고?' 화두는 이 몸을 움직이게 하는 참된 주인공이 무엇인가를 의심하는 것으로, 무자화두 다음으로 널리 채택되었다. 전통적으로 화두를 가지고 공부를 할 때는 간절한 마음으로 공부하기를 마치 닭이 알을 품은 것과 같이 하며, 고양이가 쥐를 잡을 때와 같이 하며, 어린아이가 엄마를 생각하듯 하면 반드시 화두에 대한 의심을 풀어 깨달음을 얻을 수 있게 된다고 보고 있다. 필자는 '사주'를 '이 무엇고?' 화두라고 본다.

FREE NOTE
자유로운 이야기를 펼치다.

당나라 백거이(白居易)가 노래했다.

노자를 읽다

말하는 이는 알지 못하고 아는 이는 입을 다문다
이 말을 나는 노자에게서 들었거니와
노자가 정녕 무엇 좀 아는 이였다면
그는 어찌하여 오천언이나 되는 글을 지었단 말인가

言者不知知者默　　此語吾聞於老君
若道老君是知者　　緣何自著五千文

귀성

귀성(貴星)

사주는 억부(抑扶)와 조후(調候)의 절묘한 승화를 통해 파악해야 한다. 억부는 현실이요, 조후는 이상이다. 현실을 떠난 이상은 있을 수 없고 이상을 떠난 현실은 무의미하다. 현실과 이상이 조화를 이루어야 아름답다. 억부 위주로 생각하고 조후는 틀에 박힌 형식적인 것으로 파악하는 것은 얕은 소견이다. 조후를 깊이 있게 연구해보면 그 속에는 우주의 원리가 들어 있다. 억부는 조후의 논리를 담고 있고 조후는 억부의 정신을 지니고 있다.

억부와 조후는 좁게 보아 水와 火의 관계이지만, 넓게 보면 각 별들이 서로 귀성(貴星)으로 이루어질 것을 요구한다. 귀성은 일간과 출생월의 관계에 따라 달라진다. 예를 들어 甲목 일간이 卯월 출생이면 왕목(旺木)이므로 庚금이란 금도끼로 다듬어주어야 한다. 그러나 庚금이 너무 거칠면 안 되기 때문에 丁화란 불로써 적당히 제련해줄 필요가 있다. 따라서 甲목 일간이 卯월 출생이면 庚금과 丁화가 귀성이다. 일반적으로 편관과 상관은 흉성으로 알려져 있지만, 이 경우에는 편관인 庚금과 상관인 丁화가 길성인 동시에 귀성이다.

사주에서 귀성이 곧 용신이면 상등용신(上等用神)이지만, 그렇지 않으면 용신의 등급이 떨어진다. 사주학자에 따라서는 격국의 순용(順用)과 역용(逆用)을 가지고 용신의 등급을 판단한다.

격국의 순용이란 식신격·재격·정관격·인수격의 4가지 길한 격국은 격국에 해당되는 오행을 생조하거나 설기시켜서 상생하게 해야지 극하면 안 된다는 원칙이다. 예컨대 일간이 약하고 격국이 강하면 격국을 설기시켜 일간을 생조하는 것으로 용신을 삼아야지 격국을 극하면 안 된다. 정관격에 일간이 약하고 격국(정관)이 강하면 상관으로 정관을 극하는 게 아니라 인수로써 정관의 기운을 설기시켜 일간을 생조해야 한다는 것이다. 다시 말해서 상생하게 만드는 것이다.

격국의 역용이란 양인격·상관격·칠살격·편인격의 4가지 흉한 격국은 격국을 이룬 오행을 극하는 것으로 용신을 삼으면 상격이고, 격국을 생조하거나 격국이 생하게 하는 것으로 용신을 삼으면 하격이 된다고 보는 것이다.

순용이란 상생이고 역용이란 상극이다. 다시 말해 순용격국은 상생하는 것이 용신이 될 때 진가를 발휘하고, 역용격국은 극하는 것이 용신이 될 때 진가를 발휘한다는 말이다.

격국의 순용과 역용 이론은 청나라 때 확립된 것으로 8가지 보통 격국을 비탕으로 한다. 이에 따르면, 억부법은 일간과 격국의 균형만 이루면 되기 때문에 중화를 중시한 나머지 순용과 역용의 원리를 무시하였고, 그 결과로 상등용신과 하등용신을 구별하기 힘들어졌다. 따라서 격국으로는 그 사람의 그릇을 판단하고, 억부로는 그 사람의 운의 길흉을 판단해야 한다고 주장한다. 상당히 설득력 있게 들린다. 그러나 이 이론은 결국 귀성론(貴星論)으로 이어진다. 왜냐하면 예를 들어 칠살격은 극하는 것을 용신으로 삼는데, 이 역용 이론을 따를 때 식신으로 극하는 것이 좋은지 상관으로 극하는 것이 좋은지는 여전히 문제로 남지만, 귀성론에서는 예를 들어 甲목 일간이 卯월 출생인 경우에 칠살인 庚금이 너무 강하면 상관인 丁화로써 다스려준다는 것을 분명하게 밝히고 있으므로 이러한 문제가 남지 않기 때문이다.

그러나 귀성론에도 문제가 있다. 왜냐하면 귀성론의 바탕인 일간과 출생월의 관계가 전해 내려오는 것처럼 획일적이지 않기 때문이다. 우선 출생월은 초기·중기·정기로 나누어서 살펴야 한다. 특히 초기는 전달과 비슷하기 때문에 이것을 이번 달의 정기로 다루면 문제가 된다. 또 사주에 귀성이 너무 많아 오히려 병이 되는 경우는 문제가 달라진다. 전해 내려오는 기준은 사주가 균형을 이룬 경우를 상정한 하나의 이상적인 모델에 불과하다. 따라서 그 구체적인 적용은 억부와 조후, 즉 현실과 이상을 어떻게 조화시킬 것인지에 달렸다고 볼 수 있다. 그리고 귀성론은 일반격(내격·정격)을 전제로 한 것이므로 이를 특수격(외격·변격)에까지 적용시킬 수는 없다. 예를 들어 북극곰이 추울 거라고 생각해 불을 찾는 것은 위험한 발상이므로 그냥 추위를 따르게 해야 한다는 의미다. 이러한 문제점을 염두에 두고 일간과 출생월(월지)의 관계에 따른 귀성을 살펴보자.

일간 : 甲

출생월 : 寅

甲

1월

귀성 : 丙, 癸, 戊

이론 : 寅월은 아직 추위가 가시지 않았기 때문에 甲목은 우선적으로 丙화를 필요로 한다. 그 다음에 癸수를 필요로 하는데 癸수가 따사로운 분위기를 해치면 안 된다. 癸수는 丙화와 위치가 떨어져 있거나 지지에 암장되어 있으면 좋다. 寅월의 甲목은 수생목보다 丙丁화의 따뜻함을 더 좋아한다. 수왕(水旺)하면 유토(流土)가 되고 부목(浮木)이 되어 부랑자의 신세가 되리니, 戊토로 다스리고 火로써 온난하게 해주어야 한다. 寅월의 甲목은 어린 싹과 같아 庚금이 있어 극목(剋木)하면 불행하다. 이때 丙화가 있어 제금(制金)하고 甲목을 따뜻하게 해주면 좋다. 丁화는 제금은 잘하지만 따뜻한 분위기는 충족시켜주기 어렵다.

일간 : 甲

출생월 : 卯

甲

2월

귀성 : 庚, 戊, 己, 丁, 丙

이론 : 卯월은 양인(羊刃)월로서 목왕(木旺)하니 庚금으로 제(制)한다. 庚금이 약한 때이므로 戊己토로 도와준다. 庚金이 너무 강하면 丙丁화로 극하지만, 寅월의 경우와 달라서 卯월은 丙화보다 丁火가 낫다. 卯월의 甲목에 庚금이

없으면 丙丁화가 투출되어야 목화통명(木火通明)으로서 귀격이다. 寅월은 조후로서 丙火가 필요하고, 卯월은 수기(秀氣)를 설기시키는 丁화가 낫다.

일간 : 甲

출생월 : 辰

귀성 : 庚, 壬, 丁, 甲

이론 : 辰월의 甲목은 木의 기가 극에 달했기 때문에 일단 庚금으로 다스린다. 그러나 辰월은 목기(木氣)는 다하고 화지(火地)가 가까우니 壬수로 甲목을 도와준다. 辰 中 戊토가 왕하므로 癸수는 합화(合化)하여 화기(火氣)를 형성할 수 있으니 壬수를 쓴다. 壬수로 살인상생(殺印相生)하는 대신 丁화로 庚金을 다스릴 수도 있다. 지지에 土가 많으면 재다신약(財多身弱)이니 甲목이 필요하다.

일간 : 甲

출생월 : 巳

귀성 : 癸, 庚, 丁

이론 : 巳월은 甲목의 뿌리와 잎이 마르기 시작하는 때이니 癸수로 도와주어야 한다. 이때 癸수만 있으면 증발될 우려가 있으므로 庚금이 필요하다. 癸수와 庚금이 없어서 壬수와 辛금으로 대신하면 그만큼 격이 낮아진다. 巳 中 庚금이 투간되어 세력이 너무 강하면 癸水로 살인상생을 시키거나 丁화로 다스린다.

일간 : 甲

출생월 : 午

귀성 : 癸, 庚, 丁

이론 : 午월의 甲목은 목이 마르므로 빨리 癸수로 도와주어야 한다. 癸수를
생해주는 庚금 또한 필요하다. 庚금이 너무 강하면 木이 약한 때이므로 癸수
로 금기(金氣)를 설하며 木을 도우면 가장 아름답지만, 丁화로 다스려도 된다.

일간 : 甲

출생월 : 未

甲
6월

귀성 : 癸, 庚, 甲, 丁

이론 : 未월의 甲목은 목이 마르고 뿌리를 내린 바닥의 흙은 건조하므로, 우
선 癸수로 도와주고, 庚금으로 水를 생하며, 나아가 甲목으로 토기(土氣)를
다스린다. 대서가 지나면 申월이 가까우므로 찬 기운을 예방하기 위하여 丁화
가 필요하다.

일간 : 甲

출생월 : 申

甲
7월

귀성 : 丁, 壬, 甲, 丙

이론 : 甲목 일간이 신강하면 庚금을 쓰지만, 申월은 庚금이 강하므로 우선
丁화로 다스린다. 甲목과 庚금의 역량이 비슷해도 丁화를 보는 것이 중요하
다. 신약하면 壬수와 甲목으로 도와준다. 金水가 강해서 사주가 차가운 기운
으로 가득하면 丙화의 배합이 필요하다.

일간 : 甲

출생월 : 酉

甲
8월

귀성 : 丁, 丙, 壬, 甲

이론 : 酉월은 금왕절(金旺節)이며 점차 추운 계절로 가는 중이니 丁화로 金을 제(制)하며, 丙화로 조후한다. 甲목과 金이 비슷하게 강해도 丁화가 金을 제(制)하는 것을 기뻐한다. 신살양정(身殺兩停)이면서 火를 볼 수 없을 때는 비견을 쓴다. 신약하면 壬수와 甲목으로 도와주지만 丙화를 보는 것이 중요하다.

일간 : 甲

출생월 : 戌   9월

귀성 : 甲, 癸, 庚, 丁

이론 : 戌월은 건토(乾土)가 왕할 때이므로 우선 甲목으로 土를 제(制)하고, 癸수로 윤택하게 한다. 甲목 일간이 신강하면 庚금을 쓰지만, 庚금이 너무 강하면 丁화로 다스린다. 일간과 살(편관)이 서로 강하면 丁화를 쓴다. 木이 많은데 庚금이 없으면 丙丁화로 설하지만 격에 들지는 못한다. 木이 많으면 土金이 필요하다. 신약하면 인성과 비겁을 쓴다. 살이 강하거나 식상으로 설기가 심하여 신약한 사주는 인성을 쓰고, 재다신약(財多身弱)의 경우에는 비겁을 쓴다. 추목(秋木)이 水가 없이 火로만 설기가 심한 경우는 木이 왕한 시기가 아니므로 아름답지 못하다.

일간 : 甲

출생월 : 亥   10월

귀성 : 丙, 戊, 庚, 丁

이론 : 亥월은 차가운 때이니 우선 조후 丙화가 필요하다. 또한 水가 왕하니 이를 다스려줄 戊토가 필요하다. 甲목이 많으면 庚금이 필요하다. 亥월의 甲목은 천간에 식신 丙화, 재성 戊토, 편관 庚금이 모두 나타나 있으면 최고의

격이다. 庚금이 너무 강하면 丁화로 다스린다. 신약하면 寅과 卯를 기뻐하는
데 이 경우에도 丙화가 있어야 한다. 丙화가 없으면 수생목이 이루어지지 않
는다.

일간 : 甲

출생월 : 子

11월

귀성 : 丙, 戊

이론 : 子월은 추위가 매우 심한 때이므로 우선 조후 丙화가 필요하다. 또한
水가 범람하니 이를 다스려줄 戊토가 필요하다. 子월의 甲목은 천간에 식신
丙화와 재성 戊토가 함께 나타나 있으면 부귀를 누린다. 신약하면 寅과 卯로
돕는데 이 경우에도 丙화가 있어야 하며, 壬癸수는 火土의 세력이 너무 강할
때 비로소 쓴다.

일간 : 甲

출생월 : 丑

12월

귀성 : 丙

이론 : 丑월은 하늘과 땅이 모두 차가운 때이니 우선 조후 丙화가 필요하다.
丑월은 土가 강한 때이니 水가 왕하지 않으면 戊토는 필요하지 않다. 보통 甲
목이 많으면 庚금을 쓰지만, 겨울과 이른 봄에는 庚금보다 丙화를 쓰는 경우
가 많다. 신약하면 寅이 절대적으로 필요하다. 왜냐하면 寅 중에는 甲목과 丙
화가 있어서 비견 甲목으로 일간을 돕고, 丙화로 甲목을 따뜻하게 비추어 화
생목(火生木)을 이루기 때문이다.

일간 : 乙

출생월 : 寅

1월

귀성 : 丙, 癸

이론 : 먼저 丙화를 써서 따뜻하게 해준 다음 癸수를 써서 윤택하게 한다. 寅월의 乙목은 金을 매우 두려워하므로 金이 있을 경우에 火로써 다스려야 한다.

일간 : 乙

출생월 : 卯

2월

귀성 : 丙, 癸

이론 : 木은 양(陽)을 향하여 화(和)함을 좋아하고 음습함을 싫어한다. 그러므로 먼저 丙화를 취하고, 다음으로 癸수를 택한다. 卯월은 木이 왕하니 丙화로 설기하고 癸수로 뿌리를 돕는다고 볼 수도 있다. 丙화는 천간에 위치하고 癸수는 지지에 위치하는 등 떨어져 있어서 장애가 없어야 한다.

일간 : 乙

출생월 : 辰

3월

귀성 : 癸, 丙, 戊

이론 : 辰월의 乙목은 甲목과 달라서 庚금을 쓰지 않는다. 乙목은 유목(柔木)이기 때문이다. 먼저 癸수를 취하고 다음으로 丙화를 택한다. 水가 왕하면 戊토로 다스린다. 己토는 水를 제어하지 못한다.

일간 : 乙

출생월 : 巳   4월

귀성 : 癸, 庚, 辛

이론 : 巳월은 巳 중 丙화가 왕하니 무엇보다 癸수가 필요하다. 하지만 癸수만 있으면 증발될 염려가 있으므로 庚辛금의 도움이 필요하다. 庚금은 일간 乙목과 떨어져 있어야 자신의 본분을 다한다. 천간에 戊토가 나타나 있으면 癸수가 자신의 본분을 다하지 못한다.

일간 : 乙

출생월 : 午   5월

귀성 : 癸, 丙, 庚, 辛

이론 : 하지에 이르기까지는 양(陽)에 속하므로 癸수의 윤택작용이 필요하고, 하지 이후는 삼복에 한기가 생기므로 癸수와 丙화가 둘 다 필요하다. 어느 때이든지 癸수를 먼저 쓴다. 癸수는 庚辛금의 도움을 기뻐한다. 만일 사주에 金水가 많으면 丙화를 먼저 쓴다.

일간 : 乙

출생월 : 未   6월

귀성 : 癸, 丙, 庚, 辛

이론 : 未월은 건조한 때이니 우선 癸수가 필요하다. 癸수는 庚辛금의 도움을 기뻐한다. 만일 사주에 金水가 많으면 丙화를 먼저 쓴다. 戊己토가 癸수의 조후를 방해하면 甲목이 필요하다. 여름의 乙목은 먼저 癸수를 쓰고 그 다음으로 丙화를 고려한다.

일간 : 乙

출생월 : 申

7월

귀성 : 丙, 癸, 己

이론 : 申월은 庚금이 강한 때이므로 丙화로 제살(制殺)하는 것이 최상이고, 癸수로 화살(化殺)하는 것은 그 다음이다. 또한 습토인 己토가 乙木의 뿌리를 배양해주면 좋다. 申 중 壬수가 투간되어 水가 왕하면 戊토로 다스린다.

일간 : 乙

출생월 : 酉

8월

귀성 : 丙, 癸, 丁

이론 : 丙화로 조후 및 제살(制殺)하고, 癸수로 배양 및 화살(化殺)한다. 추분에 이르기까지는 화기(火氣)가 있으므로 癸수를 먼저 쓰고 丙화를 다음으로 쓰며, 추분 이후에는 조후를 중시하여 丙화를 먼저 쓰고 癸수를 다음으로 쓴다. 지지가 금국(金局)을 이루면 丁화로 다스린다. 酉월의 乙목이 水火가 없으면 쇠약한 木이 金으로 인해 상처를 입으니 그만큼 고단한 삶을 살게 된다.

일간 : 乙

출생월 : 戌

9월

귀성 : 癸, 辛, 甲, 丙

이론 : 戌월은 土가 건조한 때이니 우선 癸수가 필요하다. 癸수는 辛금의 도움을 기뻐한다. 土가 왕하니 甲목으로 다스린다. 서늘한 때이므로 丙화로 따뜻하게 해준다. 壬수가 많으면 乙목을 생하기 어려우니 평범한 명이다.

일간 : 乙

乙

출생월 : 亥

10월

귀성 : 丙, 戊

이론 : 亥월은 우선 丙화로 조후한다. 壬癸수가 천간에 나타나 있으면 戊토로 다스린다. 戊토가 많으면 甲목으로 다스린다. 亥월에는 壬수가 투간되지 않아야 좋다. 丙화가 있고 壬수가 투간되어 있지 않으면 戊토가 없어도 귀함이 있다. 亥월의 乙목은 丙戊가 천간으로 나타나 있으면 자연스럽게 발전한다.

일간 : 乙

乙

출생월 : 子

11월

귀성 : 丙, 戊, 丁, 甲

이론 : 子월은 우선 丙화로 조후한다. 壬癸수가 천간에 나타나 있으면 戊토로 다스린다. 子월의 乙목은 丙화가 癸수를 만나면 아름답지 못하다. 만일 丙화가 없으면 丁화로 대신하지만, 이 경우에는 甲목이 丁화를 생해야 한다. 수다(水多)를 戊토로 다스릴 수 있다 해도 丙화가 없으면 부귀를 바랄 수 없다.

일간 : 乙

乙

출생월 : 丑

12월

귀성 : 丙, 丁, 甲

이론 : 丑월은 천지가 얼어 있는 때이니 무조건 丙화를 써야 한다. 丙화가 없다면 丁화도 쓸 수 있지만, 이때는 子월과 마찬가지로 甲목이 있어야 丁화가 살아난다. 丑월의 乙목은 癸수가 투간되면 丙화의 기를 파괴하니 흉명(凶命)이다. 겨울의 丙화는 목기(木氣)를 설하는 게 아니라 오히려 생한다고 본다.

일간 : 丙

출생월 : 寅

1월

귀성 : 壬, 庚

이론 : 寅월의 丙화는 火를 생함이 자왕(自旺)하니 壬수를 취하여 화기(火氣)를 견제하고, 庚금으로 壬수를 돕는다. 壬수가 너무 많으면 戊토로 제살(制殺)한다. 화국(火局)이 있으면 壬癸수가 필요하고 水가 없으면 戊토가 용신이 되지만, 戊토 용신의 경우는 그저 평범한 명이다. 월간이나 시간에 辛금이 있으면 丙辛합을 이루어 丙화가 본분을 망각할 수 있다. 寅월의 丙화는 寅申충을 두려워한다.

일간 : 丙

출생월 : 卯

2월

귀성 : 壬, 庚, 辛

이론 : 卯월의 丙화는 양기(陽氣)가 강왕(强旺)하므로 우선 壬수를 쓰고 庚금이나 辛금으로 壬수를 돕는다. 壬수는 丁화가 가까이 있으면 합을 이루어 본분을 망각한다. 壬수가 너무 많으면 戊토로 다스린다. 壬수가 없다면 己토로 화기(火氣)를 설하는 것도 나쁘지는 않다. 목국(木局)은 丙화의 눈을 가리므로 庚금으로 제벌(制伐)해야 한다.

일간 : 丙

출생월 : 辰

3월

귀성 : 壬, 甲

이론 : 辰월은 丙화가 왕해지는 때이므로 우선 壬수를 쓴다. 辰월은 토왕절

(土旺節)이기도 하므로 甲목 또한 필요하다. 壬수와 甲목이 모두 천간에 있으면 대길하다. 庚금이 甲목을 극하면 안 된다. 甲목이 없으면 차선책으로 庚금이 壬수를 생한다.

일간 : 丙

丙

출생월 : 巳

4월

귀성 : 壬, 庚

이론 : 巳월은 불꽃이 타오르는 때이므로 우선 壬수로 제화(制火)하고, 庚금으로 壬수를 돕는다. 亥 중 壬수는 巳亥충이 되어 쓰지 못하지만 申 중 壬수는 귀하게 쓸 수 있다. 壬수를 보지 못하면 癸수라도 차선책으로 쓰는데, 역시 庚금으로 도와야 한다. 水가 너무 많으면 戊토로 다스린다.

일간 : 丙

丙

출생월 : 午

5월

귀성 : 壬, 庚

이론 : 午월은 양인(羊刃)월이므로 丙화가 매우 강하다. 壬수와 庚금이 모두 천간에 있으면 아름답다. 특히 壬수는 양인가살격(羊刃架殺格)을 이루어 권세와 위엄을 안겨준다. 그러나 반드시 庚금이 있어야만 양인가살격이 빛을 나타낼 수 있다. 壬庚이 없어서 戊己를 쓰면 水운이 와도 토극수가 이루어져 흉하다.

일간 : 丙

丙

출생월 : 未

6월

귀성 : 壬, 庚

이론 : 未월은 화염토조(火炎土燥)한 때이므로 壬수와 庚금이 모두 천간에 있으면 아름답다. 壬수가 庚금의 도움을 받지 못하면 큰 부귀는 누릴 수 없다. 이때 戊己토가 투간(透干)되면 壬수가 극을 받아 탁수(濁水)가 되어 부귀와는 멀어진다.

일간 : 丙

출생월 : 申

丙
7월

귀성 : 甲, 壬

이론 : 申월은 태양이 서쪽으로 기우는 때이므로 火가 약하면 木火가 필요하다. 木火가 많으면 金水가 희용신이다. 壬수가 많으면 戊토로 제살(制殺)한다. 칠살이 제극(制剋)되지 않아도 안 되고 칠살을 너무 제극해도 안 되니 음양오행의 이치가 오묘하다.

일간 : 丙

출생월 : 酉

丙
8월

귀성 : 甲, 壬

이론 : 火가 약하면 木火가 필요하다. 하지만 木火가 많으면 金水가 희용신이다. 丙화가 壬수를 보면 태양이 바다나 호수에 비치듯 아름다운 형상이다. 신강하면 壬수를 쓰는데 재성이 이를 도우니 부귀를 누린다. 戊토가 수기(水氣)를 너무 억제하면 안 된다.

일간 : 丙

출생월 : 戌

丙
9월

귀성 : 甲, 壬

이론 : 戌월은 土가 왕하며 丙화의 설기가 심하니 우선 甲목으로 제토(制土)하며 생화(生火)한다. 다음으로는 壬수로 丙화의 빛을 반조(反照)해준다. 甲목과 壬수가 모두 천간에 있으면 대길하다. 이때 庚금이 甲목을 극하고 戌토가 壬수를 극하면 불리하다.

일간 : 丙

출생월 : 亥   丙 10월

귀성 : 甲, 戌, 壬

이론 : 亥월은 태양이 실령(失令)하는 때이니 우선 甲목으로 살인상생을 시키는 것이 좋다. 또한 亥월은 水가 왕하니 戌토로 제(制)한다. 火가 왕하면 壬수를 쓴다. 木이 많으면 庚금으로 다스리는데 이때 庚금은 丁화로 다듬어야 한다.

일간 : 丙

출생월 : 子   丙 11월

귀성 : 甲, 戌, 壬

이론 : 동지에 이르기까지는 亥월과 같아서 우선 甲목을 쓰고, 戌토로 왕한 水를 다스린다. 동지 이후에는 양(陽)이 생겨 火가 돋우어지니 戌토로 제수(制水)할 수 있다. 己토는 탁수(濁水)를 초래하므로 쓰지 않는다. 火가 왕하면 壬수를 쓴다. 丙화는 壬수의 반조(反照)를 기뻐한다. 子월의 丙화한테는 甲목과 戌토가 필요하지만, 戌토로 제수(制水)할 때 甲목이 나타나면 戌토가 공을 이루지 못하여 불리하다.

일간 : 丙

출생월 : 丑

12월

귀성 : 甲, 壬

이론 : 丑월은 춥고 土가 왕하므로 甲목으로 생화(生火)하고 제토(制土)해야 한다. 다음으로는 壬수를 취한다. 甲목과 壬수가 모두 천간에 있으면 대길하다. 甲목이 감추어져 있으면 木火운이 길하다.

일간 : 丁

출생월 : 寅

1월

귀성 : 庚, 壬

이론 : 寅 중에 木火가 있어서 일간 丁화와 더불어 사주가 너무 뜨거워지므로 중화를 이루지 못한다. 그러므로 재관(財官)인 庚壬을 쓴다. 甲목이 힘을 갖고 있는 때이니 모왕(母旺)하므로 먼저 庚금을 용신으로 삼고, 그 다음으로 壬수를 취한다.

일간 : 丁

출생월 : 卯

2월

귀성 : 庚

이론 : 卯월은 木이 왕하므로 우선 庚금으로 제목(制木)해야 한다. 庚금은 土의 도움을 기뻐한다. 乙목과 庚금이 모두 천간에 있으면 庚금의 역할이 무력해진다. 甲목과 庚금이 모두 천간에 있으면 대길하다.

일간 : 丁

출생월 : 辰

귀성 : 甲

이론 : 辰 中 戊토가 영(令)을 잡은 때이니 丁화가 설기되어 약하다. 甲목을 용신으로 삼는다. 甲목은 水의 도움을 기뻐한다. 목국(木局)을 이루면 庚금을 용신으로 삼는다. 庚금은 土의 도움을 기뻐한다. 수국(水局)을 이루면 戊토를 용신으로 삼는다. 戊토는 火의 도움을 기뻐한다. 辰월의 丁화에게 甲목이 용신이면 상관패인격(傷官佩印格)이다. 甲목은 왕한 土를 다스리고 丁화의 기세를 돋운다.

일간 : 丁

출생월 : 巳

귀성 : 甲

이론 : 丁화는 음유하기 때문에 왕지(旺地)에 있어도 기가 바르지 못하다. 巳월에 巳 中 戊토는 丁화의 기를 설하고, 丙화는 丁화의 빛을 빼앗으므로 丁화가 약하다. 따라서 甲목을 용신으로 삼는다. 甲목은 水의 도움을 기뻐한다. 甲목이 많으면 庚금이 용신이다. 庚금은 土의 도움을 기뻐한다. 巳월의 丁화에 甲丙이 모두 있으면 甲목이 丁화를 생하고, 丙화가 합세하여 양(陽)으로 바뀌니 재관(財官)을 취한다. 丁화는 丙화가 빛을 빼앗는 것을 꺼린다. 丙화가 빛을 빼앗을 때는 壬癸수로 丙화를 극한다.

일간 : 丁

출생월 : 午

귀성 : 壬, 癸, 庚

이론 : 午월의 丁화는 丁화가 영(令)을 잡고, 火가 왕하며, 건록지에 있기 때문에 함부로 甲목을 취하면 안 된다. 午월의 丁화는 壬癸수를 용신으로 삼는 것이 정법(正法)이다. 水는 金의 도움을 기뻐한다. 壬癸수가 태왕하면 甲목을 취하는 경우도 있다. 亥卯未가 모두 있어 목생화하면 평범한 명이다. 인성이 수기(水氣)를 설하여 火를 생하면 해염(解炎), 즉 더위를 식혀 중화를 이루지 못하기 때문이다. 丁화는 丙화가 없으면 염상(炎上)이 되지 않는다. 그러므로 水가 해염해야 한다.

일간 : 丁

출생월 : 未

丁

6월

귀성 : 甲, 壬, 庚

이론 : 未월의 丁화는 土가 왕하고 삼복생한(三伏生寒)의 때에 있어서 매우 약하다. 따라서 甲목을 용신으로 삼는다. 甲목은 壬수가 도와주어야 메마르지 않는다. 木이 투간되고 水는 감춰지는 것이 좋다. 甲목과 壬수가 함께 투간되면 습목이 되어 생화(生火)에 지장이 있기 때문이다. 未월의 己토는 壬수를 탁하게 만든다. 따라서 未월의 丁화는 庚금을 기뻐한다.

일간 : 丁

출생월 : 申

丁

7월

귀성 : 甲, 丙, 乙

이론 : 申월은 庚금과 壬수의 기가 강하므로 우선 甲목을 쓴다. 이때 丙화가 투간되어 甲목을 말리고 따뜻함을 안겨주면 좋다. 甲목이 없다면 乙목을 쓰는데, 습목이므로 丙화로 말려서 쓴다. 金이 많으면 火로 다스리고, 水가 많

으면 土로 다스린다.

일간 : 丁

출생월 : 酉   8월

귀성 : 丙, 甲, 乙

이론 : 酉월은 금기(金氣)가 강왕하므로 火로 다스린다. 이때 甲乙목이 있어서
火를 생하면 기쁘다. 壬癸수의 관살이 투간되면 재관살(財官殺)이 왕하여 흉
하다. 이때는 戊己토로 제수(制水)하며 木火의 기를 만나야 한다. 丙화가 너무
빛나면 丁화가 빛을 잃는다.

일간 : 丁

출생월 : 戌   9월

귀성 : 甲

이론 : 戌월은 土가 왕하여 丁화의 기를 설하므로 甲목으로 제토생화(制土生
火)해야 한다. 乙목은 戌월에는 힘이 약하므로 쓰지 않는다. 丙화 또한 건토절
(乾土節)인 戌월에는 쓰지 않는다.

일간 : 丁

출생월 : 亥   10월

귀성 : 甲, 戊

이론 : 亥월은 한기(寒氣)가 시작되며 수기(水氣)가 왕해지는 때이므로 丁화가
甲목에 의지할 수밖에 없다. 壬癸수가 투간되면 戊토로 다스려서 丁화를 보
호하지만, 甲목을 쓰는 것만 못하다. 甲목으로 생화(生火)할 때 己토가 와서

甲己합을 이루면 甲목이 용신의 역할을 다하지 못한다.

일간 : 丁

출생월 : 子

귀성 : 甲, 戊, 丙

이론 : 子월은 한기(寒氣)와 수기(水氣)가 매우 돋우어진 때이므로 우선 甲목으로 생화(生火)하고 戊토로 제수(制水)한다. 살인상생(殺印相生)이 우선이고 상관제살(傷官制殺)은 그 다음이다. 丙화는 조후로서 좋은 역할을 하지만 丁화의 빛을 가릴 수 있다.

丁
11월

일간 : 丁

출생월 : 丑

귀성 : 甲, 戊, 丙

이론 : 丑월은 추위가 극심하고 土가 왕한 때이므로 우선 甲목으로 생화(生火)하고 제토(制土)한다. 수다(水多)하면 戊토로 다스릴 수 있다. 丙화는 조후로서 좋은 역할을 하지만 丁화의 빛을 가릴 수 있다.

丁
12월

일간 : 戊

출생월 : 寅

귀성 : 丙, 甲, 癸

이론 : 寅월의 戊토한테는 태양인 丙화와 수목인 甲목, 그리고 봄비인 癸수가 필요하다. 우선 丙화가 따스한 기로 신(身)을 돋우고, 재관(財官)인 癸수와 甲목이 뒤따르면 좋다. 甲목이 너무 많으면 丙화로 살인상생을 하든가 아니면

戊
1월

庚금으로 제살(制殺)한다.

일간 : 戊

출생월 : 卯

귀성 : 丙, 甲, 癸

이론 : 卯월은 목왕절(木旺節)이지만 乙목으로 戊토를 다스리기 어려우므로 甲목이 필요하다. 이때 丙화가 살인상생을 만들어주면 좋다. 癸수로 戊토를 윤택하게 한다. 乙목과 甲목이 같이 투간되고 庚금이 있다면, 庚금은 乙목과 합하느라 제살(制殺)의 역할을 망각한다.

일간 : 戊

출생월 : 辰

귀성 : 甲, 癸, 丙

이론 : 辰월은 戊토가 자왕(自旺)하므로 우선 甲목으로 제토(制土)한다. 다음으로 癸수와 丙화를 취한다. 木이 너무 많으면 庚금으로 다스린다. 庚금이 없으면 火를 써서 살인상생을 만들어주면 좋다.

일간 : 戊

출생월 : 巳

귀성 : 甲, 癸, 丙

이론 : 巳월은 戊토가 왕하므로 우선 甲목으로 제토(制土)한다. 그 다음으로 癸수와 丙화를 취한다. 甲목과 丙화가 투간되어 살인상생이 되고, 癸수는 지지에 감추어져 있으면 대길하다. 癸수는 조후로서 좋은 역할을 한다.

일간 : 戊

출생월 : 午

귀성 : 壬, 癸, 甲, 丙

이론 : 午월은 양인(羊刃)월이며 중하(仲夏)라서 火가 성하니 먼저 壬수를 쓰고 癸수로 돕든지, 아니면 수원(水源)을 마련한다. 그 다음에는 甲목으로 제토(制土)한다. 壬수가 없다면 甲목은 오히려 분목(焚木)이 될 수 있다. 아무리 午월의 화염이 이글거리는 때이지만 태양인 丙화는 빼놓을 수 없다.

일간 : 戊

6월

출생월 : 未

귀성 : 癸, 丙, 甲

이론 : 未월은 화염토조(火炎土燥)하여 조후가 시급하니 먼저 癸수를 쓴다. 癸수가 없다면 차선책으로 壬수를 쓸 수밖에 없다. 다음에는 丙화로 未월의 습함을 제거하고, 甲목으로 왕한 土를 다스린다. 癸수가 없으면 丙화와 甲목은 있으나마나한 존재가 된다.

일간 : 戊

7월

출생월 : 申

귀성 : 丙, 癸, 甲

이론 : 申월은 한기(寒氣)가 들어오는 때이므로 먼저 丙화로 따뜻하게 한다. 다음에 癸수로 윤택하게 하고, 甲목으로 산의 아름다움을 더한다.

＊＊＊

일간 : 戊

출생월 : 酉

8월

귀성 : 丙, 癸

이론 : 酉月은 金이 왕하여 戊토의 설기가 심하며 한랭하므로 우선 丙화로
戊토를 도우며 따뜻하게 한다. 그 다음으로는 癸수로 윤택하게 한다. 甲목은
丙화가 무력할 때 癸수의 생함을 받아 도울 수 있지만, 酉月의 戊토한테 甲목
이 반드시 필요한 존재는 아니다. 丙화가 일간 戊토를 도와서 신강한 때에 酉
금이 癸수를 생하면 식상생재격(食傷生財格)을 이룬다. 금다(金多)가 생수(生水)
로 이어지지만, 戊토 일간이 신약하면 식상생재(食傷生財)가 아니고 丙丁화가
패인(佩印)을 이룬다.

＊＊＊

일간 : 戊

출생월 : 戌

9월

귀성 : 甲, 癸, 丙

이론 : 戌月은 戊토가 자왕(自旺)하니 우선 甲목으로 제토(制土)한다. 다음에
癸수로 戊토와 甲목을 윤택하게 하고 丙화로 따뜻하게 한다. 癸수는 戊토와
합을 이루면 재성으로서의 본분을 망각한다. 만일 金의 기가 성하다면 甲목
을 쓰지 않고 癸수로 금기(金氣)를 설함과 동시에 丙화로써 생토(生土)하면 대
부(大富)의 상이라고 할 수 있다.

＊＊＊

일간 : 戊

출생월 : 亥

10월

귀성 : 甲, 丙

이론 : 亥월은 양기(陽氣)가 생하는 때이므로 甲木이 천간에 나타나 산에 영기(靈氣)를 심어줄 필요가 있다. 또한 亥월은 추운 때이므로 丙화가 천간으로 솟아올라 산에 따뜻함을 안겨줄 필요가 있다. 甲목은 亥 중에 암장되어 있고, 丙화만 투간되어도 귀함을 누린다. 이때는 지지의 巳亥충이 두렵다. 亥월의 戊토는 甲목과 丙화가 모두 천간에 있으면 대길하다. 甲목이 강한 庚금의 공격을 받으면 丁화로 庚금을 다스린다. 丙화가 강한 壬수의 공격을 받으면 戊토로 壬수를 다스린다. 甲과 丙이 모두 지지에 있어도 운이 인출(引出)하면 길하다.

일간 : 戊

출생월 : 子

11월

귀성 : 丙, 甲

이론 : 子월은 한랭한 때이므로 조후가 급하기 때문에 우선 丙화를 쓴다. 다음에는 甲목으로 丙화를 돕는다. 丙화와 甲목이 모두 천간에 있으면 대길하다. 子 중 癸수가 투간되고 비견 戊토 또한 투간되어 쟁합을 이루는 경우에는 甲목으로 비견인 戊토를 제(制)하고 丙화로 조후하면 부귀를 누릴 수 있다.

일간 : 戊

출생월 : 丑

12월

귀성 : 丙, 甲

이론 : 丑월은 천지가 한랭한 때이므로 조후가 급하다. 따라서 우선 丙화를 쓴다. 다음에는 甲목으로 丙화를 돕는다. 丙화와 甲목이 모두 천간에 있으면 대길하다. 甲목이 없으면 중격(中格)은 되지만 丙화가 없으면 하격(下格)이 된다.

일간 : 己

출생월 : 寅

귀성 : 丙, 甲

이론 : 寅월은 아직 논밭이 풀리지 않은 때이므로 우선 丙화로 해동시키고, 그 다음으로는 甲목으로 丙화를 돕는다. 癸수는 丙丁화가 많을 때에나 쓴다. 壬수는 해가 되므로 壬수가 있으면 戊토로 다스려야 한다. 甲목이 많으면 庚금으로 다스리는데 庚금이 없으면 丁화로 설한다. 土가 많으면 甲목으로 다스리는데 乙목만 많이 있으면 소인(小人)이다.

일간 : 己

출생월 : 卯

귀성 : 丙, 甲, 癸

이론 : 卯월은 木이 왕한 때이므로 우선 丙화로 생토(生土)한다. 다음에는 甲목으로 丙화를 도우며 癸수로 윤택하게 한다. 투간된 甲목이 다른 己토와 합이 되면 관(官)이 빛을 발하지 못한다. 木이 많으면 庚금으로 다스리는데 이때 庚금이 乙목과 합이 되면 불리하다. 丁화가 왕한 木을 설하며 생토(生土)하면 庚금이 필요 없고 丁화로 용신한다.

일간 : 己

출생월 : 辰

귀성 : 丙, 癸, 甲

이론 : 辰월은 논밭에 곡식을 심고 가꾸는 때이므로 우선 태양인 丙화가 필요하다. 다음에 癸수로 윤택하게 한다. 토왕절(土旺節)이니 甲목으로 중화를

이룬다. 丙화, 癸수, 甲목이 투간되면 대길하다. 辰월이 수국(水局)을 이루면
논밭이 유실될 우려가 있으므로 戊토의 도움이 필요해진다.

일간 : 己

출생월 : 巳

4월

귀성 : 癸, 庚, 辛, 丙

이론 : 巳월은 火土가 성(盛)해지는 때이므로 우선 癸수가 필요하다. 다음에
庚辛금으로 癸수를 돕는다. 여름이 시작되는 巳월이라고 해도 농작물의 성
장 등을 위해 丙화가 있어야 한다. 己토는 습토이지만 丙화가 너무 강하면
수분이 말라버릴 수 있기 때문에 수기(水氣)와 화기(火氣)의 적절한 조화가 필
요하다.

일간 : 己

출생월 : 午

5월

귀성 : 癸, 庚, 辛, 丙

이론 : 午월은 더위와 건조함이 심하므로 우선 癸수로 조후한다. 다음에 庚
辛금으로 癸수를 돕는다. 이로써 논밭이 윤택해진 후에는 丙화가 있어야 한
다. 癸수가 없으면 壬수를 대신 쓸 수 있으나 그만큼 격이 떨어진다.

일간 : 己

출생월 : 未

6월

귀성 : 癸, 庚, 辛, 丙

이론 : 未월은 더위와 건조함이 매우 심하므로 우선 癸수로 다스려야 한다.

다음에 庚辛금으로 癸수를 도우며 왕한 土를 설기시킨다. 대서 이후에 金水가 많이 보이면 늦여름에 우박과 서리가 내려 피해를 입히는 형상이므로 반드시 丙화가 필요하다.

일간 : 己

출생월 : 申   7월

귀성 : 丙, 癸

이론 : 申월은 한기를 느끼는 때이므로 우선 丙화로 따뜻하게 한 다음 癸수로 윤택하게 한다. 丙화가 일간을 생조하면서 제금(制金)하고, 癸수가 金을 설하면서 윤택하게 하면 격국이 맑아진다. 丙화와 癸수가 모두 천간에 있으면 대길하다. 지지에 수국(水局)이 이루어지면 己토가 흩어질 우려가 있으므로 이때는 戊토의 도움을 받아야 하며, 또한 丙화가 있어야 가을장마를 수습할 수 있을 것이다.

일간 : 己

출생월 : 酉   8월

귀성 : 丙, 癸, 甲

이론 : 酉월은 金이 왕하여 己토의 설기가 심하고 한기가 감도는 때이므로 우선 丙화로 제금생토(制金生土)하고 따뜻하게 한다. 다음에 癸수로 己토를 윤택하게 하며, 왕한 金을 설기시켜 甲목을 생하면 丙화가 약하지 않을 것이다. 지지가 금국(金局)을 이루면 丙丁화는 물론 癸수 역시 투간되어야 부귀를 누릴 수 있다.

일간 : 己

출생월 : 戌　　　　　　　　　　　　　　　　　　　　　9월

귀성 : 甲, 丙, 癸

이론 : 戌월은 土가 왕한 때이므로 우선 甲목으로 제토(制土)한다. 다음에는 丙화로 늦가을의 한기를 따스하게 하고, 癸수로 건조한 논밭을 윤택하게 한다. 지지가 화국(火局)을 이루고 壬癸수가 투간되지 않으면 己토를 구할 방법이 없으니 나쁜 무리와 어울릴까 두렵다.

일간 : 己

출생월 : 亥　　　　　　　　　　　　　　　　　　　　　10월

귀성 : 丙, 甲, 戊

이론 : 亥월은 겨울이고 水가 왕한 때이므로 우선 丙화로 따스하게 하고, 다음에 甲목으로 설수생화(洩水生火)하며 戊토로 제수(制水)한다. 寅 중 丙화를 쓰면 寅申충이 두렵고, 巳 중 丙화를 쓰면 巳亥충이 두렵다.

일간 : 己

출생월 : 子　　　　　　　　　　　　　　　　　　　　　11월

귀성 : 丙, 甲, 戊

이론 : 子월은 겨울이므로 우선 丙火로 추위를 다스리고, 다음에 甲목으로 丙화를 돕는다. 수왕절(水旺節)이므로 재다신약(財多身弱)한 명국이 되니, 戊토가 있어서 왕한 재(財)를 다스릴 수 있다면 금상첨화이다.

일간 : 己

출생월 : 丑

귀성 : 丙, 甲, 戊

이론 : 丑월은 하늘은 차고 땅은 얼어붙은 때이므로 시급히 丙화를 취한다. 丑월은 토절(土節)이므로 甲목이 없을 수 없는데, 甲목은 제토생화(制土生火)의 공을 이룬다. 丑월은 水가 왕하기 때문에 겁재 戊토로 제수(制水)한다.

일간 : 庚

출생월 : 寅

귀성 : 丙, 戊

이론 : 寅월은 아직 한기가 가시지 않은 때이므로 우선 丙화로 조후한다. 다음에 戊토로 생금(生金)하여 寅월의 왕한 木을 다스린다. 丙화는 조후로서 필요할 뿐만 아니라 무토생금(戊土生金)을 위해서도 필요하다. 왜냐하면 寅월은 木이 土를 극하여 토생금이 어려운 때인데 이때 丙화가 나타나면 목생화, 화생토로 이어져 무토생금(戊土生金)이 이루어지기 때문이다. 土가 왕하면 甲목으로 다스린다. 비겁이 많아서 재성을 상하게 하면 丙丁의 火로 다스린다. 지지가 화국(火局)을 이루면 壬수와 庚금이 필요하다.

일간 : 庚

출생월 : 卯

귀성 : 戊, 庚, 丁, 甲

이론 : 卯월은 木이 매우 왕한 때이므로 일간이 약하니 우선 인비겁(印比劫)으로 생조한다. 일간이 강하면 丁화, 甲목으로 다룬다. 庚금을 다룰 때에는 丙

화보다 丁화를 쓴다. 일간 庚금이 토다금매(土多金埋)이면 甲목으로 제토(制土)하여 살려낸다.

일간 : 庚

출생월 : 辰

3월

귀성 : 甲, 丁

이론 : 辰월은 土가 왕한 때이므로 우선 甲목으로 제토(制土)한다. 다음에 丁화로 庚금을 다룬다. 土가 왕한데 甲목은 없고 乙목만 있으면 제토(制土)가 어렵다.

일간 : 庚

출생월 : 巳

4월

귀성 : 壬, 戊, 丁

이론 : 巳월은 巳 중 戊토가 火를 설하며 庚금을 생하지만 庚금이 허약한 때이다. 그러므로 壬수로 조후하면서 戊토로 일간을 돕는다. 壬수가 없다면 戊토가 너무 조열하여 庚금이 생기를 잃는다. 巳월에는 壬수가 약하므로 巳월의 壬수는 뿌리가 있어야 좋다. 금국(金局)을 이루면 丁화로 다스린다.

일간 : 庚

출생월 : 午

5월

귀성 : 壬, 癸, 庚, 辛, 戊, 己

이론 : 午월은 庚금이 녹을 정도로 더울 때이므로 시급히 壬癸수로 조후한다. 午월은 金水가 다 약하므로 庚辛의 비겁으로 생수(生水)하면 좋다. 이때

戊己토가 壬癸수를 제극(制剋)하면 흉하다. 만일 壬癸수가 없고 戊己토만 있으면 관인상생(官印相生)이 되어 곤궁함은 면하겠지만 水가 없어 귀격을 이루지는 못한다. 화국(火局)이 되고 水가 없으면 피곤한 인생인데, 폐나 대장에 이상이 있고 심하면 정신까지 놓치게 된다.

일간 : 庚

출생월 : 未

6월

귀성 : 壬, 癸, 丁, 甲

이론 : 대서에 이르기까지는 午월과 마찬가지로 壬癸수로 조후하고 庚辛금으로 이를 돕는다. 그러나 대서 이후에는 음기(陰氣)가 들기 시작하니 丁화로 제련하고, 甲목으로 제토생화(制土生火)한다. 이때 癸수가 丁화를 상하게 하면 안 된다. 토국(土局)을 이루면 甲목으로 제토(制土)한 후 丁화로 庚금을 다룬다.

일간 : 庚

출생월 : 申

7월

귀성 : 丁, 甲

이론 : 申월의 庚금은 매우 강하므로 丁화로 다스리고 甲목으로 丁화를 돕는다. 甲목은 없고 丁화만 있으면 중격은 되지만, 丁화는 없고 甲목만 있으면 군겁쟁재(群劫爭財)의 위험이 있다. 지지에 수국(水局)이 형성되어 있는데 丁화가 투간되었다면 甲목이 있어야 수생목, 목생화로 이끌 수 있다.

일간 : 庚

출생월 : 酉

8월

326

귀성 : 丁, 丙, 甲

이론 : 酉월은 양인(羊刃)월이고 한기(寒氣)가 감도는 때이므로 강한 金을 다루는 丁화와, 한기를 제거하는 丙화를 함께 쓴다. 酉월의 庚금은 관살혼잡(官殺混雜)을 허용한다. 관살을 함께 쓰되 甲목을 빼놓을 수 없다. 丁丙甲이 모두 투간되면 대길하다. 甲목만 있고 丁丙화가 없으면 불씨는 못 구하고 땔감만 분주히 구해다 놓는 것과 같아서 실속 없이 바쁘기만 한 형국이다. 이때 水가 있어 생재(生財)해주면 상업인으로서 의식(衣食)은 마련할 수 있다.

일간 : 庚

출생월 : 戌

9월

귀성 : 甲, 壬, 丁

이론 : 戌월은 건토(乾土)가 왕한 때이므로 우선 甲목으로 제토(制土)하며 壬수로 흙을 씻어낸다. 다음에는 丁화로 제련한다. 土가 왕한데 甲목이 없으면 부(富)를 얻었다 해도 오래가지 못한다. 戊己토가 壬水를 막거나 탁하게 하면 불리하다.

일간 : 庚

출생월 : 亥

10월

귀성 : 丙, 丁, 甲, 戊

이론 : 亥월은 한랭해지는 때이므로 丙화로 따뜻하게 한 후 丁화로 단련한다. 또한 甲목이 있어 생화(生火)해주어야 한다. 일간 庚금이 약하지 않을 때 丙丁甲이 있으면 대길하다. 지지에 수국(水局)이 있어 丙丁화를 위협하면 戊토로 다스린다.

일간 : 庚

출생월 : 子

11월

귀성 : 丙, 丁, 甲, 戊

이론 : 子월의 庚금은 金水의 진상관(眞傷官)이다. 한랭하므로 丙丁甲을 떠날 수 없다. 水가 왕하면 戊토로 다스린다. 丙화가 없으면 조후가 곤란하고, 丁화가 없으면 庚금을 다루지 못한다. 丙丁화는 丙午, 丙寅, 丁卯처럼 지지의 도움을 얻어야 좋다. 甲목이 있어도 丙丁화가 없으면 뜻을 이루기가 힘들다.

일간 : 庚

출생월 : 丑

12월

귀성 : 丙, 丁, 甲

이론 : 丑월은 천지가 얼어붙어 만물을 생하지 못하는 때이므로 우선 丙화로 따뜻하게 한다. 다음에 丁화로 단련하고 甲목으로 생화(生火)한다. 지지가 금국(金局)을 이루고 火가 없으면 빈천할 수밖에 없다.

일간 : 辛

출생월 : 寅

1월

귀성 : 己, 壬, 庚

이론 : 寅월은 辛금이 약한 때이므로 우선 己토로 도운 다음 壬수로 辛금을 씻어준다. 己토가 甲목과 합을 이루면 庚금으로 甲목을 극한다. 己토와 壬수는 떨어져 있어야 壬수가 탁해지지 않는다. 지지에 화국(火局)이 있다면 壬수는 물론 있어야 하며 庚금 또한 필요하다. 신왕한데 壬수가 없으면 丙화를 대신 쓴다.

328

일간 : 辛

출생월 : 卯

귀성 : 己, 庚, 壬, 甲, 戊

이론 : 卯월은 木이 왕한 때이므로 우선 인비겁(印比劫)으로 辛금을 도운 다음 壬수로 辛금을 씻어준다. 戊己토가 너무 많으면 甲목으로 다스린다. 그러나 壬수가 너무 많으면 戊토가 있는 것이 길하다. 지지에 목국(木局)이 있으면 金으로 다스린다.

일간 : 辛

출생월 : 辰

귀성 : 甲, 壬

이론 : 辰월은 土가 왕한 때이므로 우선 甲목으로 제토(制土)한 다음 壬수를 쓴다. 일간 辛금이 丙화와 합을 이루어 자신을 빛나게 해줄 壬수를 저버리면 癸수로 丙화를 극하여 합을 깨뜨린다.

일간 : 辛

출생월 : 巳

귀성 : 壬, 庚, 辛, 甲

이론 : 巳월은 丙화와 戊토가 왕하여 건조한 때이므로 우선 壬수를 써서 건조함을 다스리며 辛금을 씻어준다. 巳월은 壬수가 약한 때이므로 庚辛금으로 壬수를 돕는다. 戊토가 壬수를 위협하면 甲목으로 戊토를 다스린다. 지지가 화국(火局)을 이루면 水로 다스린다. 이때 水가 없으면 다음으로 己토를 쓰지만 생금(生金)이 쉽지 않을 것이다.

일간 : 辛

출생월 : 午

5월

귀성 : 己, 壬, 癸, 庚

이론 : 午월은 관살인 火가 왕한 때이므로 우선 己토를 써서 신약함을 면하고, 다음으로 壬수를 쓴다. 壬수는 己토를 적셔 己토가 생금(生金)을 잘하도록 해주면서 辛금을 빛나게 해준다. 午월의 辛금한테는 지지에 辰丑의 土가 있으면 좋다. 午월의 辛금한테 壬수가 없고 癸수만 있다면 庚금으로 약한 癸수를 도와주어야 한다. 午월의 辛금은 己토와 壬수를 떠날 수 없지만, 己토와 壬수는 떨어져 있어야 한다. 午월의 辛금은 戊토를 두려워한다.

일간 : 辛

출생월 : 未

6월

귀성 : 壬, 庚, 甲

이론 : 未월은 덥고 土가 왕한 때이므로 우선 壬수를 써서 더위를 식히며 金을 씻어내고, 다음에 庚금으로 토기(土氣)를 설하며 壬수를 생한다. 未월의 辛금은 지지에 辰丑의 土가 있으면 좋다. 戊土가 壬수를 위협하면 甲목으로 戊토를 다스린다. 지지에 목국(木局)이 있어 壬수의 설기가 심하면 庚금으로 제목생수(制木生水)한다.

일간 : 辛

출생월 : 申

7월

귀성 : 壬, 戊, 甲

이론 : 申월은 金이 왕한 때이므로 壬水로 金의 기를 설하며 辛금을 빛나게

해준다. 壬수가 너무 많으면 戊토로 壬수를 다스린다. 戊토가 너무 많으면 甲목으로 戊토를 다스린다. 辛금한테 癸수를 쓰면 보석을 얼룩지게 하는 형상이다. 천간에 壬수가 없어 지지에 있는 亥 중 壬수를 쓰려고 하는데 亥卯未의 목국(木局)으로 가버리면 천격(賤格)으로 전락한다.

일간 : 辛

출생월 : 酉 　　　　　　　　　　　　　　　　　　　　　8월

귀성 : 壬, 丁, 甲

이론 : 酉월은 금기(金氣)가 가장 왕한 때이므로 壬수로 설기시키며 辛금을 빛나게 해준다. 壬수가 없으면 丁화로 제금(制金)한다. 이때 甲목이 丁화를 생해주면 좋다. 만일 甲목이 뿌리가 많고 튼튼하면 비록 월령이 건록(建祿)이라고 해도 庚금이 있어야 왕한 재(財)를 다스릴 수 있을 것이다.

일간 : 辛

출생월 : 戌 　　　　　　　　　　　　　　　　　　　　　9월

귀성 : 壬, 甲

이론 : 戌월은 건조하고 土가 왕한 때이므로 壬수로 辛금을 씻어주며 甲목으로 제토(制土)한다. 壬수 대신 癸수를 쓰면 격이 낮아진다. 壬수와 戊토가 나란히 투간되면 壬수가 힘을 못 쓴다. 己토는 壬癸수를 탁하게 만든다.

일간 : 辛

출생월 : 亥 　　　　　　　　　　　　　　　　　　　　10월

귀성 : 壬, 丙, 戊

이론 : 亥월의 辛금은 우선 壬수를 쓰고 다음에 丙화를 쓴다. 壬수는 금백수 청(金白水淸)의 작용을 하고, 丙화는 수난금온(水暖金溫)의 작용을 한다. 壬수 와 丙화가 투간되면 대길하다. 水가 너무 많으면 戊토로 다스린다.

일간 : 辛

출생월 : 子

11월

귀성 : 丙, 甲, 壬, 戊

이론 : 子월은 辛금을 얼어붙게 할 수 있는 때이므로 우선 丙화로 조후한다. 丙화가 약한 때이니 甲목으로 丙화를 생해주면 좋다. 다음에 壬수로 辛금을 씻어준다. 수다(水多)한 때이므로 戊토로 제수(制水)한다. 지지가 수국(水局)을 이루고 癸수가 투간되면 하나의 戊토로는 제수(制水)하기 어렵고 2개의 戊토 가 있어야 균형을 이룰 수 있다. 丙화로 조후하는데 癸수가 나타나면 태양빛 을 비가 가리는 형상이다.

일간 : 辛

출생월 : 丑

辛

12월

귀성 : 丙, 甲, 壬, 戊

이론 : 丑월은 한기(寒氣)가 극에 달한 때이므로 丙화로 시급히 조후한다. 丙 화가 매우 약한 때이니 甲목으로 丙화를 생해줄 필요가 있다. 다음에 壬수로 辛금을 씻어준다. 수다(水多)하면 戊토를 쓰는데 이때는 丙丁의 火가 필요하 다. 丑월의 辛금은 丙화와 壬수가 투간되어 있으면 크게 기뻐하지만, 丙화가 없으면 해동(解凍)을 못 하니 壬수보다 丙화를 먼저 필요로 한다. 癸수는 辛 금을 깨끗이 씻어줄 수 없고 오히려 丙화를 가린다.

일간 : 壬

출생월 : 寅

귀성 : 庚, 戊, 丙

이론 : 寅월의 壬수는 실령(失令)이므로 水의 근원인 庚금으로 돕는다. 아울러 戊토로 생금제수(生金制水)하며 丙화로 조후한다. 寅 중 戊丙이 있으므로 庚금만 투간되면 상격이다. 지지가 화국(火局)이고 丙화가 투간되면 재다신약(財多身弱)이므로 인비겁(印比劫)의 도움을 얻어야 상격이다. 己토는 壬水를 탁하게 만든다.

일간 : 壬

출생월 : 卯

2월

귀성 : 庚, 辛, 戊, 丙

이론 : 卯월은 壬수의 설기가 극심한 때이므로 水의 근원인 庚辛금으로 돕는다. 아울러 戊토로 생금제수(生金制水)하며 丙화로 壬수를 비추어준다. 지지가 목국(木局)을 이루고 庚금이 투간되면 부귀를 누리지만, 庚금이 감추어져 있다면 운에서 뜻을 이룰 수 있다.

일간 : 壬

출생월 : 辰

3월

귀성 : 甲, 庚, 戊, 丙

이론 : 辰월은 수고(水庫)이지만 戊토가 왕한 때이므로 甲목으로 제토(制土)하고, 庚금으로 壬수를 생한다. 이때 甲과 庚은 떨어져 있어야 한다. 지지가 수국(水局)을 이루었는데 또 庚금이 있다면 戊토로 제수(制水)하고 丙화로 제금

(制金)한다.

일간 : 壬

출생월 : 巳

귀성 : 壬, 癸, 庚, 辛

이론 : 巳월은 火가 성하는 때이므로 壬癸수로 제화(制火)하고, 庚辛금으로 水를 생한다. 壬수 대신 癸수를 쓸 때 戊癸합을 이루면 甲목으로 戊토를 극하여 합을 깨뜨린다. 만일 지지에 申酉亥子 등 金水가 많아 신약하지 않다면 巳 중 戊토와 丙화가 귀하게 쓰일 수 있다.

壬

4월

일간 : 壬

출생월 : 午

귀성 : 壬, 癸, 庚, 辛

이론 : 午월은 화기(火氣)가 극심한 때이므로 壬癸수로 화기를 식히고, 庚辛금으로 水를 돕는다. 壬癸수만 있고 庚辛금이 없다면 소나기에 불과하다. 午월의 壬수한테는 丁화가 투간되면 매우 나쁘다. 왜냐하면 비견인 壬수는 丁壬합이 되어 못 쓰고, 인수인 辛금은 녹아서 못 쓰기 때문이다.

壬

5월

일간 : 壬

출생월 : 未

귀성 : 庚, 辛, 壬, 癸, 甲

이론 : 未월은 화기(火氣)가 남아 있는 때이므로 庚辛금의 도움을 받아 壬癸수로 화기를 식힌다. 또한 土가 왕한 때이므로 甲목으로 제토(制土)함이 필요

壬

6월

하다. 그러나 未월은 화기(火氣)가 왕하여 목생화의 위험이 있다.

일간 : 壬

출생월 : 申   7월

귀성 : 戊, 丁

이론 : 申월은 壬수의 발원지이므로 申월의 壬수는 흐름이 매우 강하다. 戊
토로 제방을 쌓지 않으면 범람할 우려가 있다. 따라서 戊토로 제수(制水)한다.
나아가 丁화로 申 중 庚금을 제압하며 戊토를 생한다. 이때 癸수가 투간되면
丁화를 극하고 戊토와 합을 이루므로 나쁘다.

일간 : 壬

출생월 : 酉   8월

귀성 : 甲, 丙, 丁, 戊

이론 : 酉월은 순금(純金)이라 金이 왕하니 자연 壬수도 왕하다. 왕하면 설기
시킴이 좋으므로 우선 甲목을 쓴다. 다음에 丙丁의 화기(火氣)로 온기를 더해
준다. 만일 金水가 너무 많으면 木이 뿌리가 튼튼하지 않는 한 부목(浮木)이
되므로, 이때는 戊토로 제수(制水)하며 火로 생토(生土)해주면 좋다. 酉월의
壬수한테는 甲목과 庚금이 붙어 있으면 좋지 않다.

일간 : 壬

출생월 : 戌   9월

귀성 : 甲, 丙

이론 : 戌월은 戌토가 왕한 때이므로 壬수가 길게 뻗어 나가지 못한다. 따라

서 우선 甲목으로 제토(制土)한 후, 丙화로 壬수를 빛내준다. 己토는 甲목을 무력하게 만들고 壬수를 탁하게 만든다. 甲목이 용신일 때 庚금이 나타나 있으면 丁화로 庚금을 다스린다. 戌월의 壬수한테 甲목이 없으면 살인상생이 가능하다.

일간 : 壬

출생월 : 亥

귀성 : 戊, 丙

10월

이론 : 亥월은 水가 왕한 때이므로 우선 戊토로 제수(制水)한다. 다음에 丙화로 따뜻하게 하며 戊토를 돕는다. 戊丙 대신 己丁을 쓰면 귀(貴)는 멀지만 부(富)는 누릴 수 있다. 戊토를 쓸 때 甲목이 나타나 있으면 庚금으로 甲목을 다스린다. 명(命)이 金水로만 이루어지면 성품은 청아하지만 가난하다. 지지가 목국(木局)을 이루고 甲목이 투간되어 있다면 설기가 너무 심하기 때문에 庚금으로 패인(佩印)해야 귀격이 된다.

일간 : 壬

출생월 : 子

귀성 : 戊, 丙

11월

이론 : 子월은 양인(羊刃)월이므로 수기(水氣)가 사나우니 우선 戊토로 제수(制水)해야 한다. 다음에 丙화로 따뜻하게 하며 戊토를 돕는다. 지지에 未戌토가 있어서 土火의 뿌리가 되어주면 좋다. 만일 지지가 화국(火局)을 이루어 신약하면 金水운으로 흘러야 부를 누릴 수 있다.

일간 : 壬

출생월 : 丑   12월

귀성 : 丙, 甲, 丁, 戊

이론 : 丑월은 한랭함이 극에 달한 때이므로 시급히 丙화로 조후한다. 다음에 甲목으로 丑월의 토왕(土旺)함을 다스리며 생화(生火)한다. 丙화 대신 丁화를 쓰려면 甲목이 있어야 한다. 지지가 금국(金局)이고 辛금이 투간되어 있다면 무척 차가우므로 丙화를 써야 하는데, 丙화는 丙辛합 때문에 쓰지 못하므로 이때는 丁화를 쓴다. 水가 왕하면 戊토로 다스린다.

일간 : 癸

출생월 : 寅   1월

귀성 : 庚, 辛, 丙

이론 : 寅월은 癸수의 설기가 심하고 아직 추위가 남아있는 때이므로 庚辛금으로 癸수를 돕고, 丙화로 따뜻하게 한다. 寅월의 癸수한테는 丙화는 없어도 되지만 庚辛금은 있어야 한다. 辛금과 丙화는 떨어져 있어야 한다. 지지가 화국(火局)이면 辛금은 녹아내려 쓰지 못하므로, 이때는 壬수가 나타나 화기(火氣)를 식히면서 辛금을 구해주면 좋다.

일간 : 癸

출생월 : 卯   2월

귀성 : 庚, 辛

이론 : 卯월은 木이 왕한 때이므로 癸수의 설기가 심하다. 그러므로 庚辛의 金으로 癸수를 돕는다. 卯월은 한기가 남아 있는 때는 아니므로 丙화는 필

요하지 않다. 庚금만 있다면 乙목과 서로 합을 이룰 우려가 있으므로 辛금도 같이 쓴다. 庚辛금이 투간되어 있는데 丁화가 같이 있다면 부귀는 바라기 어렵다.

일간 : 癸

출생월 : 辰

귀성 : 甲, 庚, 辛

이론 : 辰월은 土가 왕한 때이므로 우선 甲목으로 제토(制土)한다. 다음 庚辛금으로 癸수를 돕는다. 지지가 목국(木局)이면 庚辛금으로 제목생수(制木生水)를 해야 한다. 지지가 수국(水局)이면 己토로 제수(制水)하고 丙화로 己토를 돕는다. 이때 甲목이 나타나면 안 된다. 지지에 土가 많은데 이를 다스리는 甲목이 없다면 庚辛금이 있어서 살인상생을 한다 해도 크게 부귀를 누릴 수는 없다.

일간 : 癸

출생월 : 巳

귀성 : 辛, 庚, 壬, 癸

이론 : 巳월은 癸수가 약한 때이므로 우선 辛금으로 癸수를 돕는다. 辛금이 없다면 庚금도 쓸 수 있다. 丁화가 金을 극하면 壬癸수로 丁화를 다스려야 한다. 巳월은 火土가 왕한 때이므로 庚辛금에 壬癸수까지 있어야 부귀를 누릴 수 있다. 만일 천지(天地)가 金水로 가득하다면 巳 중 丙화와 戊토가 귀하게 쓰일 것이다.

일간 : 癸

출생월 : 午

5월

귀성 : 庚, 辛, 壬, 癸

이론 : 午월은 丁화가 왕한 때이므로 癸수를 보호하려면 庚辛금뿐만 아니라 壬癸수까지 있어야 한다. 巳午월의 癸수는 庚辛壬癸가 살려주지 않으면 시력을 다치거나 요절하는 경우가 많다.

일간 : 癸

출생월 : 未

6월

귀성 : 庚, 辛, 壬, 癸

이론 : 대서에 이르기까지는 庚辛금이 있어도 壬癸수가 반드시 필요하다. 대서 이후에는 庚辛금이 있다면 壬癸수의 필요성은 크게 느끼지 않는다. 그러나 일반적으로 庚辛금과 壬癸수가 모두 있으면 부귀의 명이다. 여름의 癸수한테는 丑辰의 습토가 있으면 좋다. 水가 심하게 고갈되지는 않기 때문이다.

일간 : 癸

출생월 : 申

7월

귀성 : 丁, 甲

이론 : 申월은 庚금이 왕한 때이므로 丁화로 제금(制金)하고 甲목으로 丁화를 돕는다. 丁화는 있는데 甲목이 없다면 壬癸수가 투간되지 말아야 조금의 부귀라도 누릴 수 있다.

일간 : 癸

출생월 : 酉

8월

귀성 : 丙

이론 : 酉월은 순금(純金)이 왕한 때이므로 癸수 또한 왕해진다. 더 이상의 생조(生助)는 필요 없다. 그러나 너무 차갑고 습하기 때문에 丙화로 金과 水를 따뜻하게 해준다. 丁화를 쓰면 辛금이 녹으므로 丙화를 쓴다. 만일 천지(天地)에 壬癸수가 많다면 戊토를 쓰는데, 癸수는 壬수가 투간되지 않으면 웬만해서는 戊토를 쓰지 않는다.

일간 : 癸

출생월 : 戌

9월

귀성 : 甲, 辛, 癸

이론 : 戌월은 土가 왕한 때이므로 자칫 癸수가 막혀 절수(絕水)될까 두렵다. 甲목으로 제토(制土)하고 辛금으로 생수(生水)한다. 이때 지지에서 수기(水氣)가 甲목을 돕거나 癸수가 투간되면 좋다. 甲목은 있고 癸수와 辛금이 모두 없으면 평범한 명이다. 지지가 화국(火局)이면 비겁으로 다스려 부(富)를 누릴 수 있다.

일간 : 癸

출생월 : 亥

10월

귀성 : 戊, 庚, 辛, 丁, 丙

이론 : 亥월은 월지 亥 중에 甲목이 있어서 일간 癸水가 강중약(强中弱)이다. 水가 왕한데 壬수까지 투간되면 戊토로 제수(制水)한다. 지지가 목국(木局)이

면 庚辛금으로 다스리며 癸수를 생한다. 이때 丁화가 庚辛금을 위협하면 癸수로 丁화를 극한다. 천지(天地)에 金이 많아 癸수가 생왕(生旺)하면 한습(寒濕)이 매우 심하다. 따라서 丁화로 제금(制金)하고 丙화로 조후한다. 이때는 편재와 정재를 모두 기뻐한다.

일간 : 癸

출생월 : 子

11월

귀성 : 丙, 戊

이론 : 子월은 한랭한 때이므로 丙화로 따뜻하게 해준다. 丙화는 통근(通根)이 필요하다. 丙화를 쓰는데 壬癸수가 나타나면 안 된다. 천지(天地)에 水가 왕하여 戊토로 다스릴 때에도 丙화가 없으면 큰 인물이 될 수 없다.

일간 : 癸

출생월 : 丑

12월

귀성 : 丙, 甲, 丁

이론 : 丑월은 천지가 얼어붙고 癸수가 스스로 흐름을 멈추는 때이므로 우선 丙화로 해동시킨 다음, 甲목으로 동토(凍土)를 제압하며 丙화를 돕는다. 丙화는 뿌리가 튼튼해야 한다. 지지가 금국(金局)을 이루면 丁화로 제금(制金)하고 丙화로 조후하여, 이른바 금온수난(金溫水暖)의 아름다운 격(格)을 만든다. 丑월에 丙화로 조후하는데 癸수가 나타나면 안 된다. 또한 辛금이 나타나 丙辛합을 이루어도 안 된다. 丙辛합을 이루면 丁화로 辛금을 극한다.